CAPITOLO I

LA MIA STORIA

Nacqui a Roma in una disastrata e disastrante famiglia che operò in me una trasformazione negativa, una profonda devastazione, staccandomi man mano che crescevo da sensazioni, emozioni e ricordi, ma il dolore e la devastazione rimasero. Da piccola adoravo la natura, le piante e gli animali e sognavo di volare invisibile per visitare boschi e colline, perché amavo la natura e perché l'unica salvezza era l'invisibilità.

Io ero la sognatrice della famiglia, quella che affermava la lealtà e il rispetto tra le persone, per cui mi dava fastidio dover lottare per accaparrarsi una fetta di dolce come facevano volentieri mio fratello e mia sorella che si precipitavano per afferrare il cibo per primi, piuttosto vi rinunciavo. Per questo, e per altro, risultavo una stupida sognatrice che non capiva il mondo.

Mi rifiutavo di sgomitare per una fetta di cibo e mi dava fastidio mio fratello che non si versava l'insalata nel piatto ma preferiva infilzarla direttamente nell'insalatiera comune. Così io rifiutavo l'insalata e tutti ridevano della mia ribellione. Avrei voluto una famiglia più rispettosa gli uni degli altri e passavo per una sognatrice.

Nelle feste in piedi che usavano un tempo tutti gli invitati si fiondavano ai tavoli dove erano esposte le pietanze sgomitando per conquistarsi il cibo più buono. Io aspettavo che la gente se ne andasse dal tavolo per prendere con calma quello che era avanzato, qualsiasi cosa fosse. Avrei lottato per il cibo se stessi per morire di fame, ma per fortuna stavo bene e alla peggio potevo saltare tranquillamente un pasto.

Nella mia famiglia le punizioni corporali erano all'ordine del giorno, costretti in cinque in un piccolo appartamento, noi bambini cercavamo di giocare come potevamo, il che dava molto fastidio a mia madre che ci voleva immobili e silenti. Quando ci eravamo troppo agitati per i suoi gusti, era d'obbligo la frase: *"Quando viene vostro padre glielo dico"* il che comportava molta ansia perché sapevamo che la punizione sarebbe arrivata quando mio padre fosse tornato a casa dal lavoro.

Infatti fino a quattro-cinque anni mio padre ci poneva sulle sue ginocchia, ci abbassava le mutandine e ci sculacciava "per il nostro bene" con le sue grandi mani facendoci urlare di dolore. Già allora vi riconoscevo un piacere sadico. Venivamo deposti a terra con il sedere gonfio e tumefatto che ci impediva di sederci per diverso tempo. Quando crescemmo lui cambiò tattica e ci picchiò con la cinta lasciandoci doloranti e gonfi, talvolta con strisce di sangue sulle gambe.

Una volta se ne accorse la mia maestra e mi chiese chi mi avesse picchiato, io risposi speranzosamente: "*Mio padre*", la maestra alzò un sopracciglio ma tacque. Poi un bel giorno mio padre si ribellò a mia madre per questo compito di giustiziere, forse per l'odio che percepiva in noi, e smise di picchiarci su commissione. Così la giustiziera la fece mia madre, perennemente insoddisfatta e arrabbiata, con la canna del battipanni sferzata su gambe e braccia dove lasciava strisce di pelle tumefatte e violacee.

Venivamo picchiati ogni giorno, prima da mio padre, in seguito da mia madre, scocciata pure di non poter demandare questa fatica al marito. Ricordo che una mattina mi dissi. "*Toh oggi non siamo stati picchiati*" ma poi riflettei, la giornata non era finita, aveva tutto il pomeriggio per punirci. Per un principio tutto suo se uno di noi figli sbagliava, magari solo perché aveva fatto chiasso, mia madre puniva tutti e tre vantandolo come un principio di equità.

In realtà sfogava su tutti e tre la rabbia di dover badare ai figli. Non le costava "servire mio padre", perché lui portava i soldi a casa, ma la faceva impazzire dover servire i figli (perché per lei di servitù si trattava), che erano come un vuoto a perdere. Imparai che i miei genitori non erano i soli a picchiare i figli, nel palazzo dove abitavamo quasi tutti i figli venivano picchiati.

LA LETTURA

Per sfuggire a quella sopraffazione mi rifugiai nella lettura, cosa che dava molto fastidio a mia madre che per contro iniziò a impartirmi la sua religione in modo serrato, trascinandomi in tutte le chiese, alle processioni e a tutte le messe possibili.

Da piccola avevo un animo accogliente verso tutte le creature, accoglienza poi perduta a causa dei maltrattamenti subiti, ma solo nei confronti degli umani, non verso animali o piante che continuai invece ad amare, soffrendo per il modo in cui venivano trattati. In fondo il mio viaggio è servito a ridarmi ciò che sentivo da piccola, facendomi rientrare nella natura da cui la famiglia mi ci aveva estromessa.

Viene da chiedersi a che sia servita allora la mia vita. Forse ad accumulare esperienza che ha acuito il mio sentire di bambina. Me per riacquisire quella sensibilità ci vollero lacrime e sangue e vedo quanti ragazzi altrettanto angariati dai propri genitori non riescono a riprendersi. All'epoca l'unica soluzione era estraniarsi ed io lo feci attraverso i libri.

Lessi disperatamente cercando soluzioni alterne a quella vita di sopraffazioni e violenze, e cercai di adeguarmi alla religione dei miei, soprattutto di mia madre, ma già da piccola facevo domande: se la religione cattolica era quella giusta perché tanta gente seguiva altre religioni? Dai genitori ottenni urla di scandalo ma nessuna risposta: ero piccola e già pensavo di sapere tutto; ma io non sapevo, per questo chiedevo, ma non c'era verso.

Seguivo mia madre nelle canzoncine delle processioni all'epoca piuttosto frequenti e non mi dispiaceva, anzi mi sforzavo di cantare anch'io, mi piacevano i bambini vestiti da angeli, con la veste bianca e le ali sulla schiena. C'erano pure i fuochi artificiali, è vero che ci sono anche oggi, ma sembra siano messaggi per l'arrivo della droga, nella periferia di Roma ce ne sono tre o quattro la settimana. La chiesa non li fa più, per risparmiare o perché ai narcotrafficanti crea disagio.

Mi piaceva canticchiare e camminare nelle processioni ma trovavo molto stupide le parole delle canzoncine:

"T'adoriam Ostia Divina, t'adoriam Ostia d'amor".
"O Concetta Immacolata, fosti eletta dal Gran Padre, del Suo Figlio degna Madre, fra le amate la più amata".
"Magnifica il Signore, l'anima mia, e il mio spirito esulta in Dio, mio salvatore".

IL DIO BUONO

Per togliermi la delusione di tanta ignoranza e credulità lessi tutto il possibile sui Vangeli trovando da ridire diverse cose, ma quando lessi il Vecchio Testamento mi ribellai, Dio era autoritario, prepotente e crudele, non si capiva come per tutti fosse amore e bontà. Sapevo di religione molto più di quanto conoscessero gli alunni della mia età che ci credevano ciecamente senza documentarsi e senza fare domande.

Il Dio che tutti adoravano aveva sterminato l'umanità col Diluvio Universale, aveva creato gli uomini come gli pareva e li puniva continuamente perché non gli piaceva come li aveva creati, come la torta che non è cresciuta come doveva: c'è chi si chiede dove ha sbagliato e chi se la prende con la torta. Cristo è il nostro Salvatore, ma ci deve salvare da Dio che è il più temibile, perché il diavolo non arriva a tanto.

Dio aveva salvato una sola famiglia umana distruggendo pure un'infinità di animali che non avevano colpe, o forse pure Dio, come gli uomini, pensava che gli animali non avessero sentimenti, strano, visto che li aveva fatti lui. Da piccola mi chiamavano "la saputella", quella che credeva di sapere tutto. Però nessuno mi spiegava di cosa si fossero nutriti per più di un anno (esattamente 371 giorni) la famiglia di Noè e gli animali, una coppia per specie.

E se uno della coppia moriva niente più figli e niente più razza. Solo un deficiente poteva tenere solo una coppia di animali per rifare la discendenza! E qui un ceffone per aver dato del deficiente a Noè, ma se non l'avevano mai visto né conosciuto! Penso che soprattutto si sfogassero per levarmi il vizio di fare domande.

I miei erano così, ogni giorno mi facevano fare la solita passeggiata, un chilometro all'andata e uno al ritorno, per una lunga strada fino ad un piazzale, che prendeva il nome da una basilica molto bella in cui eravamo entrati solo una volta (e che io avrei voluto approfondire), per guardare le vetrine di tutti i negozi dove mia madre sognava di fare acquisti, entrando continuamente a chiedere prezzi e notizie sulla merce senza comprare nulla. Naturalmente tutto a piedi per risparmiare i soldi dell'autobus.

Mia madre sognava di comprare ma non comprava perché doveva mettere i soldi da parte, ne era ossessionata. Mio padre era un dirigente del comune e guadagnava bene ma noi facevamo una vita da poveri, ad esempio non comprava le creme per il sole lasciandoci ustionare le spalle quando andavamo al mare, e quando tornavamo con le vesciche sulla pelle ci curava con l'aceto, le creme per curare erano troppo dispendiose. Naturalmente non sapevamo cosa volesse dire andare al bar o al ristorante, in alcuna occasione, né acquistare pastarelle la domenica in pasticceria.

Mio padre diceva che mia madre illudeva tutti i negozianti di Roma però sopportava perché in fondo era figlio di mia madre a cui ogni mese consegnava l'intero stipendio perché lei lo amministrasse. Noi figli in queste passeggiate pomeridiane ci annoiavamo a morte, per cui io chiedevo di visitare altre parti di Roma, ma la risposta era sempre la stessa: si va fino alla piazza di San Giovanni.

Io esplosi in un *"Maledetto san Giovanni!"* e mi presi un manrovescio da mio padre che mi fece quasi cadere per terra, come avevo osato maledire un santo? Mi convinsi che mio padre, seppure più acculturato di mia madre, fosse stupido come lei. Ma con Noè non mi arresi: se lui voleva nutrirsi doveva ammazzare gli animali e sterminava la razza, erano due per tipo, e potevano morire già per malattia o incidenti! E poi di che si nutrivano i carnivori, se non degli erbivori? Ma non basta, Noè non aveva frigo né freezer per conservare la carne.

Mi dissero che io da saputella pretendevo di giudicare l'operato di Dio senza capire nulla. Così a otto anni feci le prime rimostranze in famiglia ma smisi subito perché ottenni sonori schiaffoni, tentai allora di parlarne a scuola e la maestra mi rimproverò perché insinuavo dubbi nelle compagne che magari di quella fede avevano bisogno. Soprattutto ne aveva bisogno lei, lo capii e mi chiusi di più.

Non sapendo cosa fare di tutta quella religione che avevo studiato a 10 anni feci un concorso religioso nel Lazio per un viaggio (sempre religioso) in America, sapevo tutto del Vecchio e del Nuovo Testamento, che bello andare via da casa, naturalmente dovevo conquistare il primo posto ma arrivai seconda nella regione Lazio e mi regalarono un noiosissimo libro religioso che buttai nel secchio, che taccagni!

Coro delle Sacerdotesse - I Figli della Terra

Venite a noi Figli della Terra,
partoriti dal suolo e non dal cielo,
venite a noi che vi narreremo
del bosco e delle caverne,
dove gli eroi affrontarono i fantasmi.

Ma i fantasmi erano in loro,
pieni di cieli azzurri senza ombre né vita.
Gli uomini uccidono per sentirsi forti,
conquistano per non sentirsi schiavi,
per non sentire le loro catene,

dominano perché già dominati.

Venite a noi Figli della Terra,
perché noi nasciamo dalle zolle come piante,
e annusiamo il mondo come volpi,
e corriamo nei boschi come cervi,
e incontriamo la vita e la morte
col vento nei capelli e la luce negli occhi.

In autunno indossiamo i veli del lutto
e piangiamo gli amori perduti e i figli mai nati
presentendo la morte che verrà
e ci gelerà il cuore nel sonno dell'oblio.

Venite a noi Figli della Terra,
perché noi conosciamo il freddo vento del nord
e l'alito leggero dei venti del sud
che ci spingeranno con ali invisibili
generandoci ancora una volta
nei cicli infiniti del mondo.

MIA MADRE

Mia madre si gettò addosso a noi figli con lo stesso accanimento di mio padre, un volta si scagliò su mia sorella afferrandola per i capelli perché aveva scoperto che si truccava appena uscita da casa per andare a scuola. Truccarsi era da puttana, mia sorella urlava di dolore, io urlai a mia volta per far mollare la presa a mia madre, che la mollò, ma con un ciuffo di capelli letteralmente strappati dalla testa di mia sorella. Scoppiai a piangere.

Una volta tentò di strangolare mio fratello ancora bambino perché per errore aveva appiccato il fuoco a un barattolo di cera, cercai di toglierle le mai dal suo collo, avrò avuto 6 o 7 anni, lui aveva un anno e mezzo più di me, e lei mi urlò che tra poco l'avrebbe fatto anche a me. Implorai mia madre piangendo di non ucciderlo. Oggi i miei fratelli giurano di aver avuto ottimi genitori.

A 13 anni decisi che ero atea. Allora mi buttai sui libri esoterici. Prima di quelli avevo letto un baule di libri che i miei avevano ereditato (senza mai averli letti) da non so chi, dove c'erano i Promessi sposi, la Divina Commedia, l'Iliade, l'Odissea, I Miserabili, Guerra e pace, I miei ricordi di D'Azeglio, ma pure I discorsi del Duce, Cuore, Il principe e il povero, Incompreso, Le due orfanelle, Piccole donne, La capanna dello zio Tom, I ragazzi della via Pal, una sequela di libri di Salgari, e altri che non ricordo.

A nove anni supplicai i genitori di comprarmi altri libri perché li avevo letti tutti, compresi quelli scemi, ed esclusi quelli del Duce che mi tolsero dalle mani perché sembrava fosse proibito. O forse solo pericoloso visto che il fascismo era caduto, ma ci fu un deciso diniego, leggevo già troppo. Avevo letto tutti i libri ma alcuni li trovai stupidi (come Piccole donne), o melensi (come Cuore), o scritti male (come Salgari ma mi spiegarono che erano libri diluiti da altri autori perché Salgari invece scriveva bene).

Rinunciai a qualsiasi regalo (cioè i regali di natale e della befana) purché mi comprassero i libri, indossavo solo i vecchi abiti usati da mia sorella, calzini compresi, e forse gli conveniva perché in parte mi accontentarono e in parte li presi a prestito, ero veloce a leggere e a restituire. Fui lettrice accanita di libri esoterici, di religioni varie, di mitologia, di archeologia, di sociologia, poi di storia, di scienza, comunque rarissimi i romanzi e invece tanta saggistica.

I miei non ci capivano niente per cui non si opposero, ma un giorno un mio compagno di scuola mi prestò un libro intitolato "Gli amori di Napoleone" e lì si scatenò l'inferno, mio fratello, che non leggeva mai ma controllava parecchio e godeva nel mettermi in cattiva luce, avvertì i miei genitori che leggevo un libro pornografico!

Non era pornografico, era solo un libro poco interessante, io leggevo pure il bugiardino delle medicine pur di leggere qualcosa, ma dovetti restituire precipitosamente il libro. Tentai di far capire che non c'era niente di male e che leggessero almeno parte del libro. Ma l'aveva detto mio fratello e tanto bastava.

Cercai di capire in cosa credeva la gente e perché ci credeva. Mi colpì quanto tutti fossero creduli. Questo mi fece pensare che dovevo esserlo anch'io e non me ne accorgevo. Sorvegliavo i miei sogni, sapevo che erano una chiave, ma in genere erano incubi.

Sogno

"Una notte sognai un uomo che scavava con una pala in un cimitero e dissotterrava tre monete d'argento. Ero separata da lui da una piccola

balaustra in legno e lui mi disse: - Chi varca questo recinto muore -. Il sogno divenne subito un incubo e fuggii terrorizzata.

Mi capitò di parlarne con uno sedicente psicologo, mi disse che le tre monete erano i tre figli (io e i miei fratelli), ma non mi convinse. Anni dopo capii che quelle monete d'argento erano le mie emozioni e i miei sentimenti, scavare nel mio passato mi avrebbe fatto morire, era impossibile a quell'età. In quanto ai numeri, in genere nei sogni sono simbolici, il tre evoca cambiamento o aggressione, in quel caso era aggressione.

Insomma se avessi scoperto la mia vera infanzia sarei impazzita. Infatti io vivevo e cancellavo, in continuazione. Dovevo crescere ma vivere era duro, mi consolava che il giorno dopo avrei potuto suicidarmi e mettere fine al dolore, bastava resistere oggi, e così ogni giorno il suicidio, che mi mancava il coraggio di attuare, veniva rimandato al domani. Come consolazione per il futuro non avevo la religione ma il suicidio.

Non ne feci parola ai miei fratelli, l'avrebbero riferito a mia madre che l'avrebbe riferito a mio padre e la punizione sarebbe stata orribile: suicidarsi è un peccato mortale, come potevo essere così blasfema e miscredente da pensare sia pur lontanamente a commettere un peccato così grave?

Avevo sperato che i miei insegnanti fossero meno creduli e più informati dei miei genitori ma anche essi furono una profonda delusione. Non amavano gli alunni, sopportavano solo quelli bravi e io lo ero ma non mi amavano perché ero troppo seria e facevo troppe domande; ma soprattutto non li sopportavo io, perché erano poco informati e non si facevano domande.

Un giorno un mio professore citò dei versi su Pia de' Tolomei, un personaggio della Divina Commedia, e chiese chi sapesse di che si trattava, fui l'unica ad alzare la mano e spiegai la faccenda, lui un po' stupito chiese se sapessi come i versi continuavano ed io li recitai, li sapevo a memoria.

Il professore si meravigliò che io conoscessi a 12 anni quasi tutto a memoria l'inferno di Dante, ma non sapeva che lo conoscevo già alle elementari, pensai allora di essere plus-dotata ma che ero pure stupida perché i miei genitori me lo dicevano sempre, poi pensai che da bambina ero stata plus-dotata ma che avevo perduto l'intelligenza da adulta, un vero peccato.

Del resto avevo osato commentare e pure criticare in una interrogazione lo stesso Dante ma la professoressa mi bocciò l'iniziativa dicendo che piuttosto che dare pareri miei dovevo citare quelli dei precedenti e rinomati critici. Allora le citai Benedetto Croce e lei rimarcò che lui non aveva detto quello che avevo detto io. Risposi che se avesse scritto quel che avevo detto io non mi sarei citata, ma non capì e mi rimise a sedere, avevo parlato abbastanza, chi mi credevo di essere?

Rimasi interdetta, non parlavo pensando di essere qualcuno, ma pensavo che si potesse esprimere un'idea, evidentemente mi sbagliavo, agli insegnanti delle idee degli alunni non fregava nulla, anzi dava fastidio, loro avevano un programma da portare avanti, altro che i miei commenti sugli autori che studiavo. Il guaio è che vediamo gli altri come oppositori o facilitatori del nostro cammino, o di quello che riteniamo debba essere il nostro cammino. Non vediamo gli altri per se stessi, cioè per quello che sono, del resto non vediamo noi stessi per quello che siamo.

I CONDIZIONAMENTI

Capii di avere una mente condizionata, ma l'avevano tutti, lo capii quando avevo otto anni e chiesi a mio fratello come mai gli italiani credevano tutti nel cattolicesimo e gli arabi nell'islamismo e gli ebrei nell'ebraismo, e così via, evidentemente era difficile dimostrare quale fosse l'unica religione vera, ammesso che ve ne fosse una. Lui mi dette ragione.

Notai che i credo erano ordinati a seconda del luogo, dentro una nazione la stragrande maggioranza credeva in una certa religione. Pertanto nella fede si influenzavano a vicenda, ovvero i genitori dettavano i loro credo ai figli come mia madre e mio padre avevano fatto con noi figli. Compresi che gli umani credevano alle cose insegnate dai genitori, senza pensare che potessero sbagliare. Io stessa da piccola avevo accettato la religione che mi avevano propinato i miei pur non avendo molta fiducia in mia madre.

Mi chiesi quante fossero le cose sbagliate insegnatemi dai genitori, dei quali non mi fidavo affatto, e che invece ciecamente si fidavano dei loro genitori, che si erano a loro volta fidati dei loro genitori e così via.

Senza speranza, ma forse per metterlo in difficoltà, chiesi all'insegnante di religione come mai avvenissero miracoli anche da parte di falsi Dei, come lui li definiva, e il prete rispose che erano rari e spesso inventati.

Dissentii animatamente, avevo letto delle altre religioni e vantavano miracoli quanto la nostra e portai a prova alcuni dati. Allora cambiò versione: nella sua infinita misericordia Dio accordava miracoli anche se il Dio pregato era inesistente. Non ne condivisi il senso perché così questo Dio confondeva le idee a tutti, ma il prete ribadì caparbiamente il suo credo. Il fatto è che lui voleva crederci, e così tutti gli altri.

Non contenta chiesi allora come mai nell'antichità avvenissero tanti miracoli che ora non accadevano più. Negò anche quello, secondo lui oggi la gente poco religiosa dava poca importanza ai miracoli per cui non se ne parlava. Ma se la statua della Madonna aveva pianto e ne avevano parlato pure in TV! (poi si rivelò un bluff ma di questo i giornali tacquero), a parte che c'era stato un precursore, perché anche la statua del Dio pagano Apollo aveva pianto.

Il prete negò, io insistetti, perché ne aveva parlato Cicerone e l'avevo letto, e lui si arrabbiò, dicendo come mia madre che io dovevo leggere solo i libri di scuola. Con me molta gente si arrabbiava. Insomma ognuno teneva a credere a ciò in cui credeva e non voleva sapere altro. Gli dissi che Giulio Cesare aveva detto che tutti crediamo a ciò che ci piace credere, ma non capì, che c'entrava Giulio Cesare?

Allora (non a caso mi dicevano testarda oltre che supponente) chiesi perché Dio non appariva nelle grandi piazze così che tutti potessero vedere e credere, mi rispose che era troppo facile credere così, la fede aveva valore proprio quando non era sostenuta da prove. Sembrava un discorso privo di senso. Obiettai che si poteva dire altrettanto delle truffe degli imbonitori nelle piazze dei mercati (che ai miei tempi ancora c'erano), si doveva credere anche a quelle?

Venni tacitata frettolosamente, non era quello il modo né il luogo dove trattare argomenti così complessi e importanti. Insomma, ero sempre io che non capivo e che rompevo le scatole, agli altri stava bene tutto. Chiesi pure perché Dio (a cui non credevo più) facesse miracoli, cioè opere buone eccezionali e perché non le facesse sempre.

Se io fossi stata Dio non avrei permesso alle malattie di far soffrire o morire anzitempo degli uomini, ma nemmeno degli animali e le piante.

Così come non avrei consentito la fame, le guerre e gli stenti delle persone, e i terremoti e le catastrofi ambientali, avrei creato un mondo migliore. Dopo accurata riflessione ne dedussi che le cose stavano così:

- o questo Dio era ostacolato da altre divinità non buone, come il diavolo, ma altrettanto potenti o più potenti, per cui non poteva fare un mondo buono, e allora forse era più opportuno pregare il diavolo, oppure per maggior sicurezza si doveva pregare sia Dio che il diavolo,
- o questo Dio dormiva quando per lunghi millenni gli umani avevano adorato altri Dei e poi si era improvvisamente svegliato facendo un "coming out" ebraico e decidendo di fare l'unico e vero Dio,
- o questo Dio era malvagio e si divertiva a farci soffrire,
- o questo Dio era pazzo perché ci sterminava ma faceva pure miracoli di guarigione,
- o questo Dio non esisteva ed era un'invenzione degli uomini.

Optai per l'ultima ipotesi ma non mi sconvolse, nessuno ci proteggeva ma almeno nessuno ci metteva nelle fiamme dell'inferno, al massimo morivi e stop, mille volte meglio. Ma questo accadde dopo un certo tempo.

IL PROLOGO

Scrivo per narrare ciò che ho vissuto e compreso attraverso un lungo viaggio interiore, che ha incluso varie ricerche ed esperienze, presso scuole esoteriche, medium, veggenti, massoneria, libri sul tema e non, e infine un'analisi psichica, l'unica che mi ha cambiato la vita.

Tutto mi è servito e tutto mi ha contemporaneamente deviato, ma infine il mio desidero era di capire da dove venivo, perché ero nata da quei genitori e dove sarei finita. Mi avevano messa al mondo in un modo, in un tempo e in una famiglia che non avevo scelto e che mai avrei scelto, sarei morta anche qui in un modo che non avrei scelto e senza un perché. Poiché volevo la verità, qualsiasi essa fosse, ne sono uscita indenne, con una insolita consapevolezza e uno stato d'animo piuttosto sereno e vivace.

Noi tutti cresciamo con la mente condizionata dai genitori, da parenti, da insegnanti, dalla gente, dall'epoca e il tempo in cui viviamo. Liberarsi dai condizionamenti è lungo e difficile, ma scoprii che si può fare. Quando me ne liberai scorsi cose che prima non vedevo e da allora comprendo chi ha effettuato il percorso, chi crede di averlo fatto ma è rimasto incastrato nella mente, e chi bleffa e lo ha solo letto sui libri.

Quelli che lo fanno sono pochi e non parlano, nessuno di quelli che scrivono (e che ho letto) indica la via dell'anima, sento solo percorsi mentali, per questo scrivo, perché in quanto ultra-ottuagenaria sono al termine della mia vita, e desidero lasciare una traccia autentica del percorso. Un percorso lungo e a volte rischioso, fino ad entrare "Nella Tana del Lupo". Qualcuno l'ha chiamato "la discesa nell'Ade", io mi rifaccio al lupo perché animale aggressivo, bello, e intelligente, e perché suona meno pretenzioso.

Molti ne hanno scritto ma pochissimi l'hanno fatto. E' la differenza tra chi l'ha pensato e chi l'ha vissuto. Ciò che mi ha dato una svolta importante è stata l'analisi personale presso uno psicologo che ha interpretato i miei sogni, insegnandomi a capirli e consentendomi di affrontare le grandi sofferenze della mia infanzia, visto che le nostre sofferenze vengono anzitutto dall'infanzia.

Come giustamente intuì Sigmund Freud, son i genitori a darci fiducia o sfiducia in noi stessi, determinando nella nostra anima di avere un valore o di non averlo, insomma valiamo se i nostri genitori lo pensano ma non valiamo se i nostri genitori pensano il contrario. Sono loro a determinare, almeno in larga parte, il nostro coraggio, il nostro umore e il nostro valore.

Così scoprii di non stimare me stessa a causa della disistima propinatami dai miei genitori ma man mano che l'analisi procedeva riacquisii la considerazione di me e la speranza. Pian piano affluirono i ricordi e il dolore e la mente condizionata iniziò a destabilizzarsi ma quando cominciò a crollare l'ultima roccaforte della mia mente il mio terapeuta si tirò indietro, non poteva far affrontare a me ciò che lui stesso non aveva affrontato.

Nessuno può portare un altro dove lui stesso non ha avuto la forza di andare. Così se non ha affrontato la sua parte gay non permetterà di farlo ai suoi pazienti, e se non affronterà la sua parte abusata, fisicamente o psichicamente, non lo consentirà ad altri. Io mi trovai ad affrontare un mondo invisibile di entità positive e soprattutto negative.

Lui precisò che non si era mai interessato a certe cose e che non intendeva farlo ora. Praticamente mi rifiutò, non mi cacciò dall'analisi ma si rifiutò di trattare questo mondo invisibile, non lo trovava di sua competenza. Così fece in modo che io fossi costretta ad andarmene. Pertanto proseguii da sola, in un modo che non corrispondeva agli scritti esoterici se non marginalmente.

Mi accaddero cose incredibili, scoprii un mondo di entità negative prima, e positive poi, dove mi ricredetti completamente sull'immagine della realtà che mi avevano dato. Rischiai di perdere il senno, ma la voglia di verità mi fece da guida, e non mi lasciai intrappolare né dalla paura né dalle illusioni, che pure avevo numerose, perché paura e illusioni sono le armi dell'astrale distruttivo.

Finalmente mi giunse, non cercata per la mia grande diffidenza degli altri, un'anziana signora, molto semplice e non molto erudita, che mi fece da guida per quasi un paio d'anni, spiegandomi quel che accadeva. Ciò mi permise di salvarmi dalle aggressioni e dalle lusinghe dell'astrale negativo (A.N.). L'astrale (o eggregoro, o eggregore) è l'estratto dell'anima delle persone che hanno abitato la Terra, in parte costruttivo e in parte distruttivo.

Chiamo Astrale Positivo o Astrale Bianco (A.B.) quello che mira ad aiutare le persone e Astrale Negativo o Astrale Nero (A.N.) quello che mira a distruggerne l'anima. Mi si presentò prima quello negativo, ma ad alcuni si è presentato prima quello positivo, non saprei in base a cosa. Essendo caduta la mia mente condizionata parlo solo per esperienza, per cui dico solo ciò che ho esperito.

LUCREZIO CARO – INNO A VENERE (cioè ALLA NATURA)

Genitrice della stirpe di Enea, gioia di uomini e Dei,
Venere che dai la vita, che sotto gli astri correnti
del cielo rendi popoloso il mare colmo di navi e la
terra fertile di messi, poiché ogni genere di viventi
nasce da te e, sorta, contempla la luce solare:
te, Dea, te fuggono i venti, te e la tua avanzata il cielo
nuvoloso, per te la terra industriosa a sgorgare fiori,
per te sorridono le vaste superfici del mare
e, placato, splende il cielo di una diffusa chiarezza.

Non appena s'è spalancato lo splendore primaverile
dei giorni e, libero, prende forza il Favonio fecondo,
come primi gli uccelli preannunciano te, Dea,
e il tuo arrivo, i cuori toccati dalla tua energia vitale.
Poi bestie feroci e greggi scorrazzano per pascoli felici
e guadano rapidi torrenti: così, preso dalla magia,
chiunque, ardente, ti segue ovunque lo porti.

Infine, per mari e monti e fiumi impetuosi, e per le
magioni frondose degli uccelli e per i clivi verdeggianti,
infondendo a tutti per i petti un dolce
amore, fa che con passione le stirpi propaghino
secondo il genere. Poiché tu sola reggi la natura
delle cose, e nulla sorge senza te nei divini mondi
della luce, né accade alcunché di lieto o piacevole,
te voglio come compagna per comporre i versi
che io provo a scrivere sulla natura delle cose,
per i discendenti di Memmio, che tu, Dea, hai voluto
si distinguessero, ornata d'ogni dote.

Tanto più, o Dea, concedi un fascino infinito ai miei versi;
intanto fa' che le selvagge azioni di guerra riposino tutte
in pace, per mari e terre; infatti, tu sola puoi aiutare
i mortali con una serena pace, poiché i crudi onori
della guerra li governa Marte, potente in armi,
che spesso poggia il capo sul tuo grembo, vinto da
eterna ferita d'amore; così, sollevando gli occhi,
col collo armonioso reclino, ammirando te, Dea,
nutre gli avidi occhi d'amore, e dal tuo viso pende
il respiro di lui che è riverso.

Quando lui è sdraiato sul tuo sacro corpo, tu, Dea,
abbracciandolo da sopra, proferisci dalle labbra dolci parole,
chiedendo per i Romani, o gloriosa, una serena pace.
Infatti, né io posso accingermi con spirito tranquillo
in un tempo infelice, né l'illustre stirpe di Memmio
può mancare in tale situazione alla comune salvezza.

LA NATURA

"Gioia di uomini e Dei, degli animali e dei boschi", ma ora la gioia è rara negli uomini, ormai lontani dalla Natura e dalla loro stessa natura umana. Ieri Dea Venere e Dea Pax, adorata e cantata dai poeti, oggi la Natura non è cantata e nemmeno rispettata, si sradicano le foreste perché gli animali da cibo, che rendono più dei cereali, richiedono più terreno per nutrirli.

Per produrre cibi animali vengono consumate infatti molte più risorse rispetto a quelle necessarie per la produzione di cibo vegetale. Questo enorme spreco di risorse è una delle conseguenze meno pubblicizzate, ma la più devastante, della tanto decantata "Livestock revolution" (Rivoluzione del bestiame). È innegabile che questo spreco di risorse provochi un enorme impatto ambientale sul pianeta.

Il desiderio umano di carni animali sono la causa scatenante di tutte le principali categorie di danno ambientale che in questo periodo storico minacciano il futuro dell'umanità: la deforestazione, l'erosione, la scarsità d'acqua, l'inquinamento dell'aria e dell'acqua, i cambiamenti climatici, la perdita di biodiversità, l'ingiustizia sociale, la destabilizzazione delle comunità e la diffusione delle malattie. Per giunta sono la causa di molte malattie.

Nonostante ciò, il consumo di carne pro capite è più che raddoppiato nella scorsa metà del secolo, e per giunta la popolazione continua a crescere, facendo aumentare il consumo totale di carne di ben cinque volte. Questo ha a sua volta imposto una pressione sempre più alta sulla disponibilità d'acqua, di terra, di mangime, di fertilizzanti, di combustibile, di capacità di smaltimento dei rifiuti, e sulla maggior parte delle altre risorse limitate del pianeta.

Così gli umani si cibano di cadaveri pieni di antibiotici perché non si ammalino dalla disperazione e per le condizioni igieniche ma si limitino a inebetire in tranquillità nelle gabbie o nelle strette transenne senza infastidire nessuno. Una volta gli animali crescevano pascolando nelle campagne, oggi vivono nelle stalle in spazi sempre più ristretti, meno spazio gli diamo più ne ammassiamo per la macellazione.

Siamo molto lontani dalla Natura, siamo più abitatori di città che di campagne e, guarda caso, nel linguaggio dei sogni le città equivalgono alla mente e le campagne all'anima. Lucrezio Caro scrive versi ispirati sulla natura come oggi non si potrebbe fare, oggi che la natura è una cosa creata da un Dio per compiacere i mortali, un grande supermercato dove l'uomo si può servire senza scrupoli e con l'approvazione ecclesiastica.

L'Associazione medici per l'ambiente in Italia denuncia: «*le condizioni di vita degli animali negli allevamenti intensivi, che, nell'abbassare il loro benessere ne abbassano anche le difese immunitarie, richiedono un alto intervento di medicalizzazione, particolarmente di antibiotici, contribuendo all'antibiotico-resistenza, trasmissibile all'uomo*».

Gli esperti prevedono che nel 2050 dieci milioni di persone ogni anno moriranno per colpa dei batteri resistenti agli antibiotici nel mondo, il doppio di tutti i morti causati dal coronavirus. Il rischio è che si torni a un'era pre-antibiotica in cui qualsiasi tipo di operazione può rappresentare un rischio letale, anche solo l'estrazione di un dente.

Lucrezio prega Venere di chiedere a Marte di non portare Roma alla guerra, e chi possiamo pregare noi per Ucraina e Gaza? Si fanno guerre per interesse, fregandosene della gente che muore, che viene mutilata, che perde casa e lavoro, che è disperata. Figuriamoci se sentono pena per gli animali. Dunque si può pregare il Dio di turno, oppure si può seguire la Grande Opera.

LA RELIGIONE

Capii dapprima di avere una mente condizionata, ma l'avevano tutti, lo capii quando avevo otto anni e chiesi a mio fratello come mai gli italiani credevano tutti nel cattolicesimo e se era vero che i genitori volessero tutti bene ai figli e pertanto andavano amati e rispettati.

Compresi che gli umani credevano alle cose insegnate dai genitori, senza pensare che potessero sbagliare. Io stessa da piccola avevo accettato la religione e tutte le altre favole che mi avevano propinato i miei. Mio fratello accettò i miei dubbi e mi chiesi quante fossero le cose sbagliate insegnatemi dai genitori, dei quali non mi fidavo affatto, e che invece ciecamente si fidavano dei loro genitori, che si erano a loro volta fidati dei loro genitori e così via.

In quanto all'esistenza di Gesù che non essendo peraltro un personaggio storico (nei manuali si scrive di chi comanda, di chi vince, di chi perde e stop) non è citato se non marginalmente, il problema non è quello della sua esistenza ma quello dell'esistenza di Dio. Gli ebrei scodellarono molti Messia che la tradizione prometteva con sicurezza e molti si sentivano chiamati da non si sa quale parte del loro cervello, di certo non la più sana. Il problema è che negli ospedali di casi simili ce ne sono stati a iosa.

Ricordo, durante il mio tirocinio da psicologa, che il mio professore, accompagnato da sette o otto alunni, tra cui io, chiese a un giovane come si sentisse e quello rispose. Poi a un certo punto lui chiese di noi e domandò quanti fossimo. Il professore lo salutò in fretta e poi spiegò: lui era bello, giovane e coi capelli fino alle spalle, da qui a pensarsi Gesù Cristo il passo era breve.

Se fossimo stati 12 o giù di lì sarebbe passato alla scoperta di chi fosse il giuda della situazione e la faccenda si sarebbe aggravata, per cui meglio filarsela. Non era difficile credersi Gesù o in ogni caso il novello figlio di Dio, e non dovette essere difficile nemmeno per il Gesù storico.

L'OPERA AL NERO

Coro delle sacerdotesse - I Figli delle tenebre

Venimmo dal buio per darvi la luce,
ma adorando i vostri Dei
ci voltaste le spalle,
vi portammo l'ambrosia
ma preferiste la carne e il sangue,
vi portammo il ricordo delle origini,
ma preferiste la cecità dell'oblio.

Venite a noi figli delle tenebre,
noi svegliamo dai lunghi sonni
con sogni lucidi e inquieti
che spalancano gli occhi
e aguzzano le orecchie.

Venite a noi figli delle tenebre,
noi vi faremo piangere tutte le lacrime,
svegliandovi l'anima e il cuore.
Vi toglieremo giacigli e scudi,

amori e illusioni, fede e sogni.

Venite a noi figli delle tenebre,
perché vi insegneremo a scrutare
nelle tenebre come i gatti e le civette,
e come accendere fuochi nella notte
che vi scaldino l'anima
incendiando come torce i vostri cuori.

L'Opera al Nero riguardava appunto il nero, quindi il buio e lo sconosciuto. Ciò che è stato dimenticato. La parola "annerimento" non mi diceva nulla, ma la parola "nero" evocava la cecità dell'abisso, e quello sapevo di averlo. Nulla è più sconosciuto dell'inconscio.

Avevo letto molto sui libri alchemici e un sentore di ciò che fosse il nero per gli alchimisti lo avevo, anche per un'immagine alchemica in cui un uomo metteva la testa nel forno e volavano su in alto lettere e numeri. Doveva essere la mente che lasciava uscire i suoi contenuti. Ma era anche l'opera dove regnava Saturno, il Dio del tempo e qui mi fermai, e solo in seguito compresi, che in fondo al nero, o al buio, c'era la falce di Saturno, la morte, che altro se no? Non è esso il traguardo naturale della vita eppure il più nascosto e mistificato evento dell'umanità intera?

Mi attrasse anche il Mutus Liber, il Libro Muto del 1677, un libro di sole figure che iniziava con l'immagine di due esseri alati che scendevano dal cielo mediante una scala suonando una tromba, sembrava alludere agli angeli che svegliarono il sonno di Giobbe, in realtà era la mente che scendendo dal cielo verso terra andava a svegliare l'anima addormentata.

Il libro conteneva solo poche parole: *"Ora, Lege, Lege, Lege, Relege, Labora et Invenies"* ovvero *"Prega, leggi, leggi, leggi, rileggi, lavora e troverai"* e *"Oculatus Abis"* ovvero *"provvisto di occhi vai"* che invitano a capire il significato nascosto delle immagini. La mia Opera al Nero ebbe inizio con un'analisi del profondo che rievocò tutta la mia infanzia, o quasi tutta; un'infanzia molto dura, priva di amore e di rispetto, ma piena di percosse, maltrattamenti, insulti e umiliazioni, e anche molto peggio. Era la tana del lupo.

LA VIA INIZIATICA

Poi la macchina, nei sogni, iniziò a disgregarsi, ed era il simbolo della mente condizionata. L'automobile ci permette di andare per il mondo in modo più veloce, come la mente, e ci ripara dalle intemperie e dagli altri, come la mente. Infatti in macchina possiamo fare gesti aggressivi che non oseremmo fare a piedi, di fronte all'altro, perché l'automobile ci difende. Inoltre in auto dobbiamo stare attenti a non intruppare e a non venire intruppati, come nella vita dobbiamo stare attenti a non aggredire e a non venire aggrediti.

Ma anche il vaso e la borsa si rompevano o si perdevano, anch'essi simboli della mente, in quanto contenitori di cose, come la mente è il contenitore di emozioni e sentimenti.

L'INCONTRO NEFASTO

Mi si presentò l'Astrale Nero quando in un momento di disperazione (non ricordo per cosa ma ne avevo infiniti) pregai il mondo di far si che almeno il mio dolore servisse a lenire le sofferenze di altri. Offrivo all'universo la mia sofferenza a sollievo della sofferenza degli altri. Credo che in quel momento l'A.N. capì che potevo essere una sua preda, chi si immola, che si consegna a un carnefice, come il cattolicesimo ci ha insegnato. Senza saperlo ero ancora un po' cattolica.

In fondo sacrificarsi lascia intendere che ci sia qualcuno a cui piaccia il sacrificio altrui. Come se un figlio si offrisse di essere fustigato per ottenere dai genitori un premio o un favore. D'altronde che ti puoi aspettare da un Dio che apprezza il martirio, a volte anzi lo esige, e che condanna alla tortura e alla morte il suo stesso figlio?

Quando infine cadde la mente condizionata dovetti fare i conti con un mondo diverso da tutto ciò che mi avevano raccontato, cadde la mia mente e le mie paure, non cercai più di essere qualcuno per bilanciare il non essere stata nessuno o peggio per i miei e non ebbi più timore di non piacere agli altri o di essere criticata, venne meno anche la paura di essere distrutta.

Il vecchio io bisognoso sparì e venne anzi una grande capacità intuitiva ed empatica con le creature: umane, animali, vegetali e oltre, come poi specificherò. So di essere importante quanto una pianta del bosco ma la cosa anziché rattristarmi mi rallegra. Posso oggi definirmi "quietamente felice" e "quietamente vivace", perché sono rientrata nella Natura, quella Natura da cui, come la quasi totalità degli uomini, mi sentivo esclusa, ovvero il mondo circostante mi aveva estromesso.

Ho compiuto, secondo l'approssimativo modello dell'alchimia, l'Opera al Nero, l'Opera al Bianco e sono pervenuta all'Opera al Rosso, di cui sono giusto all'inizio, e da cui mi aspetto, perché lo sento, ulteriori trasformazioni. Il mio viaggio non è finito e so che finirà con il termine non lontano di questa mia vita per riprendere in una dimensione diversa.

Ci credo perché l'ho sperimentato, e spiegherò come. Quando cade la mente condizionata (non quella ragionante, sia chiaro) si vedono tante cose che prima non vedevamo, ma per poterla demolire occorre anzitutto capire che esiste.

CAPITOLO II

IL PRIMO CONDIZIONAMENTO

Veniamo condizionati fin dalla nascita, sentiamo subito, dalla risposta di nostra madre al nostro pianto e alle nostre richieste, se c'è premura o fastidio, imparando così a esprimerci di più o di meno. Presto tutto il mondo, ovvero il nostro mondo, ci fa capire se siamo graditi o meno. Il primo mondo è la madre, il secondo il padre, e dai genitori ci facciamo l'idea di come i nostri simili ci accetteranno: la risposta dei genitori per noi è il mondo.

Questo è il primo grande condizionamento, accettazione o rifiuto, da allora ci sentiremo eternamente accettati o rifiutati, ricevendo le regole non scritte e magari nemmeno espresse a voce, attraverso le reazioni dei genitori. Se piangiamo mamma accorre o si infastidisce, se non rispettiamo l'orario della pappa e cerchiamo di anticipare veniamo o non veniamo ascoltati, il nostro pianto ha valore o è ignorato o suscita rabbia, al che la paura e il pianto aumentano, oppure si dispera di trovare accoglienza o si teme l'ira della mamma e il pianto cessa.

Quando ero molto piccola pensai che i miei mi volessero morta, mi dissero che ero nata per sbaglio, per cui pensai che era già tanto che ero viva. Ricordo che da molto piccola li guardai di nascosto, erano in cucina e parlavano tra loro, io mi ero alzata silenziosamente e stavo in corridoio al buio. Mi accorsi che parlavano quietamente tra loro e stavano bene insieme ma non stavano bene coi figli, soprattutto con me. Capivo che non mi avrebbero uccisa ma che mi volevano morta. Era vero ma non lo dicevano neppure a se stessi, in qualità di cattolici credenti e praticanti.

Mia madre mi raccontò con candore che mentre i miei fratelli erano stati allattati al seno, per me il latte era finito e venni nutrita con latte artificiale. La cosa però mi sollevò, l'idea di essermi nutrita da quel corpo mi faceva senso, almeno questo mi era stato risparmiato. In seguito seppi che mio fratello, più grande di me di un anno e mezzo, era stato allattato per due anni. Aveva allattato lui al posto mio. Stranamente il parto non mise fine al suo latte.

Da piccola fantasticavo con mio fratello che ci avessero scambiato in ospedale attribuendoci genitori non nostri e con molta ingenuità ne parlammo con nostra madre. Lei non colse la speranza, la prese come una curiosità e spiegò che non era possibile per alcuni braccialetti che venivano posti a madre e figli relativi. Fantasticammo allora di essere stati adottati, avevamo saputo che alcuni figli scoprivano da grandi che quelli che ritenevano i genitori naturali erano in realtà genitori adottanti. Speravamo che fosse un brutto sogno e che improvvisamente scoprivamo di avere altri genitori, migliori degli attuali.

Mia madre non voleva figli, anche se si sentiva obbligata a farli, e di gran lunga preferiva i maschi alle femmine. Odiava la fragilità per cui odiava sua madre che si lasciava picchiare dal marito e odiava tutti i bambini ma quando mio fratello crebbe smise di odiarlo (e di picchiarlo), ora lui non mostrava più sentimenti per cui era forte e andava bene. Per contro lui non se la filava e le rispondeva a mugugni, uno stile di comunicazione imparato per strada dai compagni.

Non provai invidia né competizione verso mio fratello, gli volevo bene e mi mancava, ma mi resi conto che gli amici l'avevano rincretinito. Si consolò dei suoi dolori pensando di essere superiore alle donne a causa di quel piccolo pezzo di carne in più, ma io non accettavo la sua superiorità e per questo mi portò eterno rancore.

Scoprii poi che mia sorella era gelosa di me, io narravo a tutti di avere una sorella bellissima, cosa che mi riconsolava dell'essere brutta, cosa che sia lei che mia madre mi ripetevano a ogni piè sospinto: mia madre non diceva che ero brutta ma che "non ero né carne né pesce" cioè insignificante.

Io non mi rendevo conto se mia sorella fosse bella o meno ma mia madre se ne era convinta e lo ripeteva spesso, sperando che sua figlia acquistasse più coraggio a farsi corteggiare dai maschi, coraggio che mia sorella non aveva. Il motivo di tanta preoccupazione materna era che mia sorella finalmente si sposasse andandosene così via di casa. La massima aspirazione di mia madre era che le figlie femmine se ne andassero ma che il figlio maschio restasse con lei.

Fin da molto piccola mia madre mi insegnò la religione cattolica ed io, terrorizzata dai soprusi e abusi dei miei genitori, tutto regolarmente cancellato nei ricordi ma vivo negli stati d'animo, mi ci aggrappai. Venni strattonata di chiesa in chiesa e di processione in processione e pregai come un'ossessa sperando di salvarmi dalle fiamme dell'inferno e del purgatorio, ambedue promesse da una religione sadica e implacabile, più o meno come i miei genitori.

Alla fine però smisi di crederci e fu un gran sollievo. Alcuni schemi caddero e io mi sentii sempre più sola, mia sorella mi odiava e mio fratello mi abbandonò per fare una vita da strada con i suoi amichetti dove si consolò pensando, come gli dicevano, che lui aveva un grande valore in quanto maschio e da grande il valore sarebbe aumentato, tanto più che le ragazze percepivano questa ipervalutazione e la scambiavano per solidità morale.

Smise di parlare con me e con tutta la famiglia. Ero disperatamente sola. A non piangere mi ero abituata da piccola, come mi venivano le lacrime correvo davanti allo specchio e guardavo i miei occhi finché queste non tornavano indietro, una scuola di anestesia dell'anima.

Però leggevo molto, così non ero completamente insensibile, ma mi emozionavo a storie inventate, potevo permettermele perché non erano mie, ma ovviamente mi appartenevano tutte. Crebbi in un'anestesia incompleta, che lasciava spazio a rabbia, disistima di me ma pure disprezzo per gli altri che percepivo inferiori, perché riflettevano poco e non si facevano domande. Questa stranezza del sentirmi inferiore e superiore agli altri mi dannava a un'altalena incessante di angosce e tristi trionfi.

Ero sola contro tutti, o almeno lo credevo, in realtà odiavo tutti perché li identificavo con i miei. Ricordo in una chiesa dove sotto due altari stavano due santi di cera coricati nella morte con splendidi abiti antichi. Non mi importava del santo ma delle sue vesti e del suo viso in cera, ambedue stupendi. Mi inginocchiai ad uno di essi per poterlo guardare, entrarono due persone e si inginocchiarono accanto a me.

Infastidita mi alzai e andai ad inginocchiarmi all'altro altare, ma i due mi seguirono, naturalmente non per seguire me ma per vedere l'altro santo. Ancora più scocciata mi alzai con un gesto stizzito e tornai al primo santo. Sentii il commento sotto voce: "*Ma che ha?*" Avevo che odiavo tutti e non volevo nessuno accanto a me, ero antisociale.

L'IMPRINTING

Nasciamo con un istinto e uno sprazzo di coscienza capaci di provare molto presto sentimenti ed emozioni, nonché una mente capace di decifrare il mondo esterno, di apprendere e di conservare una memoria. Il mondo esterno del bambino non è la natura ma i suoi genitori, prima la madre poi entrambi che gli insegnano a parlare e gli trasmettono il mondo.

Molti bambini che vivono in città non vedono mai la campagna con le sue piante e i suoi animali. I bambini mangiano di buon grado i brandelli di animali macellati vedendo solo cibo e mai l'animale vivo che voleva vivere libero nella natura, ma che noi uccidiamo e mangiamo per diritto divino. Non conobbi i genitori di mia madre, ambedue nativi delle Marche, ma me ne narrarono la storia.

Mia nonna era figlia illegittima di una nobildonna che la fece allevare da due zitelle in campagna. Ne vidi una foto, aveva lineamenti molto fini, era bionda e molto bella. La dettero in moglie a un carabiniere e lei si rifugiò per due giorni in un fienile per sfuggire al matrimonio, ma infine dovette sottomettersi. I miei fratelli narrano che fosse gentile e generosa con i nipoti.

Mio nonno non c'era mai, stava via per mesi, poi tornava, picchiava mia nonna e la metteva incinta. Morì affogato in una pozza dove doveva essere caduto da ubriaco. In quanto ai genitori di mio padre, mio nonno morì quando mio padre aveva solo tre anni e venne allevato dalla madre e dallo zio, il fratello prete di sua madre.

A me bambina facevano paura sia mia nonna che il prete, che sentivo ambedue senza cuore. Questa è la famiglia in cui, secondo alcuni, io avrei scelto di reincarnarmi per la ulteriore esperienza di vita.

La mente è data dalla nascita, ovvero l'uomo ha in sé l'embrione che costituirà la sua mente ragionante, ma nei suoi primi anni di vita subisce un imprinting, un'impronta che agisce sull'istinto. Ovvero noi umani trasferiamo ai nostri cuccioli degli imput che cancellano in larga parte l'istinto.

Degli esempi:

"*Non voglio andare in chiesa perché mi annoio!*" ed i genitori a spiegare: non si va in chiesa per divertirsi ma perché andiamo a pregare nostro Signore che ama tanto essere pregato.
Il bimbo sente che qualcosa non va: "*E perché lo dobbiamo pregare? Non ci legge nella mente, non lo sa quello che ci serve?*" e lì il genitore paziente spiega che Dio ci dà tanto per cui è giusto che lo preghiamo, che ci ama tanto ma vuole tanto essere pregato, insomma che si arrabbia

se non lo preghiamo ecc. ecc. e quindi lui non deve annoiarsi, perché non è giusto che si annoi.

E se ancora non capisce dipende dal fatto che è piccolo e che da grande capirà; in effetti il genitore non ha capito nulla, in chiesa anche lui si rompe le balle oltremisura, ma deve rifare a suo figlio quello che i suoi hanno fatto a lui. E' la legge occulta da cui pochi deviano.

Oppure "*Papà la maestra mi ha messo una nota perché ho detto una parolaccia.*"
"*La maestra ha ragione, le parolacce non si dicono!*"
"*Ma papà tu le dici sempre!*"
"*Non c'entra, io sono adulto e le posso dire, i bambini non devono dire le parolacce!*"
"*E a che età posso cominciare a dirle?* "
" *Quando sarai grande, per ora non fare queste domande fuori luogo.*"
E il bambini rimugina sul perché non deve chiedere quando potrà sfogarsi come sente.

Oppure "*Papà ma nonna è scema!*" E il padre spiega che non si dice così alla nonna (anche lui lo pensa ma non osa dirlo) spiegando che alla nonna si deve rispetto ecc. ecc..

Oppure "*Mamma perché mi sgridi se dico una bugia mentre tu ne dici alle tue amiche e pure a papà?*"
"*Perché io le dico per non urtare gli altri e quindi a fin di bene.*"
"*Ma pure io le dico per non urtare gli altri se no si arrabbiano!* "
"*Va bene non puoi capire, quando sarai grande capirai.*"

Così il bambino pensa di essere scemo, ma pensa pure che da grande, anche se scemo, potrà comandare sui figli e raccontargli tutte le frottole che vuole. Così quando un giorno non sa che dire ai suoi figli si ricorda di ciò che i suoi genitori gli o le hanno detto e lo rifila pari pari ai suoi figli. In effetti sono i suoi genitori che non hanno capito e che rifanno quello che i loro genitori gli hanno fatto. Per non parlare del mondo fantasy della religione, tutto basato su un sentito dire quanto mai imbarazzante.

Con la religione gli diamo un pesante bagaglio che pretendiamo vero come se l'avessimo appurato tale e quale si fa con la scienza. Per le verità scientifiche c'è tutto il mondo per verificare e confutare, se una cosa è data per certa siamo sicuri che l'hanno testata e "falsificata" (cercare di dimostrare che è falsa) scienziati di ogni tempo e ogni luogo. Anzi gli scienziati provano un certo piacere a dimostrare che l'altro scienziato si è sbagliato.

Per la religione invece c'è una voce unica che racconta quel che gli pare, senza che uno straccio di scienziato osi confutarla, al punto che non potendo dichiarare falsi i Vangeli apocrifi perché hanno le stesse prove di quelli ortodossi, la Chiesa Cattolica non li ha dichiarati falsi ma li ha ritenuti "inadatti alla divulgazione" senza spigarne il motivo: o perché siamo deficienti o perché dicono cose imbarazzanti.

Ancora oggi quando sottolineo l'assurdità di certi brani della Bibbia insorgono persone scandalizzate che mi rimproverano di interpretare letteralmente dei brani religiosi mentre dovrei lasciarlo fare alla Chiesa. Ho grande diffidenza di coloro che non parlano chiaramente, siano essi religiosi o filosofi o cosiddetti "maestri", perché le cose sono due: o non hanno le idee chiare o vogliono imbrogliarci. Quindi da un lato uccidiamo il senso logico dei bambini e dall'altro con la religione li tuffiamo in un mondo inventato e squallido di regole infinite senza un briciolo di sentimenti.

Per giunta gli predichiamo l'amore che non sentiamo e gli facciamo credere che se saranno bravi e buoni andrà tutto bene mentendo spudoratamente. Questo non riguarda solo il cristianesimo ma tutte le religioni monoteiste, perché non ammettono altre religioni, perché fanno proseliti o si accaniscono contro le altre religioni e perché vogliono convertire il mondo con le buone o con le cattive, senza alcun rispetto della libertà altrui.

Così accettiamo un Dio che ci tortura con vari roghi in inferno e in purgatorio o ci invia in un paradiso dove invece si sta benissimo ma non si sa cosa si fa. Niente divertimenti, niente cinema, niente sesso, niente corse sui prati, niente manicaretti, solo con angeli vari e la visione paradisiaca di questo Dio.

LA MISOGINIA

Gli uomini hanno paura delle donne perché assimilabili all'anima e alla natura. Le donne sono più istintive degli uomini, più emozionabili e più in sintonia con la natura. Hanno un ciclo mestruale che si rifà alle fasi lunari, partoriscono come gli animali, e sono più emotive del maschio, più curiose dei misteri e dell'occulto, mentre il maschio si affanna per dare il primato alla mente e ricacciare l'anima.

L'uomo non ama la donna perché teme di averne bisogno e di venirne assoggettato, la teme perché lei segue le motivazioni dell'affettività e dei bisogni, stati d'animo mutevoli che lui teme, rifiuta e non capisce. La donna, l'anima e la natura devono essere sottomesse al maschio portatore del "logos" cioè della mente, che cerca disperatamente l'immortalità ma la natura è mortale per cui va assoggettata così come la donna e la propria anima.

Nella maggior parte del mondo la donna viene dominata come una schiava, senza diritti e senza difese. In Europa le cose vanno un po' meglio, ma in Italia non vanno bene. Il paese europeo dove le donne sono trattate peggio è la Grecia, al secondo posto c'è l'Italia. D'altronde in Italia c'è la sede della religione cattolica che le donne le odia non c'è male.

Così scoprii che mia madre pur essendo donna era misogina, odiava le donne, soprattutto quelle che lavoravano perché toglievano il lavoro ai maschi, obiettai che allo stesso modo gli uomini che lavoravano toglievano il posto alle donne. Ma per mia madre le donne lavoravano poco e mettevano le corna ai mariti, insomma le odiava perché lei faceva la casalinga. In realtà gli uomini avevano assunto le donne negli uffici statali e comunali quando i loro mariti, gli impiegati, erano partiti per la guerra.

A guerra finita molti uomini non avevano fatto ritorno o erano invalidi per cui si decise di lasciare le cose come stavano, accorgendosi che anche le donne avevano diritto al lavoro. Così mia madre odiava le donne ma mio padre no, me ne accorsi quando una tantum venni portata con lui nell'ufficio che dirigeva e mi accorsi di quanto era tenero verso una sua impiegata che lo guardava con occhi adoranti.

Ma mio padre nonostante ciò era molto geloso delle sue figlie e si arrabbiava se io o mia sorella osavamo slacciare in estate il primo bottone del vestito a giro collo, ree di desiderare lo sguardo degli uomini. Ma in realtà io avevo solo caldo, per giunta ero senza seno, che avrebbero avuto da guardare?

Ogni domenica, all'uscita della chiesa dove noi figli eravamo obbligati ad ascoltare la Messa, mio padre ci baciava sulla fronte in nome di non so quale rituale arcaico. Io odiavo andare a Messa, odiavo poi confessarmi ai preti che spesso in confessionale mi facevano domande imbarazzanti sulla mia masturbazione, ma i preti erano intoccabili: *"Fai ciò che il prete dice ma non fare ciò che il prete fa."*

Chiesi allora perché i preti fossero tutti maschi e perché le donne non si sentissero boicottate da una Chiesa che le considerava inferiore agli uomini, e perché le donne non potessero amministrare i sacramenti come i maschi. Visto che nessuno sapeva rispondere mi gettai sui libri e appresi del matriarcato e delle amazzoni, quando le donne erano importanti come i maschi e quando si ribellarono perché non erano più importanti come i maschi.

La risposta era di solito molto stupida: perché Cristo era maschio. Al che io chiedevo: *"Perchè se Cristo era femmina non si permetteva di esercitare i sacramenti ai maschi? E se Cristo era gay non si permetteva di esercitare i sacramenti agli etero?"*

Intanto cercavo di evitare quel bacio sulla fronte che mi faceva schifo occultandomi come potevo, ma mio padre mi veniva a cercare per compiere il suo dovere di padre benedicente. Mi ricordo molto piccola sul letto dei miei genitori tra le braccia di mio padre che dormiva con la camicia da notte, sì che, stretta tra le sue gambe, le sentivo nude.

Lui scherzava serrandomi tra le gambe e dicendo che ero "prigioniera di papà" e io non osavo ribellarmi perché ogni risposta evitante era una colpa che veniva punita, però speravo disperatamente che non mi avvicinasse fino ai suoi genitali per cui provavo uno schifo da vomito.

I SANTI E LE STREGHE

- Paolo di Tarso (4-64 - Efesini 5, 22): *«Le mogli siano sottomesse ai mariti come al Signore»* (ma che gli fregava ai preti che erano celibi?) *«La testa del Cristo è Dio, la testa dell'uomo è il Cristo, la testa della donna è l'uomo»* (ma Cristo non era come Dio?) *«L'uomo non deve coprirsi il capo, perché egli è l'immagine della gloria di Dio, ma la donna non è che la gloria dell'uomo»* (per gli ebrei è il contrario, il maschio si copre la donna si scopre, ma sempre per avvilire la donna).
Poi riconosce al padre il diritto di disporre della figlia fin dalla nascita votandola alla verginità o maritarla: *«come vada ma sempre a modo*

suo: egli non pecca mai. Colui che fa maritare la figlia fa bene, ma colui che non la fa sposare fa meglio». (L'avrà ispirato Dio?).

Il fatto è che chi non ama la donna non ama la propria anima, e spesso gli uomini amano la loro mente e odiano la loro anima, la parte più vera di se stessi e pure l'unica parte immortale.

Il *Malleus Maleficarum* (Il Martello delle streghe 1486 - 1487) di due frati domenicani, H. Institor von Kramer e Jacob Sprenger, che spiegano le caratteristiche della stregoneria. Le donne che fanno un patto col diavolo, cavalcano caproni volando di notte, distruggono le immagini devozionali, sputano sulle ostie benedette, baciano il sedere del diavolo, provocano la grandine, uccidono i bambini, rendono le donne sterili e concupiscono i poveri uomini loro malgrado.

Insomma chi sbava per il sesso sono le donne, non gli uomini. Per rendere innocue le streghe nei processi veniva loro fatta bere una goccia di acqua benedetta, o venivano rasate affinché non nascondessero oggetti o segni magici, per proteggere i giudici si usavano rami d'ulivo benedetti e fumo di incensi. Una follia totale. C'era poi il supplizio della corda, con cui si torturava la vittima sospendendola a 10 piedi da terra per essere interrogata cessando solo se la disgraziata confessava (in genere per far cessare la tortura). Ma il "siamo tutti fratelli" che fine aveva fatto? Mi sa che è nato ed è morto col Cristo.

Il verdetto poteva essere:
- l'assoluzione, con ingiunzione di compiere pellegrinaggi e pubbliche penitenze deliberate dal tribunale ecclesiastico (ma se erano ritenute innocenti! Ma erano pur sempre donne...),
- la confisca dei beni "a die commissi delicti" (dal giorno in cui il reato era compiuto), naturalmente a favore della Chiesa,
- indossare fogli con su scritti i reati commessi, mentre cavalcavano un asino tra le vie del paese.
- l'esilio,
- la fustigazione,
- il rogo nella pubblica piazza.

L'ultima strega venne condannata a morte nel 1782, accusata di aver fatto una fattura a una bambina di 8 anni. La Svizzera l'ha in seguito riabilitata riconoscendone l'innocenza. Ma va? Comunque sempre meglio della Chiesa che tra i milioni di morti che ha procurato si è scusata solo con Galileo Galilei, ma solo perché era famoso e non lo aveva condannato a morte ma solo all'abiura, altrimenti che figura ci faceva?

IL PARTENONE

Ma facciamo un passo indietro: ad Atene nel 447 a.c. si doveva innalzare un tempio alla divinità protettrice di Atene, ma il patrono della città non era lo stesso per i Greci e per i Dori (i nuovi invasori indoeuropei, ovvero l'ultima ondata delle tribù che da nord e da est invasero la penisola). Mentre i Greci propugnavano l'Antica Dea Atena, i Dori volevano Poseidone (Nettuno), il Dio da loro più adorato.

Quando Pericle decise di costruire ad Atene il Partenone sull'acropoli, i cittadini erano discordi sulla divinità a cui doveva essere dedicato: chi voleva Athena e chi Poseidone. Allora Pericle decise di chiedere ai due Dei un dono alla città, a chi avesse fatto il dono più prezioso sarebbe stato dedicato il tempio. Gli Dei, evidentemente i loro sacerdoti, portarono in dono rispettivamente il cavallo per Poseidone e l'ulivo per Atena.

Evidentemente il cavallo da guerra venne portato da una popolazione indoeuropea che invase la Grecia su cui regnava già Athena, figlia della Dea Temi, che aveva insegnato a innestare l'ulivo selvatico e a coltivarlo. Essendo ancora in democrazia si fecero le elezioni estese a tutti gli aventi diritto al voto, donne comprese, che all'epoca godevano di pari diritti degli uomini, e tale risultato venne rispettato.

Pericle fece dunque votare i cittadini per decidere la dedica del tempio in base al dono e la votazione favorì Athena e l'ulivo da allora assurse ovunque a emblema di pace. Ma i Dori dissero che i sostenitori di Atena erano state solo le donne (e anche fosse stato?) e che avessero vinto per un unico voto in più (idem, che cambiava?), per cui vennero punite togliendo loro questo diritto, obbligandole inoltre a portare il peplo e le vesti lunghe fino ai piedi, visto che prima indossavano il costume corto con una sola spallina che vediamo spesso addosso a Diana cacciatrice. Inoltre le relegarono nel gineceo e pian piano tolsero loro la possibilità di divorziare, di studiare e di lavorare.

In più le donne ebbero il divieto di portare fibule o spilloni, visto che con questi si difendevano dagli uomini. Ciò fa capire quanto le donne fossero ancora indomabili e quanto vennero perseguitate per trasformarle in creature chiuse e spaventate. Con tutto ciò il tempio venne dedicato alla Dea, mentre a Poseidone fu dedicato un tempio minore che gli è affiancato, come si vede a tutt'oggi. Evidentemente una società patriarcale, probabilmente indoeuropea, invase l'antica Grecia cambiandone leggi e costumi.

Ci vorrà poi Roma con Augusto a restituire il divorzio alle donne esteso a tutto l'impero, ma basterà la Chiesa cattolica e misogina a toglierlo per secoli e secoli fino al XX secolo in cui venne loro restituito. Comunque all'epoca dei Dori le donne greche non apprezzarono la deprivazione dei loro diritti e preferirono espatriare in numerosi gruppi.

Del resto le donne greche prima dei Dori si allenavano in palestra come i maschi e spesso gareggiavano anche con loro, sfidandoli, ad esempio, nella corsa coi carri (una vinse tale gara per ben 20 anni, come asserisce l'orgoglioso consorte in un'epigrafe sul sarcofago della moglie).

Questi folti gruppi di espatriate vennero chiamate Amazzoni, che a volte andarono ad aggiungersi ad altre Amazzoni che già da secoli si erano ribellate all'avvento del patriarcato. Sembra strano? Pensiamo a Saffo (Eresos 630 a.c.– Leucade 570 a.c.), che a Ereso fu direttrice e insegnante di un tiaso, una sorta di collegio in cui veniva curata l'educazione di gruppi di giovani fanciulle di famiglia nobile.

Una donna insegnava alle donne i valori che la società aristocratica di allora richiedeva a una donna: l'amore, la delicatezza, la grazia, la capacità di sedurre, il canto, l'eleganza raffinata dell'atteggiamento, e quando mai in una società maschilista dove la donna doveva badare alla casa e filare la lana...

Solone, suo contemporaneo, dopo aver ascoltato in vecchiaia un carme della poetessa, disse che a quel punto desiderava due sole cose, ossia impararlo a memoria e morire. In età imperiale, Strabone la definì "una creatura meravigliosa":
«*Fiorì con costoro* [Alceo e suo fratello Antimenidante] *anche Saffo, una creatura meravigliosa; non conosco infatti alcuna donna che in questo tempo di cui parlo, si sia mostrata degna di tenerle testa nella poesia, neanche minimamente.*»
(Strabone, *Geografia* 13.2.3.7-11)

e una lode simile si trova anche in un epigramma attribuito a Platone:
«*Alcuni dicono che le Muse siano nove; che distratti!*
Guarda qua: c'è anche Saffo di Lesbo, la decima.»
(Pseudo-Platone, *Epigramma* XVI)

A Roma le poesie di Sulpicia si salvarono in quanto credute opera di
Tibullo (le donne a loro detta dovevano essere incapaci di poetare), ma
tutti gli altri scritti femminili vennero accuratamente distrutti, tante
volte si potesse pensare che fossero intelligenti e creative.

LE AMAZZONI

I Greci raccontarono che le Amazzoni vivessero ai loro confini, in un
paese sul fiume Temodonte. Una o due volte l'anno si recavano alle
frontiere e avevano rapporti sessuali con gli uomini; poi trattenevano le
figlie che ne nascevano, mentre rimandavano poi i maschi alle tribù.
Qualcuno ha tentato di insinuare che i maschi venissero uccisi ma gli
uomini non si sarebbero più accoppiati con donne che uccidevano i loro
figli (figli anche dei maschi).

Le Amazzoni avevano due regine, una per difesa e l'altra per il
regno. La regina guerriera guidava un potente esercito a cavallo, con
scudi a forma d'edera e asce da guerra a doppio taglio: il Labris,
emblema lunare della matriarcale Creta e della semi-matriarcale Etruria.
Comunque vivevano pacificamente, provvedendo a tutti i bisogni
economici e producendo lavori artistici molto apprezzati oltre frontiera.
Si facevano da sole le case, le armi, le vesti e le suppellettili. Per quasi
quattro secoli (1000-600 a.c.) ebbero il dominio sulla zona dell'Asia
Minore che costeggia il Mar Nero.

La storia riporta vita e morte di diverse regine amazzoniche, nonché i
loro nomi, le vittorie e le sconfitte. La ragione per cui le donne
fuggirono dagli uomini è evidente: rifiutavano il patriarcato. Più tardi i
Greci negarono le Amazzoni, e ancor oggi gli eruditi discutono se le
Amazzoni siano o no esistite:

- vedi la tesi secondo cui i Greci, barbuti, avrebbero creduto che una
persona senza barba fosse una donna, per cui un esercito d'uomini
sbarbati divenne di sole donne. Insomma i Greci avrebbero scambiato
un esercito di uomini sbarbati per donne, ma tutti i romani si
sbarbavano e nessuno li scambiò per femmine. Per giunta solo i romani
si sbarbavano, i barbari portavano tutti la barba, come indica il nome.

- Secondo altri, poiché alcune donne delle tribù settentrionali combattevano al fianco dei loro uomini, vi hanno costruito un mito di sole donne guerriere. Pertanto un esercito di uomini e donne veniva scambiato per un esercito di sole donne. Insomma i Greci se vedevano uomini e donne insieme cancellavano gli uomini e vedevano solo le donne.

- Per altri si tratterebbe solo delle mogli degli Sciiti, tutte vedove sopravvissute alla distruzione dei loro uomini in guerra. Ma come mai le donne erano sopravvissute e i loro uomini no? Erano più deboli delle mogli?

- Secondo altri ancora, si trattava di donne che avevano ucciso i mariti che le maltrattavano, ma non un piccolo gruppo, bensì un esercito di vedove che conquistò l'Asia, (quindi che avevano ucciso un esercito di uomini, anche questi pertanto più deboli di loro?).

- Infine vi sono quelli che vorrebbero le Amazzoni proiezione della mente maschile greca, mai esistite al di fuori della psicopatologia. Gli uomini avrebbero avuto le visioni. Le donne in Grecia erano trattate come quelle degli integralisti islamici, ve li immaginate i musulmani inventarsi che hanno combattuto contro un esercito di donne? Ci perderebbero la faccia. Se le Amazzoni non sono esistite non possono del resto aver invaso Atene, come ci riferisce, tra tanti altri, anche Plutarco.

- Per ultimo, secondo alcuni gli antichi volevano rappresentare il conflitto tra matriarcato e patriarcato, ma il matriarcato non sarebbe mai esistito, stava solo nell'animo delle donne che discutevano con la solita mania della libertà, e quindi le rappresentarono in guerra sull'acropoli di Atene ma si trattava solo di conflitti verbali.

E una volgare diatriba gli uomini la scolpivano come una guerra sull'acropoli di Atene, sulla sommità del tempio più grande e sacro di Atene, il posto storico e politico più importante della città? Come dire che l'Iliade abbia descritto una disputa verbale tra Troiani e Achei.

Coro delle sacerdotesse - I Figli della Terra

Venite a noi Figli della Terra,
partoriti da femmine animali,
venite a noi che vi narreremo

dell'eterno divenire, dove
gli uomini dimenticarono la morte.

Ma la morte era nei loro occhi disperati,
camuffata da insulsi paradisi senza vita.
Gli uomini cancellano i sogni della notte,
immaginando prati eterni,
ma privi di emozioni e di vita.

Venite a noi Figli della Terra,
perché noi siamo fanciulle e fantasmi,
Erinni implacabili e Ninfe amorose,
noi affolliamo i vostri sogni
e risvegliamo i vostri desideri.

In autunno siamo scheletri ed alberi morti
annunciando la fine che verrà
e che vi gelerà le labbra e il cuore.

Venite a noi Figli della Terra,
perché noi conosciamo la fine e il principio
i sorrisi dei bambini e le lacrime degli uomini
che mescoleremo in un incantesimo nuovo
per trasformarvi in cittadini dei mondi.

GLI ANIMALI

Il nome "animali" deriva da "anima", non sembra strano? Ci hanno insegnato che non hanno un' anima ma il loro nome dichiara che ne sono dotati. Eppure dare dell'animale a qualcuno è un'offesa, tanto più che il nome dell'uomo deriva dal latino homo, legato a humus 'terra, secondo altri "fango" .

Gli antichi filosofi avevano capito che esisteva un'Anima Mundi, un'Anima del Mondo, e che questa Anima Mundi pervadeva ogni creatura, anche quelle che ritenevamo inanimate. Ma l'intelligenza cosmica venne percepita come un Uno Assoluto, trascendente e ineffabile, non spiegabile a parole, a cui pertanto ci si poteva ricongiungere solo nell'estasi mistica.

Ma questo era un condizionamento mentale perché si credette che ci fosse Qualcuno che manovrava il cosmo, come fosse staccato da esso. L'uomo scisse il Creatore dalla Creatura e la sua mente dal suo corpo e dalla sua anima. Di conseguenza si pensò che l'uomo per mettersi in contatto con Dio dovesse staccarsi dal corpo e dai sentimenti, in una specie di catalessi.

Ogni estate i miei genitori tornavano al paese d'origine e ne ero felicissima perché amavo la natura e gli animali; nessuno si accorgeva di me e facevo del tutto per passare inosservata. Trascorrevo il tempo da sola girando per il paese e imbucando stradine di campagna lungo il fiumiciattolo e nei boschi. Mi andò bene perché ero piccola e chiunque avrebbe potuto farmi del male, in quanto ai miei, se sparivo mi levavo dalle scatole e nessuno mi cercò.

Accompagnavo le paperelle che andavano a tuffarsi nel fiumiciattolo che usciva dal paese, osservavo gli uccelli, le lucertole, gli scoiattoli e pure i topi campagnoli che trovavo ugualmente carini. Sapevo però di guardare la natura da un vetro, ero altro da lei e questo mi rendeva infelice e mi lamentavo: "*Perché io non sono te?*", sentendomi stupida e triste.

Per gli altri era normale ammazzare gli animali, io piangevo sugli uccellini uccisi a caccia da mio padre, ma solo quando ero sola, perché mi avrebbero deriso e disprezzata come sciocca sognatrice. Conobbi un pastorello, come me di 7 o 8 anni, in casa avevano un cane e una gallina, il cane era del padre, la gallina era sua, la chiamava e lei accorreva strofinandogli addosso la sua testolina. Era intelligente e affettuosa, come un cane.

Capii che gli uomini vogliono vedere sciocchi gli animali per giustificare il fatto che se ne cibano, capii che le galline e gli animali in genere erano molto intelligenti ma gli umani rifiutavano di vederlo. Allora pensavo che gli altri genitori fossero più o meno come i miei e chiesi al pastorello se i suoi poi avrebbero uccisa la sua gallina.

Lui stupì della domanda, certo che no, la gallina era sua, e capii che esistevano genitori che rispettavano i sentimenti del figlio. La mia famiglia non fu d'accordo che io frequentassi una famiglia di contadini, un ceto troppo basso rispetto al loro, ed era stata mia sorella ad avvertire i miei, eppure in quella famiglia c'era un rispetto reciproco che alla mia mancava totalmente.

Mia sorella poi mi disse: *"Io lo so cosa stavi facendo con quel ragazzino"* e quel giorno capii che era cattiva e pure un po' pazza. Così venni costretta a sospendere gli incontri con aria di rimprovero come chissà cosa io e il bambino avessimo fatto. I miei avevano la facoltà di sporcare le cose più pulite e innocenti.

Un giorno la mia cuginetta, molto più sveglia di me, era riuscita ad acchiappare, anziché ucciderlo (a causa delle mie suppliche) un piccolo topo che stava nel negozio di suo padre, sempre nel paese dove ogni anno andavo in vacanza con i miei. Io presi il topino e lo nascosi, gli avevo preparato un lettino di fili di lana nutrendolo con delle gocce di latte che facevo scivolare dalle mie dita alla sua bocca.

Se ne accorse mia zia, chiamò il gatto e mi diede un colpo sulla mano facendo cadere il topino in terra, in un attimo sul pavimento rimase solo una macchia scura. In casa si raccontò il buffo aneddoto di me con il topo in mano. Io piansi solo quando potei farlo di nascosto. Il topo contava quanto me, solo che il topo potevano sopprimerlo e me no. Fin da piccola odiavo mangiare carne, naturalmente venivo costretta a schiaffi, finché spesso vomitavo e mia madre si arrabbiava perché avevo sprecato soldi, la carne costava.

Mi difendevo dicendo che non riuscivo ad inghiottirla, che avevo una chiusura in gola che l'impediva. In realtà mi faceva orrore e schifo nutrirmi di cadaveri, ma questo non era consentito, non potevo permettermi di fare la schizzinosa. Siccome però ero supportata dal medico che aveva prescritto, come usava all'epoca, di togliermi le tonsille e pure le adenoidi, venni in parte giustificata ma solo fino all'operazione che avvenne totalmente da sveglia.

L'OPERAZIONE

Ricordo ancora il medico che mi operava mentre ero seduta sulle ginocchia dell'infermiera arrabbiandosi perché, diceva lui, io raschiavo la gola per sputare il sangue e naturalmente non era vero, ero stata avvertita di non farlo e io obbedivo ma lui urlava contro di me.

L'infermiera si risentì: *"Ma dottore, è una bambina buonissima, non ha emesso un fiato per tutta l'operazione!"* Ero una maestra del silenzio, la salvezza stava nel non farsi sentire, nel fingere di non esistere. Ma ero esterrefatta, non avevo emesso né un urlo né una parola mentre mi tagliavano da sveglia, ma non bastava.

Dopo l'operazione non ebbi più scuse per la carne e dovetti accettare di nutrirmi delle creature che amavo sforzandomi di non vomitare. Ricordo pure che i miei fratelli ebbero, per consolazione dell'operazione che anche loro subirono, un gelato raccomandato dai medici perché il freddo aiutava a cicatrizzare. Quando osai chiederlo dopo l'operazione, visto che a me nessuno lo offriva, ebbi un diniego secco. Ero disperata e sempre meno animata, non rimaneva che staccarsi dalle emozioni.

LA MENTALIZZAZIONE

Noi umani mentiamo per credere alle bugie che ci hanno raccontato e che teniamo su come un castello di carte. Il massimo dell'incongruo si ha quando il bambino chiede ragione di tante assurdità: *"Ma perché gli adulti possono dire le parolacce, maledire e urlare e i bambini no? Se sono cose brutte lo sono per tutti!"*

E qui invece di congratularci con lui per la sua intelligenza lo inganniamo: *"Ora non puoi capire, quando sarai grande capirai."* trasmettendogli così che i bambini sono sciocchi mentre tutte le cose assurde in cui credono gli adulti fanno di loro esseri intelligenti. L'umanità intera pensa che i bambini non capiscano, invece capiscono perché sentono, una capacità che gli adulti perdono e dimenticano di aver perduto.

Poi la scuola fa il resto, il bambino perde fiducia nel suo istinto, pensa di essere stupido solo perché è piccolo, e giudica intelligente il comportamento incoerente, credulo, ipocrita e illogico degli adulti. Mentiamo per credere noi stessi alle bugie che ci hanno raccontato e che teniamo su con grave detrimento del nostro senso critico.

A corona di cotanto insegnamento finalmente il piccolo umano ha capito che, nonostante lui non conti molto per i suoi genitori che ne sanno tanto più di lui, essi a loro volta non contano niente di fronte a un Dio che è pure peggio dei suoi genitori ma che anche lui, come i suoi genitori, ama i figli d'amore infinito, o almeno così dicono.

Apprende pure che lui come figlio conta poco ma conterà molto quando a sua volta farà figli e potrà finalmente comandare, magari anche sulla moglie. Insomma vince chi comanda, o comanda chi vince, con buona pace della democrazia. Impara inoltre che lui, in quanto essere umano, è la razza più importante del mondo, anzi l'unica razza che conti, perché il mondo è stato creato dal Dio Padre proprio per lui, e gli animali sono stati creati per lui perché possa farne ciò che vuole, cosa che in effetti fa, imprigionandoli, uccidendoli, torturandoli e cibandosene.

E' stato detto dai preti che gli umani hanno vita eterna, senza corpo e senza anima, fatti di sola mente, ma l'uomo evita di pensarci perché gli dà angoscia. Raccontano si tratti dell'anima, in realtà è una mente, anche perché la maggior parte dell'umanità (quasi tutta) non si identifica nell'anima ma nella mente.

A coronamento della pia immagine, cosa si fa in Paradiso? Si sta in contemplazione di Dio, che è uno spettacolo da mozzare il fiato, per cui si sta inebetiti a guardarlo per l'eternità, come non faremmo neppure se fosse un misto di Brad Pitt, George Clooney, Raoul Bova, e l'Apollo del Belvedere.

Resta da capire perché nei secoli e nei millenni l'uomo si sia sempre più mentalizzato condizionando mente e istinto, ma soprattutto aumentando l'uso della mente a discapito dell'istinto, ovvero aumentando il ragionare e il dedurre a discapito del sentire. Resta da capire, perché in effetti nessuno lo sa anche se molti pensano di saperlo:

- Alcuni pensano che l'essere umano crescendo si stacchi dalla madre dirigendosi dal padre, per cui dal matriarcato è passato al patriarcato e alla predominanza della mente paterna staccandosi dai sentimenti materni. Col tempo però contano e sperano che l'uomo trovi il suo equilibrio tra padre e madre, cioè tra mente e istinto.

- Altri pensano che l'uomo debba necessariamente distaccarsi ancora di più dalle emozioni che impediscono la visione obiettiva del mondo, vedi i guru imperturbabili che non mostrano mai emozioni e i film di fantascienza che mostrano un'umanità futura molto evoluta e priva di emozioni.

- Altri ancora pensano che occorra invece essere se stessi lasciando fluire liberamente sentimenti ed emozioni senza preoccuparsi di chi possa essere in balia dell'odio magari per cause a lui sconosciute, col pericolo pertanto di farle agire a casaccio.

- Infine c'è chi pensa che ogni emozione o sentimento debba passare per la coscienza, divenendo pertanto consapevole, e spera che un giorno l'umanità ci arrivi, ma attualmente la consapevolezza è molto lontana dall'essere umano.

IL CANNIBALISMO MISTERIOSO

A prova di questa mentalizzazione basti ricordare che nel rito del Pasto Sacro, il rito più lontano che si ricordi, dedicato alla Grande Madre e quindi alla Madre Terra, le sacerdotesse cuocevano delle focacce fatte di farina di cereale (farro, avena, grano tenero, grano duro ecc.) impastata con acqua e ne davano una a ciascuno dei fedeli dicendo loro:
"Mangiate, questo è il corpo della Dea Madre"
e quindi offrivano a ciascuno degli astanti un calice di vino dicendo:
"Bevete, questo è il sangue della Dea Madre".

Ciò aveva un senso ben preciso: la Terra ci dà la nascita, ci nutre e ci dà la morte. Il pasto sacro alludeva al nutrimento, siamo tutti nutriti dalla stessa Madre, che ci "allatta" con il suo stesso corpo come la madre umana allatta al seno i suoi piccoli, perché siamo tutti figli della stessa madre e pertanto tutti fratelli. Così se qualcuno uccide un altro uomo uccide un fratello, se fa del male a un altro uomo fa del male a suo fratello. Questa era la morale del matriarcato.

Questo rito poi, un po' perché si pensava che usando vecchi riti la società accettasse di più la nuova religione, un po' perché mancavano totalmente di fantasia, venne adottato dal cristianesimo che fu tutto un copia e incolla, solo che il corpo e il sangue di Cristo come nutrimento non ci azzeccava per niente, per cui, siccome non aveva senso, lo fecero adottare il qualità di Sacro Mistero.

Da qui è nato il Mistero della Transustanziazione, che già a sentirlo fa venire il mal di testa, che belle le parole difficili, nessuno ci capisce niente ma nessuno protesta. Se non hai capito è perché sei ignorante e tale resterai per sempre, per cui accetta e taci, sempre alla faccia della democrazia. Petrolini, grande umorista, diceva che il popolo se sente le parole difficili si affeziona.

Io però non mi affezionavo, quando facevo la comunione tentavo di accettare la cosa ma mi sentivo cannibale e mi chiedevo perché dovessi mangiare il corpo di Gesù, che mi faceva schifo, e che me ne sarebbe venuto, anche perché la risposta dei preti, che io assillavo di domande, era che così io assorbivo la Grazia di Cristo.

Ora io non sapevo cosa diamine fosse la Grazia di Cristo, ma ammesso che fosse vero, perché nell'Eucarestia non mi dicevano che assumevo questa Grazia di Cristo (qualunque cosa fosse) e non il corpo di Cristo che a me faceva schifo solo all'idea dei peli, dell'ano e dei genitali?

Poi la versione cambiò; attraverso l'Eucarestia io accettavo il Sacrificio di Cristo che si è immolato per noi acconsentendo a morire in croce per salvare noi dall'ira di Dio che poi è suo padre ma anche lui stesso, insomma non lo sa nemmeno lui cos'è. Fatto sta che si sacrifica e che è molto contento se ci sacrifichiamo anche noi.

Anche qui però il prete affibbiandoci l'ostia ci dice che è il corpo del Cristo, inutile che ci giocano su, un conto è il corpo un conto è il sacrificio. E poi, anche il sacrificio non è chiaro: se si scarifica lui per noi, noi ci dobbiamo sacrificare o no? Perché se ci dobbiamo ancora sacrificare il suo sacrificio è stato inutile. E se non ci dobbiamo più sacrificare perché Gesù appare a San Pietro che scappava da Roma e gli dice che va a farsi crocifiggere di nuovo a mo' di rimprovero visto che a Pietro non andava di morire ammazzato in croce?

Però un cosa mi era chiara: la Chiesa andava al risparmio. Invece della focaccia distribuiva, e distribuisce a tutt'oggi, ostie che implicavano una parte infinitesimale di farina, e il vino, anziché distribuirlo, se lo beveva e se lo beve a tutt'oggi il prete e stop, per la semplice ragione che lui è uno e i fedeli erano tanti.

Infatti in un articolo pubblicato sul quotidiano "Catholic Herald", P. Matthew Pittam, sacerdote dell'Arcidiocesi
di Birmingham (Inghilterra), ha riflettuto sulla necessità di partecipare all'Eucaristia "ogni giorno", ricordando le parole di San Bernardo di Claravalle sull'importanza della Messa:
"C'è di più da guadagnare partecipando a una sola Santa Messa che distribuendo la fortuna ai poveri e pellegrinando verso tutti i santuari più sacri della cristianità".

ROMA ETERNA

Ti amo Roma e porto un eterno lutto
per la tua bellezza spezzata e sepolta.

Oggi la città fuga la notte con un corteo di lampioni,
ma un tempo fu il Faro del mondo.
Come scoprire le rovine nel mio inconscio
dove quasi tutto era stato distrutto.

"Roma è come una bella donna
un po' sciatta e un po' indolente,
il vento le scompiglia i capelli e lei ride,
il sole le abbronza la pelle e la pioggia
le lava il volto come in un rito sacro.

Lei se ne infischia dei temporali e del fango,
delle chiome cadute degli alberi
e del vento che fischia nei vicoli bui,
perché lei è temporale e fango,
chioma caduta e vicolo buio,
ma denso di segreti che si perdono
nel mistero del sottosuolo."

Cosa mi importa di Roma, dovrei aver trasceso la storia, Roma fa parte di quell'umanità patriarcale che ha conquistato il mondo riproducendo violenza, è vero, ma io vivo su piani diversi e mi incanto di fronte a un'opera d'arte, o a una musica, non ho trasceso la terra, anzi mi sono immersa in essa. Perché io non sono niente e nessuno, quindi posso fermarmi su ogni dettaglio. Roma fu il faro del mondo.

Lei, Roma, più che essere, fu, e scoprirlo è scoperchiare un abisso che gli uomini hanno tentato di cancellare insieme all'orribile colpa. Ma lei ha un volto segreto, come la luna, e gli uomini non sanno nemmeno che ci sia, o si affannano a dimenticarlo. A Roma, che strazio, se togli le rotaie del tram o sradichi un albero secco affiora subito un edificio romano, per i politici di turno è una disdetta, un impiccio a cui bisogna dedicare tempo e soldi.

Sono le sei del mattino, quell'ora particolare in cui il cielo di Roma è pervinca scuro e i lampioni spargono ancora una luce arancione sui cornicioni dei palazzi, che l'avvicinarsi dell'alba scopre in colori diversi, azzurro chiaro, ocra. bianchi, arancione, rosa antico, e terracotta, che si susseguono in garbata esibizione, improvvisamente interrotta dal candore di un monumento romano, carico di ricordi, di travertino e di edera rampicante.

Cercai nel mondo sotterraneo di me stessa, nella mia Roma segreta, il modo in cui l'uomo si potesse evolvere, o come potessi uscire da quella disperazione che mi dilaniava, ma i libri attingevano da altri libri, non parlavano per esperienza personale. Dovevo andare all'indietro a cercare i miei resti antichi, risalire alle origini. Cercai di capire l'Opera alchemica di cui tanto si scriveva, ci ero capitata per caso. Ma prima occorre capire cosa è l'istinto, la mente ragionante, la mente condizionata, l'anima e il corpo.

CAPITOLO III

L'ISTINTO o IL GENIO DELLA SPECIE

L'istinto è la saggezza accumulata dalla specie, un'esperienza utile all'individuo ma soprattutto al suo gruppo sociale, sia esso un branco, un armento, una tribù. Tuttavia ne beneficia anche l'animale solitario, che deve badare solo a sé e ai suoi piccoli se è femmina, e solo a sé se è maschio (talvolta anche ai piccoli ma è raro). Così un'orsa alleva da sé i suoi piccoli e deve pure difenderli da eventuali orsi, disposta a battersi fino alla morte per salvare la cucciolata.

Si dice che l'universo proceda per "tentativi ed errori" (trials and errors), cioè l'universo fa esperienza attraverso i suoi tentativi riusciti e non, e noi con esso. Ma Dio o la Natura o chi per loro non è onnisciente? Sembra di no, la cosa ha fatto impazzire parecchi fedeli che si sono inventati le cose più astruse, tipo che se Dio crea usa solo un raggio di sé che perde forza vibrando più lentamente man mano che si trasforma in materia. Ma essendo più lento è anche lento di comprendonio? Non si capisce.

Insomma discorsi senza senso, non lo sappiamo e basta. Arrendiamoci, siamo solo minuscoli umani. Comunque le specie viventi ereditano attraverso i cromosomi i tratti fisici della specie, ma pure il suo trascorso esperienziale, che chiamiamo istinto, e la capacità di sviluppare una mente ragionante. La specie di un essere vivente, animale o pianta che sia, costituisce nella sua totalità un ente vivente e senziente che cerca di proteggere la specie, un Genio della razza con una sua intelligenza.

Non confondiamo il gene con il genio. Un *gene* è un segmento di DNA che fornisce il codice per costruire una molecola di RNA o di una proteina. Il Genio della razza è un misto di intelligenza-esperienza accumulato nella specie. Questo Genio, che eredita la sua saggezza da Madre Terra, che l'ha ereditata dal sistema solare, che l'ha ereditata dalla galassia, che l'ha ereditata dal cosmo, cioè da Madre Natura, travasa la sua esperienza a ogni Genio di branco.

Il Genio di branco è la tribù umana, o il branco di lupi, di buoi, di pecore, di capre, di zebre, ecc. ma pure di certi uccelli, o il Genio del formicaio o del vespaio o delle api. Questi ultimi Geni sono i più facilmente riconoscibili, specie nelle formiche che si dividono in operaie, guerriere, maschi e regine, tutto perfettamente organizzato, Tutte operano in modo dedicato e sacrificale per il benessere del formicaio, nessuno decide per sé, è imperante il Genio della specie.

Nei mammiferi, a parte l'uomo, le qualità di ognuno hanno una certa evidenza ma prevale sempre il Genio del branco, ovvero il portatore dell'istinto del branco, ovvero dell'esperienza ereditaria dalla specie. Anche gli alberi hanno il Genio del branco, è il genio del bosco, o della foresta. Chi avverte altrimenti gli alberi del bosco a 2 km di distanza che alcuni alberi sono attaccati da un parassita portandoli a produrre un anti-parassitario precauzionale?

Nell'animale uomo invece le qualità personali e pure l'interesse personale prevaricano l'interesse della specie. Dicono sia un progresso, chissà. L'uomo è più individuo che branco, infatti raramente emerge un capo che pensi al branco, di solito chi comanda pensa a se stesso e del branco se ne infischia, vedi i politici in generale. Dunque più un essere si perfeziona migliorando le sue possibilità e capacità di sopravvivenza, più si distacca dal Genio del branco che a sua volta si distacca dal Genio della specie.

Diventa più capace e autonomo ma perde molto dell'istinto di specie. L'uomo per "evolversi all'esterno" ha pagato un grave scotto e per cercare di rimediare ha sostituito il suo istinto con un ragionamento, per lo più arbitrario.

L'istinto è il corredo cosmico di una parziale ma autentica conoscenza del pianeta Terra, cosa che la mente ignora, ed è ciò che gli alchimisti chiamano il "sale", e che ritengono giustamente legato al corpo, spesso collegato alla pancia, ma quando si unisce alla mente purificata si estende a tutto il corpo. L'istinto viene influenzato fortemente dalle esperienze infantili, come in tutti gli animali.

Così se i genitori non ci amano noi cresciamo con l'idea di non essere amabili e pertanto neanche il mondo ci amerà. A questo punto la mente condizionata, che è la voce dei nostri genitori, il cosiddetto Superio freudiano, ci spingerà, a seconda del nostro carattere innato a:

- evitare gli altri chiudendosi in se stessi perché tanto gli altri non ci amano,
- essere molto obbedienti agli altri, talvolta fino al servilismo, così ci ameranno,
- raccontare bugie su di noi e sul nostro comportamento che ci rendano

più piacevoli o meno sgradevoli,
- diventare i clown delle comitive in modo da diventare simpatici a tutti,
- diventare bravissimi a scuola e/o sul lavoro con la speranza che gli
altri ci apprezzino,
- odiare tutto e tutti cercando di sopraffare i più deboli, per sfogare su di
loro la rabbia accumulata sui genitori,
- senza voglia di fare alcunché, possibilmente sdraiati sul divano o a
perdersi nei videogame dalla mattina alla sera,
- diventare ribelli contro il potere costituito a cominciare dal dittatore o
dal presidente della repubblica e a finire con l'insegnante di classe, o col
vicino di casa che ci bussa sul muro.
- diventare studiosi o ricercatori di laboratorio così stiamo da soli e
nessuno ci disturba o ci fa stare male,
- diventare assolutamente potenti in modo che gli altri potenti non ci
possano distruggere.

IN ASTROLOGIA

La mente condizionata, che gli alchimisti chiamano Fuoco I
(corrispondente all'Ariete in astrologia), offusca l'istinto, il sentire
dell'anima e spesso anche la mente ragionante o solo alcuni settori di
essa. La mente che si instaura quando cade la mente condizionata è
invece l'istinto primigenio, quello non deviato dalla mente condizionata
o dagli eventi della vita. Gli alchimisti lo chiamano Fuoco II o "Fuoco
segreto dei saggi". Nel quadro astrologico è il Leone.

Il Fuoco III è quello che si unisce all'anima per formare il Monstrum
Sacrum, l'essere con corpo unico e due teste, una maschile e una
femminile: è l'essere riunificato o Rebis (da res bis, due cose insieme),
quello che doveva essere prima che la mente condizionata lo scindesse.
Esso è sovrapersonale, cioè ci guida senza tener conto dei nostri bisogni
e delle nostre paure, pertanto all'inizio ci spaventa, ma invece ci dà ciò
che veramente ci serve. In astrologia è il Sagittario, metà uomo e metà
cavallo, a significare l'istinto ricongiunto.

I sentimenti che si agitano dentro di noi e che fanno parte della nostra
anima si chiamano in astrologia:
- Acqua I e corrisponde al Cancro, e sono tutti i sentimenti legati ai
genitori o ai loro equivalenti,
- l'Acqua II è lo Scorpione, la creatura che muore per le troppe

emozioni e resuscita a nuova vita,
- l'Acqua III è i Pesci, che ha la conoscenza di tutta la razza.
L'istinto è la nostra Terra:
- la Terra I è il Toro,
- la Terra II è la Vergine (o terra vergine e incontaminata)
- la Terra III è il Capricorno (produttivo come il corno della capra
Amaltea).

L'unica cosa che ci può differenziare dalla Intelligenza Artificiale è
l'eredità della specie, cioè l'istinto, ma poiché pochi uomini l'hanno
decondizionato, non ci sarà differenza tra la IA e l'uomo. Pertanto, per
"evolversi interiormente" l'uomo deve riconoscersi animale tra gli
animali, riconoscere il proprio Genio della razza e seguirlo nel capire
gli altri e non sentirli così lontani da sé.

LA MENTE

La mente la percepiamo all'altezza del cervello, dietro la fronte, come
una capacità di decodificare l'ambiente, di ragionarci su e di
conservarne una certa memoria. E' in dotazione alla nascita ma si
sviluppa con la crescita e il contatto con l'ambiente, come il nostro
corpo. Noi ci identifichiamo nella mente, prova ne sia che la quasi
totalità della gente sente di rapportarsi coll'esterno all'altezza della
fronte, e sentono dalla fronte, mentre pochi si identificano all'altezza
del cuore, cioè nell'anima.

Ci sono collegamenti tra mente e ambiente che avvengono a una certa
età infantile o non avvengono più. I ragazzi allevati dai lupi non
riuscirono mai a imparare bene il linguaggio, un gatto allevato
dall'Università di Pisa in un mondo fatto a strisce percepì in seguito un
mondo tutto a strisce. (la crudeltà degli esperimenti umani non ha
limite).

Dunque apprendiamo l'ambiente mediante i nostri cinque sensi ma è la
mente che lo decodifica e ne rimanda i significati al cervello che a sua
volta manda input al nostro corpo per le opportune (o inopportune)
reazioni. Per mente indichiamo delle capacità insite soprattutto nel
cervello con i suoi trasmettitori e recettori.

Un tempo c'era un certo predominio dell'istinto e quindi dell'anima
sulla nostra mente, ma col tempo la mente ha creato il linguaggio,

ovvero il cervello ha ricavato la sua area di Broca, o area del linguaggio, che si è esteso notevolmente nell'emisfero sinistro, e con il quale ha preso il sopravvento sull'istinto e sull'anima.

L'istinto consentiva di trasmettere tutto ciò che serviva da individuo e individuo, nel branco e non, soprattutto dalla madre ai cuccioli, quando i piccoli capivano per cui si avvicinavano, o restavano improvvisamente in silenzio o scappavano a rifugiarsi nella tana a un'occhiata della madre. Tuttavia il linguaggio ha permesso anche di trasmettere molti più dati e molte più idee, si che i figli subirono maggiormente l'influenza dei genitori restando con loro molto più tempo degli altri animali. Nessun animale resta tanto presso i genitori quanto l'uomo.

Per giunta in tenera età le scuole preparano il bambino a entrare nella società con un grosso bagaglio di nozioni e di addestramento morale ma con scarso senso critico. Qualora non bastasse l'inquadramento dei genitori, i bimbi vengono spediti all'asilo dove giocano e imparano, non sul mondo e la natura ma sugli schemi degli adulti. Studiano così per un'infinità di anni, magari fino all'università che può arrivare fino a 24 anni, se si resta in corso, oppure oltre, imparando infinite nozioni, a volte reali ma spesso arbitrarie, ma non il senso critico che già gli è negato in famiglia, figurarsi a scuola.

Per fornire a un individuo una capacità critica occorrerebbe anzitutto farlo in famiglia. Se a un bimbo dispiace ciò che i genitori gli dicono o gli ordinano, dovrebbe poter confutare e trovare ascolto, cosa che accade raramente, perché i genitori si scocciano a sentire le ragioni dei figli. Convinti come sono che loro hanno tutte le ragioni, come del resto hanno avuto tutte le ragioni i loro genitori quando loro erano bimbi.

L'uomo è l'essere che sulla Terra più si è sganciato dall'istinto del branco e della specie raffinando da un lato i suoi strumenti fisici (vedi l'essersi alzato in piedi e il pollice opponibile) perdendo però più degli altri il legame col Genio della Specie e del Branco.

Allontanandosi dalla specie l'uomo sviluppa una visione del mondo più immaginata che reale, a cui mescola le sue esperienze più formative dell'ambiente, cioè dell'infanzia, della vita con i genitori o chi per loro. Dunque l'essere umano nasce con un'eredità della specie che raccoglie tutte le esperienze principali della sua razza, ma sviluppa una mente che decodifica l'ambiente a contatto con i genitori e per mezzo dei genitori.

Se quel contatto è buono, lo abbina al suo istinto che continua così ad equilibrarsi con la mente. Se è distruttivo il cucciolo umano sente l'ambiente distruttivo e comincia ad adoperare in modo estremo la sua mente per escogitare sistemi di difesa. Entra così in un mondo immaginario e terrifico. Pertanto se l'istinto è l'eredità della saggezza della specie, la mente rappresenta l'esperienza personale col mondo esterno, che può essere da molto positiva a molto negativa.

Se è negativa si riversa come tale sui figli, trasmettendo l'ansia e la paura per l'ambiente distruttivo comunicando ansia e preoccupazione per i figli stessi, a volte comunicando agli stessi figli che sono un fardello indesiderato, e che meno si fanno notare e meno richiedono meglio è. Se va ancora peggio i genitori picchiano e maltrattano i figli come hanno fatto con loro i loro genitori, creando una genia di aggressivi disperati, spesso crudeli, che si scaricano sui compagni più fragili bullizzandoli e sui figli in quanto deboli e vittime designate.

Così facendo si cancellano istinto e ragionamento, deformandoli attraverso una mente ormai condizionata. Molti si scandalizzano perché si chiamino in causa sempre i genitori e pensano che i ragazzi debbano farcela per conto loro e che se soccombono è perché sono fragili, in realtà difendono se stessi come genitori o i loro stessi genitori, che sono sacri come la Madonna.

IL PROCESSO DI MENTALIZZAZIONE

Il ragionamento della mente è la capacità di astrarre e riflettere sugli eventi e le creature e le cose del mondo esterno, ma il significato delle esperienze viene insegnato senza dibattito, per cui diventa un lavaggio del cervello, e così la mente ha soppiantato man mano l'istinto.

La ragione per cui gli uomini hanno perseguitato le donne sino a farle scappare, vedi le amazzoni, per poi inseguirle e ucciderle o riportarle nolenti in Grecia visto che non potevano farne a meno, risiede nella mentalizzazione dell'essere umano, soprattutto del maschio, in quanto più forte della donna e più aggressivo per attendere alla difesa del branco. Solo che, individualizzandosi, questi il branco lo ha raramente difeso.

L'uomo ha iniziato con la tribù, formando un branco che si è allontanato dal Genio della Specie, tanto è vero che non solo lotta per il predominio sul territorio dell'altro branco come fanno spesso i mammiferi, ma tende ad eliminare i propri concorrenti umani pur dello stesso branco. Ciò avverrebbe per la selezione della razza, ma il capo anziché il più forte dovrebbe essere il più intelligente e il più onesto, cosa che non avviene quasi mai.

L'uomo mentalizzato non doveva dipendere dalla donna, cioè dalle emozioni, perché confondeva i sentimenti più o meno burrascosi che provava nei confronti della donna con la donna stessa. La donna è innanzi tutto la madre, colei che se va bene ci dà un immenso affetto e ci protegge. Non è paragonabile con l'affetto che dà il padre, perché è lei che ci allatta e ci tiene a lungo tra le sue braccia.

L'uomo nella sua smania di essere forte e controllare le emozioni invece di controllare se stesso controllò la donna. Qualcuno si chiede perché la donna se l'è lasciato fare, in realtà si è ribellata, in Grecia vennero proibiti alle donne gli spilloni che raccoglievano i capelli sul capo, perché lo usavano contro gli uomini che le importunavano, ma gli proibirono anche le palestre e le scuole e il lavoro per togliere loro qualsiasi possibilità di indipendenza, e le confinarono nei ginecei. Per cui ci provarono a ribellarsi, fuggirono e combatterono, ma alla fine soccombettero.

L'amazzonismo fu l'estrema ribellione, ma l'uomo non glielo permise a lungo, perché non sopportava la sua mancanza, pertanto si riprese la donna e l'assoggettò. Con la nascita del Dio Dioniso le donne greche lasciarono le case e i telai e fuggirono sui monti (da qui le menadi) per danzare e onorare la nuova divinità, il figlio di Semele, non Dea ma donna, assunta poi in cielo con anima e corpo: non ricorda la Madonna? Ma infine vinsero anche qui i maschi.

Non ci sono colpe, è il processo di mentalizzazione della specie umana, l'uomo dovrebbe animicizzarsi, dovrebbe imparare dalla donna a guardarsi più dentro, ma anche le donne si sono alquanto mentalizzate, anche se non come l'uomo.

Ciò spiega il rancore dell'uomo nei confronti della donna, perché lui la comanda e la vessa, lei chiede libertà e non lo stima più, così lui ne soffre per cui, nei casi peggiori, la picchia e la stupra, vendicandosi. Tenta così di annientare il suo dolore, ma naturalmente non funziona.

LA MENTE ASSORBENTE

Dunque noi nasciamo con qualcosa di sensibile che con l'età e l'esperienza ci rende sempre più capaci di pensare e sentire. Crescendo il rapporto cambia, aumentiamo il pensare a discapito del sentire. La nostra mente assorbe tutto ciò che ci trasmettono i nostri genitori, poi gli insegnanti e poi parenti, amici, e la gente in genere, a seconda del tempo e dello spazio in cui viviamo.

Assorbiamo tutto ciò che ci raccontano e decodifichiamo il mondo tra questi racconti e le nostre esperienze infantili. Ciò ci condiziona la mente e la vita. La mente condizionata ci imprigiona togliendoci benessere e libertà. Questa libertà interiore è più importante di quella esteriore, perché può renderci accettabile la mancanza di libertà esterna, che invece non cancella la prigionia interiore della mente e ci rende infelici.

La mente condizionata è una galera, noi vediamo a volte i condizionamenti passati perché i dogmi sono cambiati, ma non vediamo quelli dei tempi attuali. Consideriamo falsi gli antichi Dei ma di quelli c'erano le stesse prove di quante ce ne siano per il Dio attuale, cioè nessuna, tutto avviene per sentito dire. Nella mente discriminante si sono infilati i genitori coi relativi dogmi, che ci condizionano incessantemente, in un modo che non percepiamo perché assuefatti, e pensiamo sia una parte nostra, ma non lo è, e nemmeno vogliamo sapere che non ci appartiene.

La chiamiamo voce della coscienza ma è un'intrusa che ci parla addosso continuamente per giudicarci e suggerirci i crismi degli altri, che ci fa la predica, che ci controlla, creando vere e proprie ossessioni, solo che essendo accettate dalla società non ci creano tanti problemi come con le cosiddette ossessioni compulsive, che non vengono invece accettate.

Credi in un Dio assurdo e crudele che tutti dichiarano buonissimo? Va bene perché ci credono tutti. Credi nelle guerre sante e giuste che distruggono umani combattenti e non, case, strade, scuole e monumenti? Va bene perché intorno a te ci credono tutti.

Non è facile scrollarsi questi schemi, tanto che molti psicologi se li tengono stretti e li raccomandano ai loro pazienti, dicendo ad esempio che, se non perdonano i loro genitori per il male fatto, loro non guariranno. Insomma devono, come hanno fatto loro, metterci una pietra sopra, e quella pietra diventa un macigno.

Devo ancora conoscere uno psicologo che non abbia avuto grossi traumi nella sua infanzia (me inclusa), naturalmente tutti cancellati dalla memoria. Ricordo di una psicologa che seguiva esclusivamente psicotici e confessò di farlo perché così era tranquilla che i malati erano loro e non lei, che sapeva di essere nevrotica ma non psicotica. In realtà tutti noi abbiamo dentro una parte psicotica, per questo spesso la gente ha paura dei folli, perché ha paura di conoscere la propria parte psicotica.

IL DIO IGNAVO

Un giorno risposi a un medico, che ogni tanto infilava Dio nei suoi discorsi, che ero atea sperando che la piantasse, invece riprese con più lena: io ero una persona che aiutava gli altri, ero molto vicina a Dio che peraltro mi amava moltissimo. Gli risposi:
"Meno male che mi ama, se non mi avesse amato che altro mi avrebbe fatto?"
"Ma quello che le è accaduto non è dipeso da Dio!"
Esclamò il medico, non sapeva nulla di cosa avevo passato ma sapeva con certezza che non dipendeva da Dio, come non dipendono da Dio la peste, il cancro e tutte le malattie, ma neppure il terremoto, lo tzunami, le valanghe, le tempeste, i cicloni, i tornado, la grandine, gli incendi, le gelate, le siccità e la carestia.

Ma allora che fa questo Dio per noi, si diverte a osservare tutti i mali che ci perseguitano? Molte persone muoiono in un ospedale, ma ci muoiono anche giovani e bambini. Per non parlare di ciò che succede nelle guerre. E' vero che le guerre sono di iniziativa umana ma chi le subisce non prende alcuna iniziativa e le eviterebbe volentieri.

Ma allora perché lo preghiamo? Tanto non fa niente di niente, sta sempre inebetito a guardare i disastri della Terra e dei suoi abitanti. In effetti lo preghiamo perché pensiamo che potrebbe fare di peggio: il peggio, si sa, non è ancora mai venuto. Le cose sono due, o non ragiona lui o non ragioniamo noi. Ci rifiutiamo di vedere l'ovvio e cioè che questo Dio quando va bene se ne frega di noi e quando va male ci punisce mandandoci malattie, catastrofi e malanni.

L'uomo in cuor suo non ama Dio ma non ama neppure la donna perché teme di averne bisogno e di venirne assoggettato, la teme perché lei segue le motivazioni dell'affettività e dei bisogni, stati d'animo mutevoli che lui teme, rifiuta e non capisce. La donna, l'anima e la natura devono essere sottomesse al maschio portatore del "logos" cioè della mente. La mente cerca l'immortalità ma la natura è mortale per cui va assoggettata così come la donna e la propria anima. Nel nome del Padre l'uomo si vende l'anima… al Padre, e la perde per sempre.

LE DUE MENTI

La mente si divide in:
- mente ragionante, quella che fa deduzioni, che si forma opinioni e risolve i compiti,
- e mente condizionata, l'insieme di regole e di credenze che ci hanno inculcato.

Mente ragionante e mente condizionata risiedono sulla fronte, ovvero le sentiamo lì, e sono quelle che gli alchimisti chiamano "zolfo" e talvolta "fuoco" cioè focus, ciò che viene preso in considerazione, cioè messo a fuoco, ma un "*fuoco che non brucia* ".

L'esoterismo ha cercato di uscire fuori dai condizionamenti interiori in modo codificato, cioè attraverso la stessa mente condizionata, e naturalmente non funziona, perché il lavoro è interiore e, per quanto molti ne abbiano scritto, si comprende che hanno letto qua e là senza aver capito in quanto non sperimentato. Infatti quasi tutti i libri esoterici sono scritti con la mente e non con l'anima.

Ognuno di noi ha i suoi schemi mentali, ma ce ne sono alcuni che sono di massa e siccome neanche io sapevo di averne ne elenco alcuni tra i più diffusi:

- Se siamo buoni tutto andrà bene, se siamo cattivi, di certo saremo puniti.
- Sulla Terra alla fine c'è giustizia.
- Il mondo va male perché i genitori non puniscono sufficientemente i figli.
- Il mondo va male perché i genitori non sanno dire di no ai figli.
- Il mondo va male perché i genitori non sanno educare i figli.
- Le punizioni corporali raddrizzano i figli.

- Questo mondo è stato creato da qualcuno, non può essersi creato da solo.
- L'uomo è l'essere più importante dell'universo.
- Dio ha creato gli animali per l'uomo.
- Gli animali non hanno un'anima.
- Gli animali agiscono per istinto e non hanno sentimenti.
- Gli animali sono stati creati per l'uomo.
- L'uomo cibandosi degli animali li fa evolvere.
- I figli devono rispettare i genitori.
- Dio condanna alle fiamme eterne uomini e diavoli, però il cattivo è il diavolo e gli uomini, Dio è buono
- Gli eterosessuali sono normali, gli omosessuali, transessuali ecc. ecc. non sono normali.
- Gli omosessuali sono normali ma non devono adottare figli.
- Gli uomini sono più intelligenti delle donne.
- Nell'età della pietra a caccia andavano solo gli uomini.
- Nell'età della pietra le donne non combattevano.
- Le donne sono capricciose e volubili.
- I bambini sono stupidi e non capiscono.
- Ai bambini piccoli non si parla di sesso.
- I ricchi sono felici perché si divertono.
- Nella vita è importante essere produttivi.
- Realizzarsi nella vita è trovare un lavoro di prestigio.
- Realizzarsi nella vita è trovare un lavoro che ci piace.
- Realizzarsi nella vita è farsi una famiglia.
- Chi non fa figli è un egoista.
- Chi non ha figli è uno sfigato.
- Chi non ha figli invidia chi ne ha.
- L'importante è avere figli così in vecchiaia qualcuno bada a te.
- Se una è sposata è più rispettabile che se resta zitella.
- Se uno non è sposato è un libertino.
- Se uno non è sposato è incapace di prendersi responsabilità.
- Se una sposata fa figli è più rispettabile della sposata senza figli.
- Se una ha figli senza essere sposata non è rispettabile.
- Un laureato è superiore ad un non laureato.
- Senza figli il matrimonio non ha scopo.
- Senza figli non c'è scopo nella vita.
- I figli devono essere grati ai genitori perché gli hanno dato la vita.
- Per vivere è indispensabile lavorare almeno 7-8 ore al giorno.
- Chi non è in grado di lavorare vale poco.
- Chi sta tutto il giorno sul divano è uno svogliato.

- I ricchi sono migliori dei poveri.
- Chi ha fatto i soldi è un tipo in gamba.
- Perdonare è cosa buona e giusta.
- Per far cessare il dolore che i genitori ci hanno procurato occorre perdonarli.
- Perdonare gli altri, e soprattutto i genitori, porta pace alla nostra anima.
- La religione che professiamo è l'unica vera nel mondo.
- Tutte le religioni del mondo sono false meno la nostra per cui è giusto propagandarla.
- In fondo tutte le religioni monoteiste sono parte della stessa religione del Dio Padre.
- Tutte le religioni politeiste sono false.
- Tutte le religioni animistiche sono false.
- Se prego tanto, Dio mi risparmierà.
- Se gli uomini fanno spesso sesso è perché sono molto virili.
- Se le donne fanno molto sesso è perché sono viziose.
- La prostituzione è di per sé spregevole.
- Le prostitute valgono meno delle donne "per bene."
- Chi si droga è vizioso.
- Chi si alcolizza è vizioso.
- Chi si fa le canne è vizioso.
- Chi fuma sigarette è vizioso.
- Chi ha una personalità fragile vale poco.
- Chi ha una personalità forte vale molto.
- L'uomo moderno è più evoluto di quello antico.
- Lo scopo della vita è l'evoluzione umana.
- Per evolversi è necessario soffrire.
- Evolversi significa diventare tecnologici.
- Evolversi significa diventare spirituali.
- Devi perdonare chi ti fa del male.
- Odiare è segno di cattiveria.
- Perdonare è segno di bontà.
- Farsi crocifiggere per il bene dell'umanità è sano.
- Darsi fuoco per manifestare contro il cattivo regime, come Jan Palach, è sano.
- I cani sono intelligenti, le galline sono stupide.
- Il cane è intelligente perché capisce l'uomo.
- Il pesce non è intelligente perché non capisce l'uomo.
- L'uomo non capisce gli altri animali ma è intelligente lo stesso.
- Le guerre sono ingiuste ma talvolta necessarie.

- Alcune guerre sono appoggiate da Dio.
- Se un uomo tradisce la compagna è libertino, se lo fa una donna è viziosa.

L'ANIMA

Dentro di noi non abbiamo solo la mente, abbiamo un'anima, ovvero un insieme di sensazioni ed emozioni che si agitano e che mutano con il mutare degli stimoli esterni ma pure dei ricordi della mente. Non alludo all'anima cattolica, una specie di araba fenice *"che ci sia ciascun lo dice, dove sia nessun lo sa"*, ma tutto ciò che si agita dentro di noi in positivo o in negativo: sentimenti, sensazioni. intuizioni ed emozioni.

Dai sogni notturni l'anima è considerata un'entità femminile, così come la mente è considerata un'entità maschile. La mente riguarda il fuori, l'anima il dentro. Anima e mente spesso non vanno d'accordo, perché la mente segue le regole ricevute, e l'anima segue o rifiuta ciò che le dà piacere o dolore, o che muove determinati sentimenti.

L'anima per gli alchimisti è un' *"acqua che non bagna le mani"*, come dire che il significato non è letterale. Essa sente e prova sentimenti, è localizzata all'altezza del petto, o la percepiamo così, ed è quella che gli alchimisti chiamano "mercurio", o "mercurio fuggitivo" o "acqua". Mercurio perché non è afferrabile, sfugge alla presa, e perché può essere velenoso a una certa temperatura, così come i sentimenti fanno bene o male a seconda di quanto sono forti e di come riusciamo a controllarli.

La parte emozionale la sentiamo soprattutto nello stomaco e nella prima parte dell'intestino. Queste sedi quando lungamente sollecitate dalla sofferenza possono ammalarsi. Se però siamo innamorati o amiamo i nostri figli (o i nostri animali o le piante) queste sensazioni le proviamo all'altezza del cuore. Per avere un'anima consapevole occorre una mente consapevole.

Essendo però generalmente inconsapevoli noi tutti viaggiamo per gran parte della vita sulle montagne russe, dall'alto dell'umore al basso dell'umore, in variazioni continue e debilitanti. Hai voglia a scrivere e a predicare nei libri di saggezza: *"Sii fisso come il sole a mezzogiorno."*, tutti vorrebbero esserlo, ma come si fa?

In poche parole viaggiamo sul:
- sono stata amata (o amato), valgo,
- non sono stata amata, non valgo,
- sono amata, ho diritto di esistere,
- non sono amata, non ho diritto di esistere.

Che diventa:
- se sono stata amata dai miei genitori significa che ho un valore e
pertanto ho diritto di esistere,
- se non sono stata amata dai miei genitori significa che non ho valore e
quindi non ho diritto di esistere.

Che poi diventa:
- se l'altro (il partner) mi ama significa che ho diritto di esistere,
- se l'altro non mi ama non ho diritto di esistere.

E se veniamo abbandonati:
- non ho diritto di esistere,
- oppure il diritto di esistere d'ora innanzi me lo do da solo (ma è raro).

Per questo la maggior parte della gente rifiuta di guardarsi dentro;
perché potrebbe scoprire che non sono stati amati dai propri genitori, il
che significherebbe per loro che essi non valgono. Invece significa che i
loro genitori non valgono come genitori.

La nostra anima si basa in parte su un istinto in dotazione alla nascita,
istinto che però muta a seconda dei dettami della mente, fino talvolta ad
assottigliarsi o a scomparire insieme alle nostre emozioni. Freud scrisse
che siamo dotati di istinto di vita e istinto di morte, credo che l'istinto di
morte venga a chi sta male, fisicamente o psichicamente. L'ho scoperto
spesso attraverso i sogni della gente e quelli miei in passato: è la voglia
di squagliarsela che però non diciamo a noi stessi perché la morte ci fa
paura.

Alcuni diventano insensibili e freddi, o distruttivi e crudeli, rifacendo
agli altri quello che è stato fatto a loro o peggio. Però pensiamo sovente
di essere sbagliati e di avere emozioni sbagliate, in realtà abbiamo avuto
genitori sbagliati. La maggior parte nasce da genitori negativi ma
cercano di non vederlo. Avere un posto notevole nella società è un forte
sostitutivo dell'accettazione da parte degli altri, è il potere, per cui
anche se non si è amati si è temuti e invidiati, e pertanto acquisiamo
valore, nella mente degli altri ma soprattutto nella nostra mente.

E' come l'esame a scuola andato bene, lì per lì ci euforizza poi l'effetto passa e ci sentiamo di nuovo inadeguati tornando a star male. Quindi il potere per la mente non è mai una conquista definitiva, perché dopo un po' l'effetto svanisce e per riaffermarlo dobbiamo acquisire ulteriori poteri. Potere e successo non bastano se non per un breve periodo, il successo di un qualsiasi riconoscimento esterno ci esalta per poco, per ricadere poi nella solita ansiosa incertezza.

IL CORPO

Siamo dentro il nostro corpo tanto quanto siamo coi piedi per terra. Se siamo staccati dalle emozioni siamo staccati anche dal corpo che abbiamo un po' anestetizzato. Ciò spiega le persone psicotiche che girano in inverno con sandali e camiciola. Ma non sono tanto sani neppure i frati francescani che
indossano sandali sui piedi nudi anche in inverno e un ruvido saio per ogni stagione, perché soffrendo si guadagnano il Paradiso.

Parola di Dio: *"Che bello che vi punite da soli, così mi risparmiate la fatica di farlo io. Tanto una ragione per punirvi la trovavo, sono così fecondo di idee!"* Il nostro distacco è più leggero, perché, come diceva Freud, i disturbi o le malattie sono una questione di quantità e non di qualità. Se ci saniamo, se torniamo coi piedi per terra, risentiamo il nostro corpo, sentiamo la leggera tensione nervosa che sostiene i nostri muscoli e il sangue che scorre nelle vene, o magari la sua sensazione, insomma siamo tonici.

Il nostro corpo ci piace o meno a seconda che ci accettiamo o meno, la bellezza non c'entra. Ma percepiamo male la temperatura anche per ragioni di ansia specie le donne, che hanno spesso mani e piedi particolarmente freddi, fino a giungere al morbo di Raynaud, una particolare reattività dei vasi sanguigni all'ansia, che porta alla riduzione del flusso di sangue alle estremità del corpo per ridurre la dispersione di calore.

Le mani diventano bianche e si gelano con gravi conseguenze, e fa parte delle malattie autoimmuni, dove il sistema immunitario, anziché difendere il corpo dagli agenti patogeni, attacca le cellule del proprio organismo. Viene solitamente in seguito a traumi infantili rimossi.

Malesseri psichici possono alterare la visione del corpo, ad esempio le anoressiche non si vedono troppo magre, nemmeno a livello scheletrico, e tutti ci vediamo belli e brutti a seconda di come ci accettiamo, fino a che quasi non ci vediamo, o non pensiamo al nostro aspetto, pur badando a igiene e ordine, a un certo grado di evoluzione. Comunque il nostro corpo ha bisogno della presenza e degli stimoli di altri corpi della stessa specie visto che noi umani siamo animali da branco.

ANIMALI DA BRANCO

Noi umani siamo animali da branco, come del resto tutti i primati e molti mammiferi, ma anche uccelli e pesci, il che significa che abbiamo bisogno di stare in gruppo e di essere guidati da capi che ci governano. La nostra forza è il branco, che è diventato sempre più allargato con capi e sottocapi vari. In natura i branchi sono guidati, a seconda delle razze, da maschi o da femmine, o da maschi e femmine indifferentemente.

Ad esempio in un branco di lupi c'è una coppia dominante (alfa), un individuo o una coppia immediatamente sottoposta (beta), e alcuni di medio rango fino ad arrivare ad uno o più lupi di rango inferiore (omega), insomma una società a piramide. Se muore uno dei due alfa, il comando passa al sopravvissuto, maschio o femmina che sia.

I gatti invece sono solitari ma in una colonia felina si stabilisce in genere una struttura di tipo matriarcale: sono le femmine che gestiscono l'organizzazione delle colonie per la salvaguardia dei cuccioli. Ogni razza organizzata in branco ha le sue preferenze sul capo-branco: tra gli elefanti sono le femmine, tra i leoni i maschi, tra i lemuri le femmine, tra le scimmie in genere i maschi e tra gli umani... le femmine all'inizio.

Infatti nei primordi si onorava la natura e pertanto il lato femminile che privilegiava anzitutto i cuccioli. I primi capobranco furono femmine non accoppiate stabilmente perché il matrimonio non esisteva e la matriarca sceglieva se accogliere o meno il suo pretendente di turno.

Ricapitolando:

1) Animismo - niente matrimonio.
2) Grande Madre - niente matrimonio.
3) Politeismo - Obbligo delle donne al matrimonio.

4) Grande Padre – Matrimonio dove l'uomo può ripudiare la donna. Poi possibilità di ripudiarsi a vicenda.

La prima religione fu dunque animistica, cioè riconosceva un'anima, ovvero un'intelligenza in ogni cosa, animata e non, per il semplice fatto che gli umani sentivano le presenze delle varie intelligenze, o entità, che animavano ogni cosa in natura. E' una facoltà che può essere recuperata se si riesce a raggiungere l'Opera al Bianco, dopo aver compiuto l'Opera al Nero.

Poi nell'uomo si formò la mente condizionata fino a prendere il sopravvento sulla mente ragionante, sui sentimenti e sull'istinto. Tutto venne inglobato e deformato, il colpo più forte fu l'ondata indoeuropea maschilista e apollinea che sconvolse la società, la sua religione e i suoi credo. Apollo era il sole che soppiantò la luna. Infatti il patriarcato riformò il calendario sul sole mentre il calendario precedente, matriarcale, era lunare (quello ebraico è rimasto tale).

Le sacerdotesse, con le buone ma soprattutto con le cattive, cedettero il posto ai sacerdoti e la Dea Madre (cioè la Natura) venne sostituita con un Dio Padre che stava in cielo, quindi staccato da terra, così come in parallelo la mente si stava staccando dall'istinto.

L'uomo fondò in quel momento la propria infelicità sostituendo la guida femminile con il comando maschile, e il desiderio femminile di protezione del branco con la sete di potere maschile sugli altri e pure col possesso delle femmine e dei cuccioli. La morte venne negata e la Natura venne snaturata. Il maschio asservì la femmina ed ebbe potere di vita e di morte sui bambini che poteva uccidere appena nati. Qui nacque la pedofilia: l'A.N. aveva avuto il sopravvento.

Essere animali da branco significa avere bisogno di un'organizzazione piramidale con capo e sottocapi. Oggi il primo capo sono i genitori, poi la scuola con i capi insegnanti e poi al lavoro con i capi di lavoro, il tutto sotto varie gerarchie di capi della zona, della regione e della nazione.

Per l'individuo è la schiavitù della razza che ha però consentito una estesissima organizzazione, nel bene e nel male, nella ingegnosa creatività e nella distruzione, cioè nelle opere d'arte e nella guerra, che annienta tutto ciò che si è costruito, e soprattutto annienta altri umani. Uscire fuori dal condizionamento del branco non è semplice.

Chi rifiuta il branco non rifiuta necessariamente chi l'ha allevato, i genitori o chi per loro, uscire fuori dal branco non significa rifiutare i capi ma non farsi influenzare dalla loro mente, non adottare necessariamente le idee dei capi e del branco. Soprattutto non subire l'influenza della mentalità dei genitori, portatori dell'influenza dei nonni e dei bisnonni, nonché di tutti gli altri genitori di quel tempo e di quello spazio.

Bisogna accorgersi anzitutto che nella stragrande maggioranza dei casi chi comanda ama il potere fine a se stesso, mentre dovrebbe sentirlo come un onere. Avere potere dà l'idea di essere genitore e non figlio, ma spesso desideriamo il potere perché temiamo quello degli altri. Siamo figli finché temiamo i genitori pur sperando che ci proteggano. Finché cerchiamo protettori accettiamo il potere e rifiutiamo la libertà.

Se cerchiamo protettori cerchiamo genitori e accettiamo di ragionare col cervello degli altri. Finché cerchiamo genitori rimaniamo bambini. Noi siamo figli del vicino di casa a cui temiamo di dire che fa troppo rumore, o che temiamo ci rimproveri di aver fatto noi troppo rumore. Siamo figli degli amici a cui non riusciamo a dire che ci hanno fatto un torto, siamo figli del capoufficio a cui non abbiamo il coraggio di chiedere una promozione, ma siamo pure figli degli amici noiosi che ci invitano e a cui non sappiamo dire di no.

Siamo ancora figli nelle assemblee condominiali in cui urliamo e ci accaldiamo per sfogare la rabbia inconsapevole accumulata contro i genitori, o quando urliamo e facciamo gestacci contro l'automobilista che commette un errore o uno sgarbo, verso cui riversiamo un'aggressività esagerata. Finché reagiamo ai genitori siamo figli, finché temiamo gli altri siamo figli, solo abbandonando i genitori interiori non siamo più figli, e diventiamo interiormente genitori.

Avere figli reali non ci trasforma in genitori, la genitorialità è un fatto interiore di maturazione e non dipende dall'avere o meno figli. Di solito facciamo figli perché così si fa, figli desiderati soprattutto dalle donne perché sull'immagine dei figli sognano l'ideale delle famiglia che vedono come una cittadella entro cui si possano soddisfare tutti i desideri. Se ho una famiglia risolvo tutte le mie richieste di affetto e non devo cercarne altrove. Naturalmente è una pia illusione. I maschi ardono meno al desiderio di avere figli ma si rassegnano perché così si fa.

Naturalmente c'è anche l'idea che i figli ci accudiranno amorevolmente in vecchiaia quando non potremo farcela da soli. Che male c'è? Noi accudiamo loro da piccoli e loro ci accudiscono quando siamo vecchi. Invece il male c'è e per vari motivi:

1) I figli non ci devono nulla perché non sono loro che ci hanno chiesto di venire al mondo;
2) siamo noi a decidere di farli nascere e magari non gli piace la vita che gli diamo, anche perché sappiamo che potremmo non potergli evitare determinate sofferenze, tipo guerre, incidenti, malattie ecc.;
3) un conto è accudire bambini e un conto è accudire vecchi, con i bambini si fatica meno, hanno un aspetto molto ma molto più piacevole dei vecchi, e non si oppongono come sovente fanno i vecchi che soffrono di vari tipi di demenza.

Siamo animali da branco quando seguiamo il potere degli altri o lottiamo per avere il potere per noi, cessiamo di essere animali da branco quando non abbiamo più genitori interiori. Solo allora potremo mettere in discussione tutto ciò che ci è stato insegnato o narrato, solo allora ci fideremo più di noi che di chiunque altro, e comunque solo allora recupereremo il contatto con il Genio della Specie.

IL GENIO DELLA SPECIE

Il Genio della specie è una sorta di divinità che insegna per istinto il comportamento più utile per salvare il branco. Le api che si orientano mediante il sole fa ridere, come potrebbero calcolare l'infinitesimale spostamento del sole nell'ambito di un paio di Km? In realtà si orientano mediante il Genio della specie che ha accumulato un'esperienza atavica e plurimillenaria, e così molti insetti.

Le termiti minuscole, più piccole delle formiche normali, che fabbricano termitai alti otto metri tutti ad arco come il Colosseo, non possono prescindere da un architetto che le guidi, infatti si riferiscono al Genio della specie, lo stesso che stabilisce il momento in cui una determinata razza di uccelli deve migrare facendoli riunire insieme per poi partire nello stesso istante per il grande viaggio.

Nell'uomo la mente condizionata l'ha privato quasi totalmente del Genio della specie. Per esempio non sa regolarsi, come fanno la maggior parte dei mammiferi, nel procreare in base alla ricchezza del cibo esistente, anzi più è povero e più procrea. Così l'uomo uccide se stesso e il suo ambiente: combatte e fa strage dei suoi simili, fa vivere in modo sadico e crudele gli animali di cui si ciba, disbosca le foreste che arricchiscono l'aria e inquina il pianeta coi suoi rifiuti.

Nell'uomo, con la mente condizionata, il bene della specie, assicurato dal suo Genio, è sparito: tranne poche eccezioni ognuno pensa a sé e non prova dolore per le sofferenze degli altri. Spesso gli shamani delle varie tribù erano in comunicazione con il Genio della specie, l'entità che raccoglieva le esperienze dell'uomo e in particolare delle tribù della zona.

In base a ciò riuscivano a curare e dare indicazioni sugli spostamenti opportuni, sulla caccia e sul futuro di una tribù, senza la presunzione di tanti profeti deliranti che hanno predetto mari e monti. Avevano una mente meno condizionata degli altri, per cui vedevano oltre la visuale comune.

C'ERA UNA VOLTA UN RE

Dunque, nei tempi più antichi l'anno iniziava all'equinozio di primavera con la rinascita della natura, lo dice anche Tibullo, poi è iniziato col solstizio d'inverno, una speranza di luce nella notte più buia dell'anno, strano, in un mondo dove si parla di luce c'è sempre una matrice oscura che incombe sugli uomini.

Tra il lusco e il brusco dell'antico ciclo naturale emerge la figura di un re, è una favola come tante, di un re con figli e sudditi. Questo regnante era una persona giusta e generosa e voleva che il suo regno fosse abitato da gente giusta e generosa ma purtroppo la gente era spesso ingiusta, egoista e violenta.

Allora a un certo punto il re giusto e generoso decise di punire questa gente ingiusta e ingenerosa sterminandola (e se non era giusto e generoso che gli faceva?) ma lasciando in vita solo una famiglia che era giusta e generosa, con il compito di rifondare la nuova nazione giusta e generosa.

Per ottenere uno sterminio di massa il re fece abbattere la diga del regno che allagò tutte le terre e che funzionò benissimo perché salvò l'unica famiglia giusta e generosa rimasta nel regno, allertata in tempo dal re giusto a per salvarsi e per salvare una coppia di animali di ciascuna specie del regno.

Già perché gli animali, anche se non c'entravano niente, morirono affogati come gli uomini, ma fu un effetto collaterale come quando si prende una medicina, se ti va bene ok, altrimenti c'è l'eruzione cutanea, l'insonnia, il mal di pancia, il vomito e la morte, se ti tocca t'arrangi.

Naturalmente sterminò anche alberi e piante, ma di quelli gli fregava ancora meno degli animali. La famiglia scampata al genocidio si comportò in modo giusto ma, mano a mano che si susseguivano le generazioni ed il regno si estendeva di nuovo nel suo territorio, i nuovi re si accorsero che la malvagità era di nuovo padrona nel loro regno. Insomma i re erano giusti ma il popolo no, di essere giusto non ne voleva sapere.

Il nuovo re ci pensò su e alla fine capì che sterminare i sudditi come aveva fatto il suo progenitore non era servito allora e non sarebbe servito ora, per cui mandò suo figlio, il principe, che era uomo giusto, generoso e pure compassionevole a partecipare alla vita della gente cercando di portarla sulla retta via. Il principe era un uomo buono, sensibile e pure ottimo oratore, che amava la gente e desiderava salvarla dall'ira di suo padre. Pertanto predicò alla gente che lo ascoltava incantata, e lo trovava buono, giusto e generoso per cui molti decisero di essere buoni, giusti e generosi come lui.

Ma ai potenti del regno questo atteggiamento non piacque, perché consideravano la speranza come una miccia di ribellione nelle mani della gente. Così catturarono il principe e lo uccisero. Quando il re lo seppe si commosse della fine del proprio figlio, si commosse talmente che decise di non sterminare più i suoi sudditi. In fondo suo figlio aveva salvato il suo popolo... da lui.

Bene, ora sveliamo l'arcano, questo re è il Dio Dei Cristiani, buono, giusto e misericordioso, che stermina l'umanità che lui stesso ha creato cattivella; naturalmente si dice che non è così, perché lui le ha dato loro il libero arbitrio, il che però significa che se io, manipolatore di cromosomi, creo una creatura che tende al suicidio o all'omicidio, facilmente otterrò che la creatura si suicidi o uccida, appunto secondo il libero arbitrio che io gli ho dato.

Basti pensare a un gatto e a un coniglio, animali di dimensioni simili ma di animi e di aggressività differenti. Anche loro hanno un libero arbitrio che esercitano però in modo diverso. L'essere carnivori o erbivori fa già di per sé una grossa differenza e l'uomo quattro canini li possiede per cui tanto pacifico non è.

Pertanto non mi scandalizzerò se le creature che ho creato con tendenze suicide o omicide si suicideranno o uccideranno perché, avendole fatte io così, dovrei averlo messo nel conto, né mi meraviglierò se avendolo fatto omnivoro, quindi anche carnivoro, sia di carattere piuttosto aggressivo; o si può dire in altro modo: se dono a un essere un libero arbitrio devo accettare che lo eserciti, magari come a me non piace, altrimenti non glielo do.

Ma l'apoteosi è che per non sterminare l'umanità, che lui evidentemente odia, manda a morire il suo unico figlio, invece buono e intelligente (molto più del padre), fatto che comporta un certo perdono all'umanità intera (ma non è che questo figlio, o pseudo-figlio, gli stesse anche questo sulle scatole? Perché non venite a dirmi che lui in qualità di Dio non sapesse come andava a finire...).

E poi, ma siamo sicuri che questa morte abbia comportato il perdono dell'umanità? E' uno strano perdono perché l'inferno e il purgatorio dove fa bruciare le anime delle persone Dio non li ha aboliti, le malattie dell'uomo e le catastrofi naturali ci sono come sempre, tutto è rimasto invariato. Ed è pure strano questo Dio, perché la cattiveria degli uomini lo fa adirare, ma la morte in croce di suo figlio lo placa. Insomma dopo questo epico perdono non si sa cosa sia cambiato.

Naturalmente c'è la questione che il Figlio però è lui stesso, per il fatto che è uno e trino, ma da queste amenità della Chiesa sono nate circa 600 eresie, tutte per l'incoerenza dei vari proclami. Si fa presto a inventare storie senza capo né coda dichiarandole misteri; i veri misteri, cioè i Sacri Misteri, dovevano divenire comprensibili a coloro che ne intraprendevano il cammino, per la Chiesa invece volerli spiegare è "ibris", superbia.

Come dire: è così e basta, ma se non si potevano capire faceva meglio a non enunciarli, gli umani non ne sapevano niente, non cercavano rogne e tutto finiva lì. La ragione di questo guazzabuglio è che dovevano creare qualcosa di simile alle antiche divinità, in parte per rendere più accettabile la nuova fede, in parte perché mancavano totalmente di inventiva e copiarono senza capirci nulla.

Così crearono la Santissima Trinità che nel matriarcato era tutta femmina e per i Romani mista, in una trinità tutta maschile che perciò non poteva partorire, facendo sclerare tutti i sani di mente che a buona ragione si adirarono e si ribellarono.

LA SCRITTRICE

A scuola un mio professore che faceva lo scrittore e aveva vinto pure un premio Strega, mi disse che scrivevo molto bene, avevo fatto una critica di Cesare Pavese sul giornale di scuola a nome di un mio amico che me l'aveva chiesto. Io facevo i temi e qualsiasi scritto per chi me lo chiedeva. Interpellato dal professore si sentì in colpa e confessò che l'autore ero io. L'altro allora mi fece chiamare, auspicò che io facessi il critico letterario e che se volevo mi avrebbe aiutata mettendomi a disposizione la sua biblioteca e presentandomi alle persone adatte.

Lo raccontai a casa anche se con poche speranze, e mi dissero che il professore ci provava con me, ma era notoriamente gay, ne dedussero perciò che era scemo come me. Non detti mai una risposta al professore, non mi andava di raccontare la mia famiglia.

Una cosa simile accadde con un'amica che mi chiese di farle uno scritto per un giornale politico che allora si chiamava "l'Umanità" del PSLI. L'articolo piacque tanto che venne messo per intero nella prima pagina del giornale. Poiché le chiesero altri articoli lei confessò che l'autore ero io e mi invitarono a iscrivermi al partito che mi avrebbero fatto diventare giornalista. Rifiutai, non mi sentivo all'altezza, eppure a scuola andavo bene e sui temi avevo sempre voti alti. Quando avevo dei successi pensavo in fondo che era stato un caso fortuito e che prima o poi gli altri si sarebbero accorti che non valevo.

ROMA ETERNA

"Roma è come una bella donna
un po' sciatta e un po' indolente,
il vento le scompiglia i capelli e lei ride,
il sole le abbronza la pelle e la pioggia

le lava il volto come in un rito sacro.

Lei se ne infischia dei temporali e del fango,
delle chiome cadute degli alberi
e del vento che fischia nei vicoli bui,
perché lei è temporale e fango,
chioma caduta e vicolo buio,
ma denso di segreti che si perdono
nel mistero del sottosuolo.

Lei, Roma, più che essere, fu,
e scoprirlo è scoperchiare un abisso
che gli uomini hanno tentato di cancellare
insieme all'orribile colpa.
Ma lei ha un volto segreto, come la luna,
e gli uomini non sanno nemmeno che ci sia,
o si affannano a dimenticarlo.

Porto il tuo lutto come un trofeo Roma,
la più bella, la più glorificata
e la più calpestata delle città. "

Sono le sei del mattino, quell'ora particolare
in cui il cielo di Roma è pervinca scuro
e i lampioni spargono ancora una luce arancione
sui cornicioni dei vetusti palazzi,
che l'avvicinarsi dell'alba scopre in colori diversi,
azzurro chiaro, ocra, bianchi, arancione, rosa antico,
che si susseguono in garbata esibizione,
improvvisamente interrotti dal candore
di un vasto monumento romano,
carico di ricordi, di travertino e di edera rampicante,
e rimani senza parole, e senza tempo.

IL SUCCESSO DELLE RELIGIONI

Ma perché le religioni hanno tanto successo?

1) Perché, novelli genitori, garantiscono una protezione a chi si inchina
e obbedisce.
2) Perché punisce i trasgressori che non si inchinano e non

obbediscono.

3) Perché promettono la vita eterna a chi si inchina e obbedisce.

4) Perché promettono la punizione eterna a chi non si inchina e non obbedisce.

5) Perché così facendo autorizzano i genitori a pretendere inchini e obbedienza ai loro figli.

6) Perché autorizzano così i genitori a punire quei figli che non si inchinano e non obbediscono.

Praticamente presentano un Dio Padre egocentrico, vanesio, con desideri di potere fino a una modalità psicotica, il che fa capire il potere del padre di famiglia all'epoca degli antichi ebrei, dove moglie e figli erano completamente in sua balia. Pertanto l'intelligenza e la comprensione sono state sostituite dalla cieca obbedienza, anzi cercare di capire o di valutare è un affronto, ormai l'intelligenza è solo di Dio, noi siamo degli stupidi felici di esserlo.

Pensando che fossi io a non capire mi feci un corso di cristologia tenuto da un prete molto colto e devo dire anche molto garbato che traduceva i Vangeli dal greco e dall'aramaico. Era molto più aperto di tanti altri preti, (tanto è vero che poi si spretò) ma non trovai risposte alle mie domande.

Allora cominciai a studiare la storia degli ebrei, ma non c'è alcun documento storico o archeologico della loro schiavitù in Egitto, semmai furono fatti schiavi dai Babilonesi ma dagli egiziani non risulta da nessuna parte. Non è vero neppure che costruissero le piramidi, che furono edificate non da schiavi ma da liberi operai egizi che erano regolarmente stipendiati.

Non riuscivo a capire come una persona lungimirante come Gesù riuscisse a credere in un Dio tanto crudele ed egoista. Poi mi resi conto che la gente cerca genitori, consegnandosi alle peggiori sette e alle peggiori religioni pur di averne uno. C'è chi pensa di diventare immortale adempiendo alle migliori aspettative della società, o attraverso una fede cieca e insensata, o sacrificando ogni piacere ed ogni istinto vitale. Anche Gesù aveva i suoi problemi, si credeva figlio del Dio dell'Universo.

Speravo mi accadesse qualcosa che mi facesse credere in qualche entità superiore, qualcosa di anomalo che mi facesse uscire dallo squallore in cui ero stata condannata nella mia infanzia. In fondo cercavo un genitore migliore dei miei, uno che mi proteggesse anziché perseguitarmi.

Mi sembrava che le cose paranormali accadessero agli altri e mai a me, forse perché non ero degna, poi invece accadde a me, ma molti anni dopo, e non fu piacevole, perché incontrai l'astrale negativo, o astrale nero (A.N.) e avrei voluto non averlo mai incontrato.

CAPITOLO IV

LA MIA CHIUSURA

Ai tempi dell'università mi iscrissi a un gruppo di psicoterapia dove riuscivo a parlare e a far sentire le mie idee. Per qualche strana ragione non ho mai avuto timore di parlare in pubblico, per me era più difficile confrontarmi con un io-tu, in privato. Così quando lo psicologo che guidava il gruppo interveniva presso uno dei partecipanti io non di rado chiedevo spiegazioni per l'intervento o addirittura dissentivo. Lo facevo con molta calma e gentilezza per cui non potevano attaccarmi formalmente.

Invece lo fecero, soprattutto quando i vari gruppi, diretti alla sommità da un professore universitario allora molto famoso, si riunirono formando un maxi-gruppo di circa ottanta persone con tre conduttori che mi trovarono concordemente antipatica e cominciarono a negarmi gli interventi.

Incoraggiati dai conduttori anche i partecipanti si sollevarono contro di me, accusandomi di esibirmi, di fare la prima della classe perché ero istruita, e di tentare di mettere in ombra i conduttori. Uno di essi disse addirittura che io avrei voluto scavalcarli e prendere il loro posto. Una parte di verità c'era, io non li consideravo all'altezza del loro compito.

Presero allora l'abitudine di dileggiarmi, cosa da cui mi difendevo piuttosto bene, per cui non potendo mettermi in difficoltà decisero di ignorarmi, io alzavo la mano per chiedere la parola ma nessuno me l'accordava. A questo punto contattai il loro capo, il famoso professore universitario, e narrai l'accaduto, gli chiesi di intervenire altrimenti avrei abbandonato un gruppo così poco ortodosso e curativo. Lui era un po' scettico sulle mie rimostranze, però promise la sua presenza.

Non credetti sarebbe venuto ma venne e tutti si comportarono stranamente allo stesso modo. Avrei giurato che davanti al capo i conduttori almeno avrebbero dato il meglio di sé, invece si comportarono come al solito. Dopo diverso tempo il capo li interruppe e fu molto più severo di quanto mi sarei mai aspettata. Disse che il gruppo e i conduttori si erano involuti fino a un livello quasi psicotico, che io mi ero comportata molto educatamente e che non mi accordavano nemmeno la parola.

Aggiunse che io ero una delle persone più intelligenti che avesse mai incontrato nella sua vita, paragonabile nell'intelligenza ad Ugo Spirito, un filosofo italiano noto per la curiosità e il rispetto per qualsiasi posizione politica o di pensiero. Io ne fui stralunata, figuriamoci gli altri. Alla fine i conduttori vennero a Canossa pregandomi di scusarli ed io accettai le scuse ma rimasi sulle mie, senza colludere.

Poi uno di loro disse: " *Di certo hai avuto la tua soddisfazione, ora parteciperai sentendoti tutelata e vincitrice.*" Gli risposi che ritenevo io fossi della sua stessa pasta ma si sbagliava, non ero sciocca come lui, per cui, una volta riuscita a far valere le mie ragioni, non avevo più motivo di partecipare a quei gruppi. Fui di parola, me ne andai e non li rividi più. Confesso che una parte di me avrebbe voluto godersi il trionfo e la loro benevolenza, ma la mia dignità me lo impedì. La cosa più importante non era vincere gli altri ma non deludere me stessa.

L'ANALISI

Appena riuscii a trovare un lavoro andai in analisi, era il sogno della mia vita, finalmente avrei conosciuto me stessa. Cercai un analista maschio, perché delle donne non mi fidavo, e anziano perché non avrebbe cercato di sedurmi. Poi capii che temevo la collera di mia madre ma non conoscevo la violenza di mio padre.

Per anni vissi solo per l'analisi, ogni sera mi addormentavo con la speranza di sognare e ogni mattina cercavo di rintracciare il sogno della notte. Pian piano emersero i ricordi e le emozioni, capii la mia storia e di conseguenza la storia dell'umanità.

Dovetti cancellare ciò che sapevo e accettare che esistesse un A.N. che mi stava perseguitando, non solo nei sogni ma nella vita reale. Una voce nel cervello mi disse che ero predestinata a questa lotta, ma la misi a tacere, l'astrale ci provava facendo leva sul mio essermi sentita un nulla e voleva farmi sentire importante per rivalsa ma non cascavo in giochetti così miseri.

LA FALSA STORIA

Quella che si legge nei libri di scuola non è la vera storia dell'umanità: quello che fanno vedere nei documentari in TV, o al cinema, quello che scrivono gli archeologi e gli antropologi non è la vera storia dell'umanità. Soprattutto si finge che prima della storia, cioè prima che gli uomini iniziassero a scrivere, il genere umano fosse sciocco al punto da trascorrere centinaia di migliaia di anni solo a scheggiare pietre come un nevrotico ed eterno compulsivo.

Prima dei Sumeri e dei Babilonesi, addirittura 7.000 anni prima delle Piramidi, che già risalgono a 4500 anni fa, (quindi 11000-12000 anni fa) è esistita una civiltà ante agricola incredibilmente evoluta che potrebbe portare a riscrivere i libri di storia. Si tratta degli scavi archeologici di Goebekli Tepe, nella Turchia sud-orientale, al confine con la Siria, un sito composto da un grande santuario con centinaia di stele antropomorfe alte fino a 5 metri con raffigurazioni di animali e geroglifici.

Si tratta di un monumento molto complesso che testimonia una capacità organizzativa e che non si era mai immaginata in quel periodo. Ce ne parla Klaus Schmidt, direttore degli scavi, che l'ha descritta in un libro recentemente pubblicato anche in italiano: *"Costruirono i primi templi 7.000 anni prima delle Piramidi"*.

Ma ancora più indietro, la più antica immagine della Grande Madre, madre di Dei e di uomini, immagine della Natura, risale almeno a 35.000-40.000 anni fa. Del resto nell' 8000 a.c. cioè 10.000 anni fa, si conosceva già la geometria, si contavano gli anni e le stagioni, si costruiva in mattoni crudi, si conosceva l'arte di costruire i pozzi, le cisterne, i canali e le dighe per l'acqua che doveva dissetare la terra e gli esseri viventi. In realtà tutto ciò si conosceva da molto prima, e mano a mano che si scoprono le società più arcaiche la civiltà viene retrodatata.

Noi conosciamo gli antichi dai resti che hanno lasciato ma se questi resti non erano di pietra e pure bella solida di certo sono scomparsi. Non sapremmo nulla di Pompei o Ercolano se non fossero state sommerse dalla lava, e non sapremmo nulla della pittura antica romana, delle sue statue e delle sue suppellettili. Non sapremmo nulla di ciò che accadde 2000 anni fa, figuriamoci di 40.000 anni fa o di centinaia di migliaia di anni fa.

Quando ero ragazza, presso Segni (Lazio), le mura poligonali erano indicate come opera romana e me ne rammaricai, sapevo che erano opera dei Pelasgi, successivamente vennero retrodatate a 1500 anni a.c.. Anche Stonehenge e la Sfinge egizia sono state retrodatate. La civiltà non è cominciata con l'inizio della scrittura.

GLI EMIGRANTI NERI

Lo studio genomico condotto sugli indigeni australiani ha rivelato che i moderni abitanti dell'Australia sono tutti discendenti di un'unica ondata di spericolati migranti che lasciarono l'Africa circa 7.2000 anni fa. Esso conferma che gli aborigeni di oggi sono discendenti dei primi esseri umani che abitarono l'Australia e che costituiscono la più antica civilizzazione ininterrotta sulla Terra. Occorre riscrivere la storia.

Lo studio guidato da Michael Westaway della Griffith University del Queensland ed Eske Willersley dell'University of Cambridge si è basato su dati genetici di persone di ben 280 diverse popolazioni insediate in regioni del mondo in gran parte sotto-studiate. e i dati confermano la teoria dell'unica ondata.

Viene da chiedersi come fecero i migranti africani a raggiungere l'Australia. O navigarono costa a costa seguendo le rive dell'Asia, un viaggio immenso in cui dovettero girare mezzo mondo con infiniti scali, oppure fecero un viaggio diretto transoceanico in cui dovettero non solo avere molta fortuna ma anche navi poderose grandi e ben costruite.

Studi ormai accertati testimoniano però oggi che l'Homo sapiens lasciò l'Africa circa 125.000 anni fa, si fermò per circa 50-60.000 anni in Medio Oriente, poi proseguì verso l'Europa e l'Asia. Noi ce la prendiamo con gli immigrati quando i più grandi immigrati della terra siamo tutti noi, bianchi, neri, gialli e turchini. La razza umana è frutto di enormi migrazioni, Roma era costituita al 70% da immigrati e fu il più grande impero del mondo.

UNA E TRINA

L'antica Dea era una e trina, e non si passava la cosa come un mistero sacro, perché tutti sapevano chi fosse la Dea, che non stava sul monte o tra le nuvole, esattamente come Dio e la nostra mente oggi. La Dea stava per terra ed era la Madre Natura: colei che dà la vita, dà il nutrimento per crescere, e dà la morte riaccogliendoci nel suo ventre, ecco spiegata la Trinità: Nascita, Crescita e Morte coesistono nella stessa Dea, che non è buona e neppure cattiva: LEI E'.

"O Santa Dea che dagli antiqui nostri
debitamente sei detta triforme
che in cielo e in terra e nell'inferno mostri
l'alta bellezza tua sotto tre forme..."
Pregava Medoro nella Gerusalemme Liberata dell'Ariosto.

Nel Cattolicesimo *"Dio sta in cielo, in terra e in ogni luogo"*, negli inferi non ci sta perché lì ci sta il diavolo, si sono spartiti i territori. Ci fa una capatina Gesù Cristo " *Il terzo giorno risuscitò da morte, salì in cielo e discese all'inferno, a giudicare i vivi e i morti ",* l'inferno era il luogo adatto, da altre parti non gli veniva bene. Alla mania di giudicare non sfuggiva nemmeno Gesù Cristo. E il diavolo che ne pensava? In fondo era un povero diavolo e si adattava: *"Va bene se mi paghi l'affitto, il catering e le ballerine sul cubo..."*

Diana è Triforme perché sta in cielo come luna, in terra come cacciatrice e negli inferi come regina dei morti. Come luna è Dea della magia, non perché abitava sulla luna ma perché conosceva la luce lunare, cioè la magia, e nelle campagne la magia si fece finché la buona Chiesa Cattolica (ma anche i protestanti non scherzarono) non gli fece passare la voglia con roghi e torture varie attraverso la "Santa" Inquisizione". Può essere santa un'indagine condotta con carcere duro, torture inaudite e morti sui roghi? La Chiesa sostiene di si a tutt'oggi.

Anche questo è stato mistificato e sottaciuto, una religione così diffusa in un impero non scompare definitivamente con l'avvento di un nuovo credo, in India c'è la religione Induista accanto alla Buddista, Giainista, Sikhista e altre ancora. Il paganesimo scomparve con il terrorismo. Venne in larga parte stroncato con la pena di morte per chi la professava e la confisca dei beni nonché l'esilio alle loro famiglie.

Neanche i pagani furono così terrifici coi cristiani. Era sufficiente sacrificare all'imperatore che veniva scritto su un libricino e il cristiano non aveva più nulla da temere. In fondo ai Romani che la gente adorasse altri Dei non implicava problemi, purché rispettassero il potere romano e quindi il suo imperatore. Infatti chiedevano un sacrificio all'imperatore non ai loro Dei.

Nonostante la persecuzione, nelle campagne si continuò a operare la magia adorando gli antichi Dei, soprattutto Diana, finché i buoni Padri della Chiesa esasperati dal fatto che le donne ancora facevano magia e curavano i malati colle erbe (i medici, rigorosamente maschi, stavano in città e praticavano solo salassi) inaugurarono la Santa Inquisizione al cui confronto il regime del Terrore della rivoluzione francese fu uno scherzo di cattivo gusto.

Così tra roghi e torture scomparvero gli antichi Dei e pure Diana cacciatrice, ovvero la Potnia Theron, la Signora delle belve, la natura selvaggia dove la vita delle creature si perpetua attraverso la distruzione di alcune a favore di altre: i carnivori mangiano gli erbivori che si nutrono di piante, una sopravvivenza basata sulla distruzione, che però rinnova i suoi cicli.

Come regina dei morti ella era la Dea degli Inferi, ovvero dei mondi vicini al mondo dei vivi, dove sostano i morti e le larve, ma pure il mondo astrale, positivo e negativo. Ma nei tempi antichi venne chiamata TRINA, perché è Colei che dà la vita, Colei che nutre, e Colei che dà la morte.

Ella è la Natura:
- che genera umani, animali e piante
- che sfama gli uomini con gli animali e con le piante, e gli animali con altri animali e con le piante
- che fa morire uomini, animali e piante.

Questo è il segreto della SS. Trinità che nel cristianesimo è diventato un guazzabuglio. Un anonimo del XVI secolo dichiara: "*La nonna, la madre e la figlia. Quando vedrai un unico volto diventerai immortale.*" Ritorna il mistero della Dea Madre Natura che dà la nascita, la crescita e la morte, e che dà rinascita, crescita e morte. E' il segreto della reincarnazione, ma non andava dichiarato pena l'arrostimento come polli allo spiedo. Già perché se ci si reincarnava la Chiesa perdeva potere: cosa contavano più l'inferno, il purgatorio e il paradiso se le anime poi se la squagliavano e si reincarnavano in Terra o in qualsiasi altra dimensione?

I tre suoi aspetti venivano definiti anche come vegliarda, madre e ninfa, dove la vegliarda, o la nonna, era la morte, la madre era colei che partoriva le creature del mondo e la ninfa era l'energia della natura col suo amore per le creature. Insomma una ciclicità che si ripete all'infinito ma non nel senso che intendiamo oggi, perché non avrebbe senso ripeterlo, tutti sappiamo che si nasce, si cresce e si muore. Quel che non sappiamo più è che dopo la morte si risorge, cioè di nuovo si nasce si cresce e si muore. La morte è la porta di un'altra vita.

Di certo il nostro corpo non rinasce, e neppure la mente, ma rinasce l'anima, la portatrice del seme d'oro, il nostro mondo di istinti e sentimenti con il grado di consapevolezza raggiunto nella vita precedente. Sembra che morendo le anime si portino appresso gli attaccamenti che avevano in vita, cercando di aiutare come possono i loro cari, una memoria che poi perdono reincarnandosi.

Tuttavia ho conosciuto alcune coppie che giuravano di essersi conosciute ed amate in precedenti reincarnazioni. Naturalmente chi ha distrutto l'anima va nell'A.N., tra il folto gruppo dei disperati che cercano di nutrirsi delle energie dei vivi cercando di fargli perdere l'anima e di assimilarli nel loro gruppo. La Grande Madre, come immagine della Natura, indica che c'era all'epoca uno spirito umano che conosceva il mondo, prima che la mente condizionata coprisse ogni cosa.

Un tempo i popoli pensavano che la natura fosse divina e non che ci fosse un Dio creatore che facesse apparire il mondo dal nulla, mondo per giunta mortificato e demonizzato. Il visibile e l'invisibile era tutt'uno mentre oggi è diviso. E' come se un essere alieno vedesse un essere umano e deducesse che sia stata la mente dell'umano a crearlo, per cui la sua essenza è la mente e sta per aria da qualche parte, al disopra della sua testa, mentre il suo corpo sta in terra ed è un derivato ingombrante e distruttibile, pertanto disprezzabile e mortificabile.

La Natura non può essere divina perché solo l'uomo è divino, per cui Dio è un simil-uomo e come tale viene spesso raffigurato. Si avvicina molto al concetto cristiano di mortificazione del corpo, che di per sé è vile in quanto materiale, ma i cristiani propugnano l'immortalità e l'importanza dell'anima che però non sanno cosa sia, perché invisibile e impercettibile, e pertanto ritenuta spirituale.

Ma anima e corpo sono tutt'uno, natura e intelligenza della natura sono tutt'uno, il Dio tra le nuvole è una costruzione mentale. La realtà non sta in cielo ma in terra. Questa divisione tra cielo e terra, cioè tra mente e istinto è causa dell'infelicità umana. Gli antichi dicevano che l'anima piange quando nasce sulla Terra e ride quando muore.

Dipende, se abbiamo acquisito consapevolezza l'anima ride perché va a reincarnarsi in un mondo migliore. Se non si è evoluta si reincarna di nuovo nel pianeta Terra, se si è involuta va a reincarnarsi in dimensioni peggiori, e se non ha avuto un briciolo di consapevolezza ed è mosso solo dall'odio e la rabbia si reincarna nell'astrale negativo andando a tormentare i vivi, oltre che se stessi.

LA DEA E LA MADRE

Plutarco - De Isis et Osiris:
"Quando l'infelice Isis, alla ricerca dei resti del suo sposo, giunse a Byblos, si presentò travestita da serva alla corte del re e si fece affidare, come nutrice, il principino reale Malcandro. Impietosita dal piccolo principe, destinato a morire come tutti gli uomini, Iside volle renderlo immortale.

Ella nutrì il piccolo Malcandro, ma invece di allattarlo al seno si limitò a porgli un dito in bocca. Di notte però Isis prendeva il bimbo dalla culla e lo poneva tra le fiamme purificatrici del focolare che non gli facevano alcun male. La regina, meravigliata che il figlio prosperasse sorprendentemente, si decise a sorvegliare la nutrice per conoscere il suo segreto e la scoprì mentre posava Malcandro tra le fiamme.

Inorridita lanciò un grido disperato e offese la Dea che, assumendo il suo aspetto divino, con tutta la sua potenza e bellezza, gli rese l'infante: "Ora tuo figlio morrà, poiché non beneficerà più dell'immortalità ch'io gli stavo preparando con il Potere del Fuoco".
Morale della favola: per diventare immortali occorre purificarsi col fuoco e traversare le acque corrosive, ma, aggiunge l'alchimia, con *"un fuoco che non brucia"* e *"un'acqua che non bagna le mani."*

LA NATURA E' UNA DEA

Le famose Veneri steatopigie, figure femminili di pietra o di osso, senza volto ma con grandi seni, grandi ventri e grandi glutei, sono le prime immagini della Dea Natura che ritroviamo nel paleolitico (da 2 milioni e mezzo a 12.000 anni fa) e nel neolitico (fino a 3.500 anni fa). Sono le prime immagini della Dea Natura, concepita senza volto proprio perché non era donna, ma era Grande Madre, perché partoriva ovunque e comunque, producendo uomini, animali, piante, pietra, terra e mari.

Essa era la forza creatrice della Terra, chiamata in Egitto "La grande prostituta" perché si accoppiava con tutti, e l'epiteto era sacralizzante e non ingiurioso, tanto che esistevano le ierodule o "prostitute sacre" che nell'atto sessuale purificavano i maschi. Questi, rispettosi e grati alle sacerdotesse, per giacere una notte con loro pagavano al tempio una moneta d'argento.

Con l'avvento del patriarcato le donne sono state costrette alla verginità fino al matrimonio per molti secoli mentre i maschi non erano tenuti ad esserlo e le prostitute sono diventate le "paria" della società, la classe più disprezzata. Pertanto le donne che non si sposavano non potevano fare sesso, il che era un ulteriore incentivo a sposarsi. Infatti il matrimonio fu inventato dagli uomini, le donne non lo volevano ma lo subirono.

Ora questa Dea Natura compariva spesso con un unico corpo e tre teste, come fosse tre in una, e cioè Nascita, Crescita e Morte. Lei era la stessa che faceva nascere gli esseri, li nutriva e li faceva morire riaccogliendoli nel suo corpo. Questa è la S. Trinità che i cattolici hanno copiato facendola diventare Santissima senza capirla.

La Dea Iside in Egitto era rappresentata alla finestra come le prostitute dell'epoca, molto meglio di adesso in Italia che sono costrette per strada. La Dea era vergine perché era senza un coniuge che la comandasse, era la Dea senza marito. Infatti la Grande Madre si accoppiava con molti ma non si sottometteva ad alcuno, pertanto non perdeva la sua verginità, la sua Virgo, da Vis= Forza, non la verginità fisica ma quella dell'animo, tanto che i romani chiamavano la fanciulla vergine in senso fisico la "virgo intacta".

La Chiesa invece che poco amava le donne ha fatto partorire una donna senza amarla e senza averla fatta accoppiare. L'uomo vuole dominare la sua anima, la donna e la natura. Pensa di avere un potere naturale sulla donna e pertanto cerca di disconoscere il lungo periodo del matriarcato; almeno 40000 anni di matriarcato contro 4-5000 di patriarcato.

L'essere umano pensa anche di poter devastare a suo piacimento la natura e gli animali, non riconoscendosi figlio della natura e animale lui stesso. Abbiamo così una religione omocentrica, cioè basata sull'uomo, come se i polli o le giraffe si inventassero una religione con un Dio pollo o un Dio giraffa credendo che il mondo sia stato fatto per i polli o per le giraffe.

IL MONDO COME RAPPRESENTAZIONE

Dunque la realtà sta in terra e non nella mente, e da ciò deriva che noi, anziché vedere il mondo, lo immaginiamo in parte dalla descrizione che gli altri ci hanno trasmesso e in parte dalle esperienze infantili trascorse. Non viviamo la realtà del mondo ma una sua rappresentazione mentale, ovvero teatrale, per questo spesso sogniamo di stare al cinema o di vedere la Tv o il monitor del PC, vediamo il mondo e gli altri attraverso la mente condizionata.

Sogno

"Da ragazza sognai di vivere in un alto soppalco di una chiesa sconsacrata".

Quindi vivevo nella mente (la parte alta della chiesa) con un forte moralismo (la chiesa). Il fatto che fosse sconsacrato indicava che stavano cadendo un po' di cose trasmesse dalla morale genitoriale.

Per capire la rappresentazione mentale del mondo, che la mente ragionante crede di capire, occorre fare la cosa più facile e difficile del mondo: "togliere di mezzo la mente che parla". Senza mente non si può vivere, ma non si deve togliere la mente che ragiona e deduce, deve cadere solo la mente che chiacchiera con noi, la parte condizionata.

Se stiamo risolvendo un problema di aritmetica o qualunque problema pratico, se parliamo a voce alta, parliamo e basta. Se invece cade in terra un bicchiere e ci diciamo: *"Che cretino! Ecc."* la mente ci sta parlando e ci dice che siamo inadeguati. La mente condizionata è quella che Freud definisce Superio, perché sta al disopra dell'Io ed è la voce dei genitori. Oltre al Superio Freud riconosce l'Io e l'Es dove il secondo è l'istinto. Sigmund disse che là dove era l'Es doveva subentrare l'Io, ma se avesse completato il percorso si sarebbe accorto del contrario, al posto dell'Io doveva esserci l'Es primigenio, l'istinto consapevole.

Se riguardiamo il passato e ci diciamo che abbiamo fatto male a non lasciare prima quella ragazza o quel ragazzo, o a non rispondere a tono a quel signore, o a non cogliere quell'occasione, è sempre la mente condizionata che parla, che dice dove abbiamo sbagliato, ma con quella mente non si fa esperienza, perché giudica e non comprende. Il giudizio inizia dove finisce la consapevolezza.

Se non si abbandona la mente condizionata non si fa esperienza di vita. Si possono fare esperienze mentali e diventare abili nel proprio lavoro, ma non si fa esperienza di vita. Le persone in genere rispettano chi ha una vera esperienza di vita, ma spesso i genitori restano inascoltati perché parlano ai figli con la mente condizionata, e i figli lo sentono.

I genitori fanno le prediche e i figli dicono: "*Che palle!*" Spesso ascoltando le prediche dei vecchi pensiamo: "*Che palle!*". E' la stessa situazione dei fedeli che vanno in chiesa ad ascoltare la predica e pensano: "*Che palle!*" ma cacciano il pensiero perché è peccato. Ma pure quando ascoltano il borbottio confuso della Messa pensano: "*Che palle!*" ma non osano dirselo perché Dio è permaloso e si arrabbia. Davvero si può credere che il Dio delle galassie e dei mondi infiniti si aspetti che quegli infinitesimali animali umani che abitano quell'infinitesimale pianeta Terra vadano a messa ogni domenica a cibarsi del borbottio dei preti?

La mente crede di comprendere un mistero solo perché ne accetta l'enunciato, oppure pensa di non comprendere perché non ne è all'altezza. Così pensa di non comprendere il mistero della SS. Trinità, perché hanno detto alla nostra mente che l'uomo non è in grado di comprenderlo.

Il mistero, o quello che il cattolicesimo spaccia per mistero, dove c'è un Padre, un Figlio e uno Spirito Santo, ma dove nessuno partorisce perché non c'è un grembo femminile, e pertanto non può esserci un figlio, non è un Sacro Mistero, è che si sono dimenticati la madre, ovvero se ne sono dimenticati nel senso che la Chiesa esclude le donne ma il mistero è definito tale per giustificarne le assurdità. La mente non lo comprende perché non c'è niente da capire.

C'era, verso il IV secolo, una corrente di pensiero che riteneva lo Spirito Santo non la terza persona della SS. Trinità, ma una creatura di Dio, superiore sì agli angeli, ma inferiore al Padre e al Figlio. Era bene precisare, perché la gerarchia era importante. Tutto questo perché i primi cristiani, soprattutto per il simbolo della colomba, immagine e simbolo delle Grandi Madri e Dee triformi, credevano che lo Spirito Santo fosse femmina, pertanto importante anche se inferiore.

Che ci fosse un padre, una madre e un figlio, aveva una sua logica, che la madre fosse inferiore pure, visto che la donna era ritenuta tale, ma una madre doveva esserci. Per non fare confusione, ma in realtà creando maggiori equivoci, la Chiesa si è inventata che una donna, ovvero la Madonna, sia stata ingravidata dallo Spirito Santo, che è maschio ma che ha l'immagine di tutte le Grandi Madri, cioè la colomba, che più femminile non si potrebbe, e che simboleggiò Venere e Ishtar, Afrodite e Inanna, Arinna, Astarte e così via, in oriente e in occidente.

Naturalmente, essendo lui un Dio e lei una misera donna, l'Eterno si guardò bene da chiederle il permesso, l'ingravidò e basta, insomma uno stupro indolore, ma in modo che non le fosse tolta, sia chiaro, quell'importantissima verginità a cui sino al secolo scorso tenevano tutte le donne, ma solo perché ci tenevano tutti gli uomini, e di cui oggi non importa assolutamente nulla a nessuno.

Una volta combinato il guaio Dio non ne voleva più sapere, che noia queste donne, fanno un sacco di storie! Così per lavarsene le mani mandò un angelo a darle la buona novella: *"Sai Dio ti ha messo incinta, quindi se ti ritrovi il pancione non ti preoccupare, non è una malattia."*

Naturalmente la Madonna, abituata ad essere maltrattata rispose: *"Che dire, io sono solo una serva…"* o *"Io son l'umile ancella"* che equivale. Poi il buon Dio mandò l'angelo anche a Giuseppe, tante volte facesse il delitto d'onore: *"Se vedi tua moglie col pancione non ti preoccupare, non ti ha messo le corna, è Dio che si è dato da fare, che ci vuoi fare, rassegnati e fai buon viso a cattivo gioco."*

Giuseppe fece buon viso, capì che doveva sopportare, cosa puoi fare contro un Dio che si fa le donne senza chiedere il permesso né a loro né ai mariti? Così biascicò: *"Vossia vasammo i mmani. un onore gliè"*

(Vostra signoria, baciamo le mani, è un onore) e non si lamentò né con la moglie né con altri, ma gli venne il mal di testa, la stipsi e il colon irritabile.

Per giustificare la sua verginità, prerogativa delle Grandi Madri il cui significato però non era fisico ma morale, la chiesa si è inventata che Giuseppe e Maria appartenessero alla setta ebraica degli Esseni dove si osservava la castità tra coniugi.

GLI ESSENI

Gli Esseni praticavano la comunanza dei beni, si contentavano di quanto producevano o possedevano in comune, facendo il baratto. Dediti ai lavori di agricoltura e di artigianato, alternavano ore di attività a momenti di preghiera. Non facevano sesso, non sacrificavano né mangiavano animali, rifiutavano di essere arruolati e di fabbricare armi, professando l'uguaglianza di tutti gli uomini e si dichiaravano "artigiani di pace".

L'ammissione alla comunità avveniva tramite l'adozione di figli altrui (perché loro non facendo sesso non facevano figli), o l'accesso di nuovi giovani adepti e l'iniziazione avveniva dopo tre anni di prova, passati i quali si entrava a far parte del gruppo su cui si giurava il silenzio. Il gruppo comprendeva i gradi di postulante, di novizio e di iniziato.

Sostenevano l'immortalità dell'anima con retribuzione per buoni e malvagi. Credevano nella resurrezione, il giudizio finale e la fine del mondo (una pacchia...). Avevano veggenti e profeti. Professavano l'astinenza sessuale, il dualismo bene-male, la venerazione di fronte al Sole, la dottrina sugli angeli, la presenza di bagni rituali con tradizioni iraniche e parsi.

Gli Esseni non osservavano solo la castità tra i sessi ma ovviamente anche il celibato, per cui non si sposavano né facevano figli, né convivevano. Sembra che non accettassero le donne (ma non è certo), comunque figurarsi Maria, che gli raccontavano, che era stata ingravidata dallo Spirito Santo? Molti Esseni vivevano nel deserto ma Gesù visse a Nazareth (ma non è certo) dove Giuseppe faceva il falegname, ma doveva vivere in città, altrimenti a chi li vendeva i mobili, ai nomadi che vivevano nelle tende?

LO SPIRITO SANTO

Le Chiese orientali ortodosse credono che lo Spirito Santo venga solo dal Padre. Per i cattolici, invece, viene sia dal Padre che dal Figlio ed è della stessa sostanza degli altri due (ma di quale sostanza si tratti non si sa). Su questo e su facezie del genere, tipo l'Occidente non consente il matrimonio ai chierici, mentre l'Oriente ammette solo l'uso dei pani azzimi, cioè di pani non lievitati nell'eucaristia, i cristiani si sono scissi e scannati.

- Domanda: cosa cambia agli uomini se lo Spirito Santo viene dal Padre o dal Padre e dal Figlio?
- Nulla perché non ci capiscono niente, non ne vogliono sapere niente perché non gliene frega niente a nessuno.
- Domanda: cosa cale al popolo se i preti si sposano o meno?
- Nulla, a parte che forse sarebbero un po' più umani.
- Domanda: chi se ne stropiccia del pane lievitato o meno che si propina alla gente nell'Eucarestia?
- Assolutamente nulla, il popolo ha cose più serie a cui pensare.

Invece per i preti fu una questione di stato, per questo nel 1054 il legato pontificio cattolico a Costantinopoli, il cardinale Umberto di Silvacandida, venne inviato come legato papale per una conciliazione. Nonostante venisse accolto con rispetto dall'imperatore Costantino IX Monomaco, invece di conciliarsi, profittando della morte del papa, e fregandosene dei desideri del popolo, lasciò una bolla sull'altare della basilica di Santa Sofia.

La bolla conteneva una scomunica e, come non bastasse pure un anatema ("anatema sit") contro il patriarca ortodosso della città, tale Michele Cerulario, il quale senza complimenti esercitò a sua volta il suo potere scomunicando a sua volta il cardinale.

Come fanno i bambini quando litigano?
- Bimbo a: "Stupido."
- Bimbo b: "Stupido ci sarai tu."
- Bimbo a: "Ci sarai tu e tutta la tua famiglia."
- Bimbo a "E io ti scomunico."

- Bimbo b "No, ti scomunico io."
- Bimbo a "L'ho detto prima io."
- Bimbo b "Signora maestra lo vede Giacomino che mi scomunica? " E giù lacrime.

Le rispettive scomuniche con relativi anatemi furono archiviati solo nel 1965, nello storico incontro in pompa magna a Gerusalemme fra papa Paolo VI e il patriarca Athenagoras I. Ci sono voluti quasi 900 anni! Ma la faccenda interessava solo a loro due, i giornali se ne infischiarono, il popolo non lo sapeva e francamente non ne voleva sapere.

Gli gnostici, cristiani privi di gerarchie ecclesiastiche (una pacchia), identificavano lo Spirito Santo con la "Sophia", che vuol dire "La Sapienza" con il cui nome abbiamo oggi intitolato una prestigiosa università di Roma. Essi furono attivi fino al IV secolo, quando vennero perseguitati e totalmente sterminati.

Ma c'è di più: nei Vangeli apocrifi degli Ebrei e dei Nazareni, testi considerati validi dai padri della Chiesa come quelli canonici (cioè altrettanto veritieri ma per la Chiesa inadatti alla divulgazione), Gesù dichiara: *"Poco fa mia madre, lo Spirito Santo mi prese per i capelli e mi portò sull'alto monte Tabor"*. Forse alludeva all'Intelligenza Cosmica?

L'INTELLIGENZA COSMICA

"La Terra ti sia madre e maestra, sappi camminare con le sue stagioni" (Anonimo XVII sec.)

L'intelligenza cosmica è stata spesso paragonata ad un albero, il cosiddetto "Albero della Vita", perché ha molti rami e rametti, foglie, fiori, frutti, corteccia e radici in cui si fraziona, ma il tutto forma un'entità unica. Così l'intelligenza del cosmo si fraziona in tante entità galassie, che a loro volta si frazionano nelle entità dei sistemi solari, nelle entità degli astri, dei pianeti, dei satelliti e delle creature che li abitano. Tutto fa parte dell'Anima Mundi, cioè tutto ha un'anima e il tutto ha un'anima complessiva.

Così la nostra Terra non è materia vile ma è un'entità intelligente che si fraziona nei vari modi e forme, come il mondo animale, vegetale e minerale, tutti forniti di una parte dell'anima universale, che si frazionano in varie forme di esseri animati e non, e quel "non" si fa per dire. Infatti anche la pietra ha un'anima, fa un'esperienza più limitata perché non può muoversi, ma fa un'esperienza più vasta perché può vivere uno sconfinato numero di anni e cogliere intorno a sé un'infinità di essenze e mutamenti.

Ci riteniamo gli esseri più intelligenti del pianeta solo perché riusciamo più di ogni altra razza a modificare l'ambiente, e a volte lo arricchiamo con la creatività ma più spesso lo distruggiamo irreversibilmente. Per giunta ogni tanto gli uomini distruggono i capolavori che altri uomini hanno creato, in quanto di un periodo di tempo che non gli piace più.

Gli uomini giurerebbero che i componenti della loro razza siano molto più intelligenti degli altri animali, e giudicano molto intelligente il cane perché comprende l'uomo, però l'uomo non comprende i pesci per cui dovrebbe essere cretino, invece viene ugualmente ritenuto intelligente.

L'80% delle opere letterarie degli antichi romani vennero distrutte dal cristianesimo insieme a un immenso numero di statue. Diceva Cicerone che a Roma c'erano più statue che Romani (che erano circa un milione), per non parlare delle fontane, delle are, degli archi, delle colonne, delle basiliche e dei templi, quasi tutto distrutto in quanto di era pagana.

L'uomo non è ragionevole come si crede perché gli animali sono più in contatto di noi con la Natura, noi siamo tagliati fuori da lei per mezzo della mente condizionata. Scrivo Natura con la maiuscola per indicare l'intelligenza cosmica della natura che conosciamo, quella che percepiamo coi nostri sensi. Gli antichi distinguevano la "Natura Naturans", o intelligenza trasformatrice della natura dalla "Natura Naturata", la natura visibile con i suoi cicli di nascita, crescita e morte.

Per spiegarsi meglio: una foglia è parte dell'intelligenza dell'albero, ma non ha la totale intelligenza dell'albero, le manca l'esperienza delle radici, dei rami, del tronco, della corteccia e così via. Così anche noi umani siamo parte dell'intelligenza cosmica, ma ne siamo una piccolissima parte. Per comprendere quanto poco conosciamo di quell'intelligenza dobbiamo capire che ogni umano:

- è una piccola parte dell'intera razza umana,
- che è una piccola parte del mondo animale della Terra,
- che è una piccola parte della Terra,
- che è una piccola parte del Sistema solare,

- che è una piccola parte di una galassia,
- che è una piccola parte delle innumerevoli galassie,
- che è una piccola parte dell'universo,
- che è una piccola parte degli universi possibili.

A tredici anni mi dichiarai atea, ma ero una suddita ribelle a un Dio crudele e vendicativo, il non crederci, come il crederci, era un'illusione mentale. A scuola confutavo il prete insegnante di religione e, per confutare meglio, seguii corsi di "Cristologia", rompendo le scatole a tutti. In realtà chiedevo agli altri di confermare il mio ateismo di cui non ero tanto sicura, e ci vollero diversi anni per comprendere la realtà, perché è difficile confutare ciò in cui tutti gli altri credono, tanto più che i miei genitori erano
molto religiosi.

Apprezzavo alcuni aspetti del Cristo, di cui però respingevo un certo masochismo, ma soprattutto di sentirsi figlio del Dio di tutti i pianeti, di tutti i sistemi solari, di tutte le galassie, e odiavo la figura dittatoriale e crudele del Dio dell'Antico Testamento, quel Dio che la Chiesa ha unito alla figura di Gesù tanto per instaurare il giusto clima di terrore atto a dominare le masse.

Un Dio che oltre a tutto si fa tentare dal diavolo che lo convince a tormentare Giobbe, e che ci condanna se anche noi, poveri esseri umani, ci facciamo tentare da lui. Chiesi al prete come mai una stessa divinità fosse così dura nel Vecchio Testamento e così amorevole nel Nuovo.

Rispose che i tempi erano cambiati e che gli uomini di una volta erano più ostinati e avevano bisogno di una guida più severa. Risposi che le guerre, la sopraffazione e lo sfruttamento della povera gente c'è tutt'oggi e non vedevo la differenza da ieri. Rispose che lui non sapeva che dire se non riuscivo a cogliere la differenza. Risposi che forse lui non sapeva che dire e basta.

Per poco non mi presi una nota, poi le lezioni di religione non le tennero più i preti ma gli insegnanti di scuola, non per lungimiranza ma perché i preti erano diminuiti e diminuirono ancora, come del resto diminuiscono i cattolici. Partecipa alla messa domenicale poco più del 18% della popolazione e i giovani non credenti sono oltre un terzo del totale.

Nonostante siano stati richiamati a Roma prelati da ogni parte del mondo, africani inclusi, i preti e le monache diminuiscono a vista. Una volta dalle campagne provenivano preti e monache sia perché da quasi analfabeti avevano il credo facile, sia perché rischiando di morire di fame almeno si assicuravano il mantenimento e l'istruzione. Con la penuria attuale di preti e monache si sono vuotati i molteplici monasteri romani ormai trasformati in B&B.

La chiesa del resto ha seguito l'Antico Testamento molto più del Nuovo, che è rimasto relegato alle prediche domenicali ma, rispetto alla donna e ai bambini ha adottato il criterio e la mentalità degli antichi ebrei: il dominio assoluto dell'uomo su moglie e figli. Ciò ha aiutato molto lo sviluppo delle religioni monoteiste, soprattutto di quella islamica.

La religione cristiana sta anche in paesi che hanno cercato di riabilitare la donna, ma la Chiesa non l'ha mai riabilitata. Gli ebrei d'altro canto in Israele sono stati costretti a farlo perché non si può mettere un mitra in braccio a una donna e mandarla a combattere esigendo la sua sottomissione. Pertanto nel futuro sarà l'Islamismo la religione di maggior espansione, perché dando il potere all'uomo sulla donna lo convince che lui è importante e che la sua donna dominata e asservita non potrà mai abbandonarlo, in modo da avere una moglie-madre che finalmente lui può comandare sebbene sia rimasto bambino dentro di sé.

Ebbene si, il potere dell'uomo sulla donna è l'agognato potere sulla madre che all'epoca non ebbe. Pertanto asserve la donna e si inchina al padre a cui si affida totalmente. In Italia non aumenta però l'islamismo o il Buddismo se non in percentuali molto basse, ma aumenta invece l'ateismo, specie tra i giovani, soprattutto se hanno un certo grado di istruzione.

FIDARSI E AFFIDARSI

Così l'uomo si affida a Dio e la donna all'uomo, senza una logica se non quella della paura, paura del padre, paura di Dio e paura del marito. Così non si fida ma si affida. Fidarsi è un termine relativo, ci si può fidare di un idraulico che in passato ha eseguito ottimi lavori, o di un medico che sappiamo competente.

Ma c'è già un salto di livello tra l'idraulico e il medico, perché se l'idraulico sbaglia si possono rimettere dei soldi, se sbaglia il medico, si può rimettere la salute. E' normale affidarsi a un medico e lasciare sia lui a decidere la nostra cura, ma se la cosa è grave forse è meglio documentarsi personalmente e magari ascoltare altri medici.

C'è dunque una differenza tra fidarsi e affidarsi, perché nel primo caso si mantiene una soglia di attenzione e di controllo, nel secondo ci si consegna come bambini ai genitori. Anche nell'affidare soldi ad altri dobbiamo fare attenzione, e non affidare più di quanto potremmo sopportare in caso di perdita, questo non significa non fidarsi, ma non affidarsi.

Se ci affidiamo ad altri significa che siamo ancora bambini e cerchiamo genitori a cui consegnarci. Per non affrontare l'incertezza ci affidiamo ad altri come fossero i nostri genitori. Chi si affida non ha avuto ottimi genitori, ma si illude di poterlo fare per evitare l'incertezza della situazione. Ma c'è di più, a volte sappiamo che non possiamo fidarci ma non sopportiamo il dolore di doverci ricredere, per cui continuiamo ad affidarci facendoci del male.

Faccio un esempio realmente accaduto. Un giovane ben istruito conosce un altro giovane un po' più grande di lui che gli parla delle sua ditta di costruzioni che ha in Africa e che gli darà molti soldi. I due stringono amicizia e infine il costruttore gli propone di investire 3000 euro che gli frutteranno il doppio, il ragazzo "si affida" e glieli dà. Alla scadenza l'amico non paga adducendo ritardi e rovesci vari ma promette che se gli presta 30.000 euro lui lo ricompenserà raddoppiandogli il capitale.

Il ragazzo glieli dà, sono il frutto di durissimi anni di fatiche in cui ha lavorato dalle 10 alle 12 ore al giorno e naturalmente perde i soldi e l'amico. Confessa che non si è potuto permettere di dubitare perché significava perdere l'amico. La realtà è che il giovane truffato non poteva consentirsi di vedere suo padre come era stato nella realtà, un uomo pieno di moralismi ma crudele e perverso.

Se lo avesse visto sarebbe rimasto senza padre e non poteva permetterselo emotivamente. Non potendo restare senza padre non poteva nemmeno restare senza amico, perché su di lui aveva riversato il padre idealizzato, cioè il padre buono che non aveva mai avuto.

"Se uno viene a me
e non odia suo padre,
sua madre e persino
la propria vita,
non può essere
mio discepolo"
(Luca 14,26)

Questo i preti lo giustificano dicendo che Gesù intendeva *"chi non ama i genitori meno di quanto ami me"*, siamo sicuri? E allora perché non l'ha detto correttamente? E comunque bella pretesa, perché mai dovevano amarlo, ma chi lo conosceva? Non vediamo i nostri genitori per paura di doverci rinunciare, ed è come rinunciare agli Dei, e penso forse sia questo il senso della frase del Cristo tradotta da altri: "*Chi non si allontana dai genitori non è degno di me.*" Ma anche questo, fa dubitare del buon senso di Gesù. Del resto all'epoca di ebrei che si credevano un messia ce ne erano a bizzeffe.

Gli ebrei avevano assorbito lo schema del Messia che li doveva soprattutto liberare dai romani. Ma lo schema più importante è la religione, creata dagli uomini per rassicurare e creare potere, e che ha negato e proibito con violenza ogni forma di magia. **S**e non funziona perché la Chiesa ha messo sul rogo le streghe? E' come arrestare Babbo Natale o la Befana perché sono falsi.

La religione è quella cosa per cui qualcuno si è dichiarato figlio di Dio o suo profeta, ma figlio e profeta di un Dio che conosce solo lui, e che ha sbandierato ai quattro venti a gente che gli ha creduto ciecamente. Gesù dichiara che lui è "il" figlio del Dio ebraico, perché Gesù è ebreo, quindi un po' di parte, ma Maometto si dichiara profeta di un Dio tutto suo.

Perché gli hanno creduto? Perché gli piaceva crederci, gli piaceva ciò che diceva. Gesù proclamava che tutti erano fratelli e Mosè e Maometto che l'uomo aveva potere assoluto sulla donna, tutti piuttosto allettanti. Le più grandi ingiustizie, le guerre più feroci, le persecuzioni più efferate sono sorte in nome delle religioni che invocano l'amore e la pace.

Mosè incide i Dieci Comandamenti giurando che glieli ha dettati il Dio dell'intero Universo, delle galassie, del sistema solate e del pianeta Terra, proprio a lui e solo a lui. Ma il Dio ebraico è umano, e ha un figlio umano ottenuto da una femmina umana inseminata da un uccello con grande delicatezza. Infatti, visto che nel cristianesimo si possono fare immagini, Dio si mostra in cielo, cioè per aria, con tutta la gloriosa immagine di vecchio umano maschio con tanto di barb

CAPITOLO V

GLI SCHEMI MENTALI

La religione più antica (e più veritiera) fu quella animistica, che attribuiva un'anima a ogni luogo o essere, dal Genio del luogo a quello dell'albero, del bosco e della foresta, della valle e della roccia, dei monti, delle isole, dei fiumi, delle sorgenti, dei boschi e delle paludi, dei laghi e del mare. Gli antichi avevano la capacità di sentire la presenza di un'entità intelligente in un albero o in una sorgente, dando loro l'immagine di ninfe, satiri, fauni, ondine, menadi, tritoni, elfi, amorini, geni ed eroti, che variavano nel tempo e nei luoghi, le immagini le danno gli uomini ma l'essenza esisteva di per sé.

L'uomo sapeva benissimo di dover morire fisicamente ma sapeva che sarebbe rinato come l'erba in primavera. Non esisteva né inferno né paradiso, non dovevano convertire nessuno né adorare alcuno. Al tempo dell'antica Roma, dove vigeva il politeismo, certe entità erano ancora seguite e percepite, se ne vedono le immagini a Pompei e dintorni come Eroti, o Amorini, o Geni maschili e femminili, alati e non, allegri, indaffarati e divertenti, raffigurati ovunque sulle pareti delle ville e degli edifici romani.

Io ho potuto appurare che esistono, e ne parla anche Castaneda, sono il cosiddetto "Mondo fatato", che riguarda il mondo dei piccoli esseri della natura. Li vidi quando venni ricoverata in ospedale per una broncopolmonite. Mi assentai praticamente dal mondo dopo aver avvertito tutti che stavo male, che non era grave ma che sarei tornata dopo una quindicina di giorni.

Non avendo più incombenze con nessuno mi coprii interamente con un lenzuolo per cui nessuno degli altri ospiti della camera ospedaliera si rivolse a me. In tal modo entrai da sveglia in dimensioni diverse e una di queste era quella della natura, piena di esserini piuttosto infantili, con o senza ali, che giocavano e scherzavano, correvano, volavano e saltavano, talvolta cercando anche di mettermi paura, ma in modo molto bonario.

Questi esserini, raffigurati a Pompei, ad Ercolano ecc. erano piccoli geni che si occupavano di varie cose, dalla vendemmia all'oreficeria, al correre sui mari sopra dei pesci o giocare a mosca cieca, a inseguire le capre, o a spaventare i viandanti, ma sempre per gioco.

Questi esseri provenivano dalla Natura che aveva l'intelligenza omni-comprensiva di tutti gli esseri e tutti venerarono la Grande Madre (o Madre Natura) affinché li proteggesse. Ella non aveva marito ma procreava Dei minori per partenogenesi e non. Gli Dei erano aspetti di lei che si distaccarono man mano che la mente umana si distaccava, e formarono entità divine autonome.

Insomma l'unitarietà della Natura si divise perché l'uomo separò la mente dall'istinto lasciando una mente distaccata e schematizzata. Poi la situazione precipitò ancora e l'uomo percepì la grande paura della morte dalla sua mente ormai condizionata. Per la mente infatti la morte è la fine di tutto, per l'anima invece è una trasformazione. Così la mente si costruì degli Dei-Umani che promettevano agli uomini un mondo di piaceri dopo la morte in una situazione incorporea.

Nella religione cattolica dove però tutto è sacrificio e il sesso è peccato, i piaceri della terra erano banditi, ma c'era la visione di Dio che mandava le anime in deliquio. La mente umana, per non sentire la paura e il dolore si è sempre più distaccata dai sentimenti e pertanto dalla madre, la portatrice di affetto. Avendo un bisogno perentorio di essere amato l'uomo cercò di rifarsi con la partner che però diventava necessaria come la madre, in quanto capace di negarsi.

Onde impedire il dolore di questa negazione l'uomo sottomise la donna, le tolse ogni diritto e ne fece una moglie schiava. In alcune zone si inventò la poligamia, in modo che la donna perdesse importanza essendo intercambiabile, tutto fu fatto affinché la donna non potesse abbandonarlo. Poi la situazione precipitò ancora. Così non sapendo più distaccarsi dalla madre a causa delle sue paure, la sottomise al maschio, sottomettendo l'anima alla mente ed entrambe ai genitori.

L'essere umano allora separò il figlio dalla madre, tante volte si sentisse troppo amato e, sottomise il figlio al padre che gli insegnò, invece delle leggi naturali, quelle delle aggressioni e dell'obbedienza, ma quest'ultima era contraria al libero arbitrio per cui questo diventò peccato.

La mente condizionata divenne la mente obbediente, che eseguiva senza filtrare e senza riflettere "*crio quam absurdum*"; credere anche quando appariva un'assurdità era il massimo della benedetta e sacra acquiescenza, riflettere secondo la propria coscienza era superbia e peccato. Pian piano tutto divenne peccato:

- alzarsi al mattino e non pregare Dio,
- sedersi a tavola e non ringraziare Dio del cibo che proveniva da Dio, anche se non era chiaro il modo. Domanda: ma se quel cibo proveniva da Dio perché i genitori dovevano ammazzarsi di fatica sui campi? Risposta: perché nonostante si ammazzassero di fatica il buon Dio poteva anche decidere di farli morire tutti di fame, pertanto era meglio fingere gratitudine.
- andare a dormire senza aver pregato Dio,
- dire bugie, soprattutto ai genitori,
- non obbedire ai genitori,
- dire parolacce (esistono le paroline, le parolone e le parolacce),
- nominare il nome di Dio invano,
- bestemmiare,
- non credere che Gesù Cristo sia il figlio di Dio, e il Messia, crocifisso e risorto dopo tre giorni, del resto se si crede a una resurrezione si può credere a tutto,
- dubitare della verginità della Madonna che aveva partorito,
- ribellarsi ai più grandi,
- odiare in genere ma soprattutto i genitori,
- mangiare carne il venerdì, a parte il pesce, non considerato carne chissà perché,
- non andare a Messa la domenica e le feste comandate,
- non segnarsi in chiesa (farsi il segno della croce), o davanti alle immagini sacre,
- non confessarsi dai preti,
- non comunicarsi dai preti,
- non mettere ai propri figli nomi di santi cattolici,
- desiderare di fare sesso con una persona sposata ad altri,
- fare sesso con chi non si ama per il piacere di fare sesso,
- fare sesso con chi si ama senza essere sposati,
- fare sesso essendo sposati ma evitando di fare figli, ma la cosa migliore è non fare sesso pure da sposati se non per fare figli, perché se proviamo piacere Dio si incattivisce,
- masturbarsi,
- uccidere, a meno che i capi religiosi non dichiarassero guerra, come fecero spesso e volentieri,
- ma pure suicidarsi, perché troppo facile togliersi dal dolore e dall'autorità dei potenti, - guardarsi allo specchio o farsi belli per vanità,

- pregare i defunti perché ci proteggano invece di pregare Dio affinché li perdoni,
- farsi fare l'oroscopo perché è peccato,
- andare dalla cartomante perché è peccato,
- cogliere un quadrifoglio pensando che porti fortuna perché è peccato,
- portare i cornetti di corallo portafortuna,
- credere alla fortuna o alla sfortuna,
- cercare di parlare con i defunti perché bisogna pensare solo a Dio,
- fare una rivoluzione perché bisogna soffrire i soprusi dei potenti e offrire la sofferenza al Signore (anche perché tra i potenti c'era l'alto clero),
- morire senza venire assolti da Dio, cioè dai preti.

Così i preti ci hanno chiuso l'Anima, e ci dicono che per salvarla dobbiamo pregare, invece per salvarla dobbiamo sentirla e per sentirla dobbiamo toglierle la prigione della Mente Artificiale, ovvero la "Mente Che Ci Parla". L'Anima non ha paura della Morte perché sa di essere immortale. Nell'inconscio la Morte non esiste, i sogni ce lo testimoniano.

Invece la Mente staccata dall'istinto e condizionata è mortale e sa di esserlo, ma si illude di diventare immortale, e per diventarlo narra le storie inventate dai religiosi che adorano Dei inventati da altri uomini. Diceva Plutarco che gli uomini sono più potenti degli Dei, perché gli uomini possono creare gli Dei mentre gli Dei non possono creare gli uomini. Aveva compreso l'invenzione delle religioni, e che forse anche gli uomini possono creare l'astrale positivo e negativo, cioè che gli uomini creano entità nel mondo sottile.

La religione cristiana, pur essendo vecchia di 2.000 anni, non è eterna, la religione egizia della Dea Hator ne visse ben 3.000 ma poi anch'essa si dissolse, come tante altre di cui non abbiamo più notizia. Nulla è eterno. Del resto anche il Cristianesimo sta scemando, il grande fisico, matematico e filosofo Bertrand Russell scrisse che lo spirito è anch'esso fatto di materia, ma di una materia più sottile e impercettibile (almeno agli umani, perché gli animali in genere la sentono).

Questo comporta che unendo le emozioni mentali e convergenti di molti umani si può creare un ente, cioè un essere, dotato delle qualità che gli uomini gli attribuiscono. Il che significa che nel Mare Magnum della mente umana esistono e sono esistiti diversi enti con le caratteristiche immaginate dagli uomini di fede di quel periodo. Pertanto sono esistiti gli Dei Sumeri, gli Dei Egizi, Greci e Romani, ma pure gli Dei Precolombiani, africani e australiani.

Queste divinità erano buone o cattive a seconda di come gli uomini le immaginavano e in qualche modo vivevano e agivano nel mondo astrale degli uomini, ecco spiegati i prodigi e i miracoli pertinenti a tutte le religioni. Tutti gli Dei pertanto, antichi e moderni, sono creazioni umane che vivono nell'astrale umano e nelle religioni monoteiste come una mera proiezione dei genitori dell'epoca.

IL REGNO DEL GIUDIZIO

Il nostro mondo è il regno del giudizio con le religioni in prima fila. Noi giudichiamo gli altri e noi stessi di conseguenza, ma anzitutto gli altri. La religione cattolica ne è un parossistico esponente, come del resto tutte le religioni monoteiste dove non si è incitati a capire ma solo a obbedire. Ogni cosa può essere peccato, perfino i pensieri che, è risaputo, l'uomo non può governare.

Come si può essere imputati dei propri pensieri quando vengono indipendentemente dalla nostra volontà? E' famoso il detto orientale di evitare di pensare alla scimmia gialla, e immediatamente tutti, loro malgrado, immaginano la scimmia gialla.

Ma i preti dicono di non indulgere, di non essere indulgenti coi nostri pensieri, dobbiamo dire loro quando si presentano; "Tu si, tu no", e così via. Ma è così facile inibire i pensieri? Esiste un'infinita gamma di meditazioni che mirano a tacitare la mente, ma ci riescono solo durante la meditazione, dopo di che la mente ricomincia. Del resto la nostra mente giudica anzitutto noi stessi:

"Perché non gli hai risposto come meritava?" o
"Perché non gli ho risposto come meritava?"
"Perché gli hai risposto così male?" o
"Perché gli ho risposto così male?"
"Perché sei rimasto in silenzio?" o
"Perché sono rimasto in silenzio?"

Perché anche se parla in prima persona sempre di mente condizionata si tratta, la vera mente non può essere contro di noi. La vera mente sa benissimo perché abbiamo agito in quel modo e semmai ci appoggia.

Anziché chiedersi perché lui o lei ha tanta paura degli altri, la mente condizionata giudica perché lui sbaglia e manca di coraggio, anche se Dio chiede di essere temuto ed essere timorati di Dio è cosa buona e giusta.

Si giudicano le preferenze sessuali, le varie razze, il grado di istruzione, il lavoro troppo umile, il modo di vestire, la libertà sessuale, il lessico troppo sfacciato (esistono parole e parolacce), i piercing, i tatuaggi, le altre religioni, gli atei, i vegani che giudicano gli onnivori e gli onnivori che giudicano i vegani, i giovani giudicati dalle vecchie generazioni e le vecchie generazioni dai giovani, e si giudicano pure i nuovi tempi e costumi, sempre da parte delle vecchie generazioni.

Inoltre gli insegnanti giudicano i giovani che non tremano più di fronte a loro ma li criticano e a volte li bullizzano. Spesso gli insegnanti non amano i giovani e loro lo sentono, tanto è vero che rispettano quelli che li amano. Però a volte gli alunni bullizzano i giovani insegnanti che non amano gli alunni perché ci riversano le paure che hanno dei loro genitori.

In questo caso l'insegnante è vittima, anche perché non ha il coraggio di punire e di imporsi. Ma nella maggior parte dei casi gli alunni non sono amati per la stessa ragione per cui i genitori non amano i figli e cioè non amano il loro bambino interiore. Questo bambino interiore, di cui tanto si parla, non è un essere misterioso e sconosciuto ma è noi stessi come eravamo da bambini.

Se non amiamo il bambino che eravamo non ameremo né i bambini né quelli più giovani di noi. Gli insegnanti che bullizzano gli alunni non amano il proprio bambino interiore, esattamente come gli alunni che bullizzano altri alunni. Non li amano perché sono fragili, deboli, impreparati ad affrontare la vita in quanto bullizzati dai loro genitori, rifiutano il bambino perché è stato rifiutato dai loro genitori.

L'odio dei più anziani verso i più giovani si chiama "conflitto generazionale": i giovani si rompono le scatole alle prediche degli anziani e gli anziani sono invidiosi della gioventù della nuova generazione. La nostra mente condizionata è la nostra prigione, vive dei canoni che altri ci hanno trasmesso senza pensare siano giusti o meno. Abbiamo creduto giusto che il padre avesse diritto di vita e di morte su mogli e figli, che i neonati venissero fasciati come mummie, che esistesse la schiavitù, che gli eretici venissero bruciati vivi nonché fare guerre di religione o le guerre in genere.

Nella nostra prigione mentale scambiamo lo spirito per la mente, tanto che il divino lo mettiamo tra le nuvole, demonizzando la terra e divinizzando la mente. La via spirituale invece ci fa recuperare l'istinto primordiale che deriva dalla natura. L'istinto, in genere cieco perché condizionato, è molto intelligente se decondizionato, perché centrato sul criterio e non sulle idee degli altri, e il criterio decondizionato non è più un pensare ma un sentire privo di pregiudizi.

Scambiamo lo spirito per beatitudine inetta, staccata dalle emozioni e dalle sensazioni, o per una catalessi estatica (oggi rare perché ci sono gli psicofarmaci). Viviamo attraverso l'ambiente e pensare di non averne bisogno è individualismo malato, non consapevolezza. Dobbiamo invece rientrare nell'ambiente da cui la mente ci ha staccato, ovvero rientrare nel corpo.

Oggi suona strano sentir parlare di vie spirituali, perché sa di distacco dalla nostra essenza, sa di sacrificio. Ciò che gli altri chiamano spiritualità deve essere istintualità, terra, natura incontaminata. La ginnastica e le "asana" dello yoga aiutano a rientrare nel proprio corpo, ma non determinano da sole la riacquisizione della consapevolezza che può venire solo da una trasformazione della mente. D'altronde è la mente la guida del nostro corpo, è lei che manda e riceve impulsi a tutto il corpo; la centrale elettrica la governa lei e non può essere ignorata.

Qualcuno afferma che il corpo funziona in definitiva per un fatto chimico, ma se non c'è l'impulso elettrico le vescicole delle sostanze chimiche non si aprono, per cui si può anche dire che la vita dipenda da un circuito elettrico, ma chi fa funzionare il circuito?

Gli input li manda il cervello perché mosso da esigenze varie, quindi sono i bisogni del corpo e della mente che muovono il circuito. Ma chi registra i bisogni del corpo? Sempre il cervello che riceve messaggi dal nostro corpo che a sua volta li riceve anche dall'ambiente. Siamo indissolubilmente legati all'ambiente, anche se certe ambizioni di spiritualità vorrebbero negarlo.

Lo stilita che per mortificazione si adattava a vivere in cima a un pilastro o a una colonna (nella Chiesa greca durò anche dopo lo scisma e presso i Russi fino al sec. XV) faceva in effetti il parassita con un via vai di secchi che portavano acqua e cibo ritirando feci e urine. Un santo che non si lavava, che era ormai anchilosato e da cui girare alla larga, almeno per la puzza e le mosche. Ci si sgancia dall'ambiente quando non riusciamo a contattarlo perché ci proiettiamo i genitori, e lo chiamiamo ascetismo.

LA REALTÀ DEI GENITORI

Pochi si sentono di vedere chi siano stati i loro genitori, non vogliamo sapere, è come nel tradimento, il marito o la moglie traditi sono gli ultimi a sapere, quando già se ne sono accorti gli altri, perché chi non vuole sapere non sa nemmeno se sta cercando la verità. Da una parte la cerca e dall'altra la respinge, a volte la respinge e basta.

Vogliamo illuderci che tutto sia andato bene, ma se così fosse oggi staremmo bene, se stiamo male significa che è andata male. Abbiamo paura degli altri, o diffidiamo degli altri, convinti che nessuno ci possa voler bene, che gli altri sono egoisti e giudicanti, però pensiamo che i nostri genitori ci hanno amato, o " *che ci hanno amato come potevano, poveretti* ".

Non ci diamo il diritto di stare male, "*sto così perché questo è il mio brutto carattere*", non perché i nostri genitori non ci hanno amato o peggio. Essi sono al disopra di ogni sospetto, come la moglie di Cesare. Pochi genitori sanno amare, perché a loro volta figli non amati e illusi di essere stati amati ma insoddisfatti, infelici e arrabbiati.

Questa società si dichiara basata sui valori della famiglia, tutti lo dicono ma nessuno spiega quali siano. I genitori sono sicuri di aver dato il massimo per i figli avendoli allevati e fatti studiare. Si possono allevare bene mucche, pecore, maiali, galline e umani, facendoli poi macellare, il sistema non cambia.

Tutti sanno di che abbia bisogno la mucca, la gallina o il figlio umano. Quest'ultimo costa di più e non si sa se rende o quanto rende, ma si deve fare. Gli si comprano cibo e vestiti, si pagano il medico e la scuola, e gli danno i mezzi per spostarsi e divertirsi. Talvolta li mandano all'estero per imparare le lingue, o li avviano in palestre dove allenano il fisico, insomma mente sana in corpo sano, e ci si informa su come va a scuola e sulla salute.

Che sia felice o infelice non conta, del resto i genitori stessi non sanno se sono felici o infelici, o attribuiscono l'infelicità a fattori presenti o passati recenti. Del resto chi è infelice manca di qualcosa, altrimenti perché si lamenta? Quindi il genitore, un po' seccato dalle proteste del figlio, gli dice: "*Ma a te che ti manca? Io ti ho dato tutto!*" Tutto meno l'amore, ma non si può dire, c'è una specie di pudore a parlare di affettività, se la desideri sei di serie B, sei fragile e bisognoso, fai troppe storie.

Tutto è organizzato, quando va bene, per evitare emozioni, come quelle di vedere i poveri che dormono per strada, o chi fa la fame, o chi sta in guerra, o chi viene sfruttato allo stremo sul lavoro, o chi viene abbandonato perché non ha soldi per curarsi. La gente muore in mezzo a noi e facciamo finta di niente, veniamo allevati così, con poca anima.

Al tempo degli antichi romani, così razionali e progressisti, i fanciulli, anche se liberi, non godevano di alcuna dignità giuridica, invisibili a tutti e per i quali, se deceduti prima del compimento del terzo anno di età, non era necessario neppure portare il lutto (PLUT., Num., 12.3). Si dice perché di figli ne nascevano tanti ma la mortalità era molto alta, ma i figli si amano o non si amano, e per lo più non si amano.

Oggi invece non vediamo il figlio che si lava compulsivamente le mani, che si isola e si deprime, che si fa i tagli sulle braccia, che balbetta, che ha incubi notturni, che ha paura di dormire al buio, che conta i gradini delle scale, che si paralizza quando viene interrogato a scuola, che si sveglia rimanendo paralizzato, che ha paura di prendere la patente, che si sveglia tardi, che non riesce a studiare, che si abbuffa di cibo o al contrario che fa i digiuni, che sta sempre sui videogames o sul cellulare, che si fa le canne o fuma tante sigarette o beve alcool spesso e volentieri, e non ci accorgiamo di nulla.

IL MONDO ASTRALE

Il mondo astrale è formato dall'insieme delle emozioni legate alla mente umana, sia passate che attuali, in positivo e in negativo, sia costruttive che distruttive. Nel Mare Magnum esse vanno a formare le cosiddette correnti astrali che si suddividono in innumerevoli ramificazioni. Lo scienziato che vuole scoprire qualcosa dovrà isolarsi e far tacere la propria mente per ricevere i suggerimenti del mondo astrale dei vari scienziati.

Ecco perché le scoperte scientifiche avvengono spesso contemporaneamente in varie parti della Terra, perché molti scienziati comunicano, senza saperlo, con l'astrale degli scienziati. Il religioso pregando chiamerà l'astrale legato alla propria religione, il musicista l'astrale legato alla musica ecc., esistono migliaia di correnti astrali divisibili sommariamente in un astrale costruttivo e uno distruttivo.

L'astrale costruttivo aiuta gli umani a realizzare quello a cui si sono dedicati da vivi o a cui avrebbero voluto dedicarsi. Quello distruttivo è un insieme di anime sofferenti e senza speranza per cui l'unico sollievo è far soffrire gli altri.

L'astrale distruttivo, o negativo, o nero, potente e crudele, gode della sofferenza degli altri, e tende trappole agli umani, un po' come la Chiesa narra faccia il diavolo con gli uomini, solo che il diavolo aizzerebbe gli umani alla disobbedienza a Dio, mentre l'astrale non ha Dei, tende solo a far soffrire e impazzire per cibarsi delle energie degli umani e se possibile li trasforma in A.N..

Le correnti astrali che spingono al sacrificio sono in realtà correnti negative, pertanto i vari martiri, a cominciare da quelli cristiani, sono serviti come cibo per l'astrale negativo. All'epoca non capii che tutto si era scatenato quando avevo offerto il mio sacrificio per gli altri. Prima di essere altruisti occorre essere egoici, cioè pensare a se stessi. Come dicono gli orientali: non si può donare acqua se essa non trabocca dalla nostra anfora.

Capii poi che mi stavo consegnando all'A.N., mi immolavo da sola. Offrire dolore significava alimentare l'A.N., solo una creatura negativa poteva desiderare il dolore degli altri. Mandai a quel paese il sacrificio e l'A,N., non li avrei più nutriti, che si tormentassero di dolore e di rabbia, le mie energie le avrei tenute per me.

Dovetti cancellare ciò che sapevo e accettare che esistesse un A.N. che mi stava perseguitando, non solo nei sogni ma nella vita reale. Una voce nel cervello mi disse più volte che ero predestinata a questa lotta, ma la misi a tacere ogni volta, l'astrale ci provava facendo leva sul mio essermi sentita un nulla, voleva farmi sentire importante per rivalsa ma non cadevo in giochetti così miseri.

Non avrei rinunciato alla mia ricerca interiore per illudermi di essere "qualcuno", allora che avevo incontrato in un'altra epoca, che avevo la facoltà di riconoscere le incarnazioni mie ed altrui. Mi parlava nel cervello, una voce senza suono che percepivo chiaramente, ero incuriosita ma perplessa.

Sogno

"Compreso ciò sognai un mostro tenuto dietro le sbarre che con una mano afferrò un giovane che mi seguiva strappandogli una corda che gli pendeva dalla pancia".

Quel mostro che tenevo segregato era in realtà il mio istinto che liberò la mia mente, cioè il mio maschile, dal cordone ombelicale materno, vale a dire dal dover essere buona, perché mia madre, che buona non era, mi aveva insegnato ad essere buona, altrimenti tutto mi sarebbe andato male.

Anche gli animali hanno un astrale negativo perché hanno anche loro una mente articolata, e hanno a che fare, come gli uomini, col genio della specie. Delle correnti dell'astrale positivo la più evoluta è quella che tende alla consapevolezza.

IL PASSATO SI RISVEGLIA

Sogno

Intanto andava avanti la mia analisi, *"in un sogno passai davanti a un busto di metallo appena abbozzato di un umano e d'improvviso la figura si animò e portò le mai al viso in un gesto di disperazione".* Nel sogno la scena mi terrorizzò, quella figura era una parte anestetizzata di me che si risvegliava rivelando il suo passato di sofferenza e terrore.

Infatti cominciai a ricordare le angherie dei miei genitori, l'odio di mia madre, le percosse violente e le umiliazioni quotidiane, poi il sadismo di mio padre che ci picchiava con la cinta lasciandoci gonfi e tumefatti peraltro molto perbenista e moralista, e anche di molto peggio. Ne ero terrorizzata.

A suo dire lui mi amava moltissimo e avrebbe dato la sua vita per me. Spesso mi stringeva e mi baciava sporcandomi di saliva, in un modo che mi procurava una rigidità e un senso di vomito, ma io, schifata e terrorizzata, non potevo sottrarmi altrimenti venivo ferocemente punita per ingratitudine.

E pensare che io ritenevo di aver avuto un'infanzia normale, con le varie pecche di carattere, giudicandomi paurosa, emotiva, drammatica, con poca memoria e poca intelligenza. E pure mi sentivo molto distante dagli altri che giudicavo ignoranti, creduli e poco acculturati.

LA LIBERAZIONE

Ricordai di me che camminavo reggendomi alle pareti, quindi molto piccola, che guardavo i miei genitori, sapevo che mi volevano morta ma non capivo perché, io ero pronta ad amarli ma loro mi detestavano senza motivo. Leggevo nei loro animi, come tutti i bambini del mondo, finché non vengono obnubilati dalla mente condizionata.

Avevo dimenticato questa consapevolezza ma la riacquisii tramite i sogni e compresi che tanta gente per bene odiava i figli e li aveva messi al mondo perché gli avevano detto che così si doveva fare. Non ero la sola a non essere amata e non lo erano neppure i miei fratelli. Il mondo era pieno di figli non amati, che da adulti si trasformavano generalmente in genitori incapaci di amare.

Ricordo ancora il Giorno della Liberazione, il 25 aprile del 1946, avevo cinque anni. Mio padre mi aveva presa con sé per qualche ignoto motivo perché non andavo mai a spasso con lui e ricordo che venni issata sul retro di un camioncino scoperto che correva in modo pazzo per le strade di Roma, suonando il clacson in continuazione, in mezzo a tante automobili che strombazzavano a loro volta con gente sopra che urlava a squarciagola.

Era finita la guerra e la gente impazzita di gioia correva in macchina per le strade ma io non ne sapevo nulla e non capivo che fosse una manifestazione di gioia perché sembravano tutti impazziti. Naturalmente nessuno si era preoccupato di avvertirmi ed io mi aspettavo una catastrofe.

Ricordo che ero spaventatissima, il camioncino correva e faceva svolte improvvise e pericolose in cui io rotolavo ogni volta da qualche parte senza un appiglio e senza che nessuno si curasse di me. Penso che fossero tutti più o meno ubriachi e mio padre stava dall'altro capo del camioncino ignorandomi completamente.

A un tratto lo vidi sfilarsi le scarpe, togliersi i calzini e lanciarli in aria facendoli ricadere in mezzo alla strada urlando come un pazzo. Nessuno si preoccupava di tranquillizzare una bimba di cinque anni, e tanto meno mio padre che evidentemente doveva anche lui aver esagerato con l'alcool. Quel giorno mi fu ancora più chiaro che non contavo assolutamente nulla.

Sogno

"Ricordo che sognai di stare dentro un casotto di legno come quelli del mare e guardavo fuori mediante una finestrella strettissima, il casotto però era più basso del pavimento esterno per cui vedevo tutti da sotto in su"

Il sogno diceva che vivevo nel passato più che nel presente, visto che l'inconscio sta in basso e riguarda sempre il passato, per cui confondevo le persone attuali con i miei genitori di allora, e per cui temevo e odiavo le persone aspettandomi il peggio da loro.

IL CARATTERE SBAGLIATO

Avevo tanta paura di morire, ma l'avevo fin da piccola, non era la paura della morte ma di morire con violenza, per mano di chi voleva farmi soffrire. Di notte sognavo di morire affogata o bruciata, o sognavo che mi trafiggevano con un coltello ma la morte liberatrice non arrivava mai. Sperai di morire nel sonno ma capii che non sarebbe avvenuto.

Man mano che crescevo dimenticavo, ero infelice lo stesso, ma senza un perché. Pensai allora di avere un carattere sbagliato, del resto in famiglia dicevano che ero stupida e troppo emotiva, per cui emotività uguale a scarsa intelligenza, così mi allenai ad anestetizzarmi, e ci riuscii benissimo.

A sedici anni scrissi di me: *"Di tutto quel che ho sentito, sognato e sperato solo io resto"*. Un'affermazione desolante perché quell' "io resto" significava che era rimasto solo un io spettatore del mondo che non provava più nulla, ero completamente inaridita. Fu l'analisi a restituirmi me stessa.

Con l'analisi man mano che capivo i miei capivo il mondo, cioè gli altri. Compresi che tanti potevano sembrare buoni ma in realtà erano cattivi e talvolta mostri, il mondo non era come me l'avevano raccontato, era molto peggio. Non c'era giustizia, si parlava tanto di amore ma prevaleva l'odio e la crudeltà, o almeno le conseguenze di odio e crudeltà.

Ricordo mia madre che un paio di giorni prima di morire, quando già sentiva la morte addosso chiese: *"Ma nel 2000 non doveva finire il mondo?"* E mia sorella spiegò che a mia madre disturbava che mentre lei doveva morire, il mondo, figli compresi, continuasse a vivere.

Antiche Sacerdotesse

Madre divina fulcro del mondo,
Tu nostra origine e nostra fine,
Tu ombelico del mondo,
Matrice di tutte le creature e di tutte le cose,
Magico Vaso da cui scaturisce l'universo,

Calderone sacro ed eterno
che mescola le creature inconsapevoli,
Porta Magica da cui si entra e si esce
per l'eterna trasformazione,
Passaggio segreto tra i mondi,

Viatico in morte
per la resurrezione dei consapevoli,
Triplice Luna per nascita, crescita e morte.
Danzammo attorno al tumulo bianco,
al palo di Maggio e all'albero sacro.

Tu sei nell'universo intero e nel profondo di noi
e la danza c'inebriava di te,
ci scompigliava capelli e vesti
e ci ardeva come torce al vento.

T'invocammo per avvicinarci alla sorgente,
affinché dentro di noi
si formasse il centro interiore
della consapevolezza,
luce per noi e per l'umanità intera,
perché sotto la volta del cielo noi fummo UNO.

LA VENERE PIÙ' ARCAICA

Le famose Veneri steatopigie, figure femminili di pietra, o avorio o osso, senza volto ma con grandi seni, grandi ventri e grandi natiche, sono le prime immagini della Dea Natura che ritroviamo nel paleolitico (da 2 milioni e mezzo a 12.000 anni fa) e nel neolitico (fino a 3.500 anni fa). Sono le prime immagini della Dea Natura, concepita senza volto proprio perché non era donna, ma era Grande Madre, perché partoriva ovunque e comunque producendo uomini, animali, piante, pietra, terra e mari.

La Venere di Hohle Fels è una statuina paleolitica ritrovata nei pressi di Schelklingen nelle Alpi nella Germania sudoccidentale. È stata datata, col metodo del radiocarbonio, tra i 31.000 ed i 40.000 anni fa, durante la cultura dell'Aurignaziano agli inizi del Paleolitico superiore, all'epoca del Cro-Magnon (Homo Sapiens), a sud del grande ghiacciaio dell'era glaciale che ricopriva gran parte dell'Europa e appena a nord del ghiacciaio che ricopriva le Alpi.

Era l'epoca delle foreste, dei grandi animali come mammut e leoni di grotta, e del clima freddo, anche se secco e soleggiato. La statuina della Dea, alta circa 6 cm, è scolpita in avorio ricavato da una zanna di mammut. Era una rappresentazione arcaica della Natura concepita già come Dea e donna, per la sua capacità di partorire e di nutrire le creature. Insomma si concepiva intelligente e non cretina come l'hanno supposta le religioni monoteiste.

Venne reperita in una caverna presso Schelklingen, nota come Hohle Fels, durante gli scavi del 2008 effettuati da un team dell'Università di Tubinga diretto dal professor Nicholas Conard, che ha descritto la scoperta su Nature. Si tratta della più antica rappresentazione del corpo umano di età paleolitica (Aurignaziano basale), più antica di circa 5.000 anni rispetto alle altre "Veneri" conosciute di età gravettiana (tra 29.000 e 20.000 anni fa) caratterizzate da bulini, punte ritoccate e armi da lancio in osso.

Ciò conferma ancora una volta il matriarcato, perché la divinità segue il ruolo che nel sesso corrispettivo ha sulla terra, se il capofamiglia è l'uomo la divinità è maschile, se donna la divinità è femminile. Se le due divinità sono in coppia c'è sempre un esponente preponderante, per cui Giunone era molto pregata come Dea benevola, ma Giove era molto più potente di lei, siamo nel patriarcato.

Intendiamoci, il matriarcato non fu un patriarcato alla rovescia, le donne non comandavano ma guidavano la tribù per il bene del branco. Non lottarono mai fra di loro per la supremazia, l'intento era soprattutto la salvaguardia dei cuccioli e poi del branco. Fare da guida era un onere, non un onore. Oggi il Dio Unico non ha neppure un nome, perché mai dovrebbe averlo se c'è solo lui e solo lui conta?

Antiche Sacerdotesse

Fummo Divinatrici, Oracolanti,
Pitonesse, Sibille, Guaritrici,
e parlavamo in versi,
perché il femminile è poesia,
perché la parola quando scorre dall'anima
ha un ritmo, è sovra personale.

Un tronco caduto o una pietra sotto un ramo
era un altare, un folto d'alberi un tempio,
il canto d'uccello un segno.
In noi parlava la natura,
in noi oracolava il mistero del cosmo.

Invasate dalle energie della terra
fummo vasi viventi,
traboccanti acque di vita,
e l'acqua era per tutti,
non distingueva l'uomo dalla donna,
il giusto dal peccatore,
il femminile s'espande ovunque, è palustre.

CAPITOLO VI

IL GRANDE PADRE

Veniamo allevati con poca anima e molta mente, per cui le persone sono facilmente manipolabili, così i poteri dei politici e delle religioni hanno buon gioco. Le religioni politeiste erano meno pericolose. Nessuno dubitava che una città straniera e potente fosse protetta da una divinità tutta loro. Che ogni altro popolo avesse i suoi Dei non scandalizzava, anzi talvolta venivano adottati, se non trafugati, dai vincitori. Il più delle volte venivano assimilati agli Dei nostrani che un po' gli somigliavano.

Infatti il senato romano voleva essere in pace con tutti gli Dei dell'Impero senza sostenere troppe spese di templi e sacerdoti, per cui infilava l'effigie del Dio straniero nel tempio romano del Dio più affine, dava alla divinità un doppio nome barbaro-romano e tutto tornava come prima.

"L'antico Egitto può aver contribuito al sontuoso simbolismo della Chiesa cattolica, come ne contribuì alle pallide astrazioni della teologia. Certo, nell'arte, la figura di Iside col bimbo Horus al seno somiglia talmente alla Madonna col Bambino che ha qualche volta ricevuto l'adorazione di inconsapevoli cristiani. Ed è forse a Iside, protettrice dei marinai, che la Vergine Maria deve il suo epiteto di Stella maris."

(Frazer - Il ramo d'oro)

Le religioni perpetuano in ogni umano l'immagine dei genitori di se stesso bambino. Quindi non è il Dio dell'adulto che l'umanità persegue, ma l'immagine del genitore dell'infanzia, colui che tutto può. Un adulto di media conoscenza scolastica ben comprende che le leggi della fisica non ammettano contraddizioni. Ma per il bambino l'adulto può tutto, dal togliergli il mal di pancia al procurargli qualsiasi cosa desideri, il problema della fattibilità non esiste, il genitore è onnipotente, si tratta solo di convincerlo.

Così il bambino chiede e richiede, piange e si lamenta, e altrettanto fa il credente col suo Dio, lo prega e supplica tante volte finché il Dio, come un genitore estenuato, non l'accontenti. Questo non avviene per esempio col capoufficio, se gli chiediamo insistentemente un aumento dello stipendio quello si arrabbia per cui non lo facciamo. Questo perché il capoufficio è il capo dell'adulto, non del bambino. E' un uomo che possiamo vedere, ascoltare e toccare.

Il Dio invece è invisibile, inaudibile e intoccabile, per cui possiamo appiccicarci sopra un'immagine del passato, cioè del bambino, e possiamo farlo perché in buona parte questa immagine l'abbiamo cancellata. Tutto ciò che non rimane nella memoria si proietta sugli altri. Questa è la legge. Il genitore divino si comporta come il genitore terreno, cerca di ignorare le richieste del bambino ma se quello insiste alla fine magari lo accontenta.

Dio, come il genitore umano, cede per stanchezza, o così si spera. Pertanto bisogna pregare molto, da mattina a sera, senza stancarsi mai. Il fatto che esistano preghiere prefabbricate aiuta parecchio, è lo stesso principio del mantra. In Tibet esistono dei cilindri, posti sulla strada del monastero, dove sono incise lunghissime preghiere, ma è sufficiente avviare con la mano il movimento dei cilindri posti in sequenza per poter snocciolare tutte le lunghissime preghiere scritte sui rotoli.

Gli Dei si devono accontentare dell'azione che rappresenta le preghiere, del resto troppo lunghe per poter essere recitate. Ma anche per le preghiere usuali è difficile mantenere il pensiero delle richieste così a lungo, il soggetto si distrae facilmente, ma se ripetiamo preghiere a pappagallo si semplifica. Se una preghiera è imparata a memoria possiamo recitarla senza pensare, o pensando a tutt'altro, perché la recita diventa automatica.

Tutto è studiato affinché il Dio possa somigliare il più possibile al genitore dell'infanzia. In fondo è un mondo magico ma non scevro da pericoli, perché il genitore del bambino non è solo quello che concede le cose, miracoli compresi, ma anche colui che può punire, finanche in modo follemente crudele.

Questo Dio può condannarci al rogo inestinguibile, somministrandoci una delle sofferenze peggiori al mondo, molto peggio del rogo della Santa Inquisizione, perché quella uccideva, mentre le punizioni di Dio non uccidono l'anima, per cui può prolungare la nostra atroce agonia anche all'infinito. Alla cattiveria di questo Dio non c'è scampo.

Questo spiega un'infinità di sette religiose, (la differenza tra setta e religione è solo il numero dei fedeli) e della maggior parte di loro nulla sappiamo perché i giornali non ne parlano, e soprattutto non dicono le smisurate ricchezze che possiedono, come d'altronde nessuno parla delle enormi ricchezze della religione cattolica o islamica o ebraica.

L'OPERA ALCHEMICA

L'alchimia nacque nel 1144, quando venne tradotto uno scritto arabo *"Liber de composizione alchimae"*, attribuito ad un alchimista eremita cristiano di Alessandria. Molti testi antichi sono stati salvati dagli arabi che non ebbero come i cristiani l'ossessione folle di annullare ogni identità pagana. Il termine alchimia deriva dall'arabo e significa "fondere", o da Al Kemi, "l'arte egizia", dato che gli antichi Egiziani chiamavano la loro terra Kemi ed erano considerati grandi maghi.

Infatti l'alchimia venne spesso accusata di essere una magia il che destò forti sospetti a volte risolti brutalmente. Visto che il sogno degli uomini è di vivere in eterna giovinezza, gli alchimisti nel medioevo diffusero il mito dell'*Elisir di lunga vita*, una pozione capace di donare l'eterna giovinezza e la lunga vita, e gli sprovveduti ci credettero. L'Opera Alchemica produceva dunque la "Pietra Filosofale" da cui si estraeva "l'Elisir di lunga vita".

"In realtà, su questo lavoro interiore, nulla è mai stato scritto, e ciò che ne venne scritto, fu sempre da parte di gente che, ignorando la vera condizione delle cose, considerava i fenomeni esteriori come fine a sé stessi. Solo un falso alchimista considerava il valore nella materia ottenuta e nella sua utilizzazione.

Un vero alchimista non considerava per nulla la materia che otteneva mediante il processo, ma soltanto il processo stesso e le esperienze che gliene derivavano. La contemplazione del processo e le esperienze interiori, intellettuali e morali, erano l'importante, per lui. Per questo era per tutti loro una legge severa di non vendere mai per denaro, ma solo di regalare le materie ottenute.

L'uomo di oggi non ha nemmeno una giusta idea di ciò che si possa sentire davanti a simili fenomeni naturali. Il teosofo medioevale sperimentava un intero dramma dell'anima, mentre otteneva così un metallo nel suo laboratorio. Dal processo che occorreva, per esempio, per ottenere l'antimonio provenivano all'alchimista sperimentatore, delle enormi esperienze morali. E queste cose dovevano precedere l'attuale investigazione scientifica. Era una scienza naturale sacra, quella che veniva così perseguita dagli esperti."

(Rudolf Steiner)

Trovai Steiner un tipo assurdo, come si facesse a produrre un tema esistenziale attraverso delle operazioni chimiche è un grande mistero. Se venisse da noi un chimico e dicesse che prova emozioni facendo il chimico potremmo capirlo, ma se dicesse che ciò gli ha stravolto la vita facendogli capire alcuni misteri dell'esistenza penseremmo che è pazzo.

Ma siccome lo dicevano e lo giuravano in tanti doveva essere vero, perché per l'uomo una cosa è vera se la asseriscono in tanti. Così molta gente ci credette e ci provò senza concludere nulla, ma molti scrissero di aver avuto risultati strabilianti sperando di diventare famosi e importanti. L'alchimia è la chimica e non si può credere di ottenere una trasformazione interiore facendo esperimenti chimici. Può crederlo solo chi non sa cosa significhi un viaggio introspettivo dentro se stessi, e Steiner non lo sapeva.

LA GRANDE OPERA

In effetti i veri alchimisti parlavano di alchimia ma non la facevano, o almeno non facevano solo quella, semplicemente volevano sviare l'attenzione della Madre Chiesa molto minacciosa verso chi parlasse di mondo interiore, cioè del lato oscuro, ovvero dell'inconscio, cioè del lato sinistro che appunto è "sinistro", e pertanto da evitare come la peste. Il lavoro di introspezione veniva fatto contemporaneamente a un lavoro di chimica, ovvero si parlava di chimica per non parlare del lavoro interiore.

A cosa serve l'inconscio quando Dio richiede solo completa obbedienza? Pensare in modo autonomo non solo è inutile ma è pericoloso. Pertanto basta seguire la mente e cancellare l'anima, cioè tutto ciò che sentiamo dentro di noi. Non è che facendo alchimia si possa mutare la psiche, perché allora si potrebbe fare cuocendo un piatto di tagliatelle. Secondo alcuni non era il fare ma il simbolismo di quel fare che tornava utile a chi sapeva coglierlo, cioè pochi, anche perché quel simbolismo era abbastanza forzato.

L'alchimia fu un modo di esprimersi che non doveva suscitare sospetti di operazioni diaboliche poiché dentro l'uomo doveva nascondersi solo Dio, mentre inconscio, subconscio e facezie simili erano passibili di stregoneria. All'epoca la Chiesa aveva il rogo facile.

Come accadde nel '600 a Giordano Bruno, "Impenitente ostinato" (così è citato nell'ordine ecclesiastico di condanna al rogo), reo di aver scritto che esistono altri mondi, oggi si crede che esistono altri mondi, cioè pianeti, abitati ma la Chiesa fa finta di niente, ha chiesto scusa a Galileo Galilei perché troppo famoso e perché non lo aveva messo sul rogo, altrimenti ci faceva brutta figura. Ma dei torturati e arsi vivi non ha chiesto scusa a nessuno.

LA VIA SECCA E LA VIA UMIDA

L' alchimia metallica (via secca) e quella degli Elixir o Quintessenze (via umida) fu riscoperta nell'occidente europeo nel tardo medioevo, in gran parte dalle traduzioni dell'Alchimia risalente alla Magna Grecia e alle tradizioni arabe introdotte in Sicilia e in Spagna. Per forza, in Italia avevano bruciato tutti i libri possibili.

La Via Secca è descritta come una via maschile, il cui vaso, o cucurbita, è opaco e privo di colori e di suoni (quindi di emozioni), è la via diretta, veloce e breve per conquistare la Pietra filosofale, la pietra che da veleno diventa medicina guarendo da tutti i mali.

La Via Umida invece ha una cucurbita trasparente attraverso cui si odono suoni e si vedono colori (con le emozioni), è una via femminile e pertanto adatta alle donne, è una via lenta e lunga perché presuppone una lunga discesa nella "miniera", cioè nell'inconscio.

Insomma la Via Secca era mentale, la Via umida era animica ed emozionale. La via maschile era pertanto un auto-lavaggio del cervello privo di emozioni, inutile e dannoso, mentre la via femminile scendeva nell'inconscio, una vera e propria psicoanalisi del profondo. Ergo la Via Secca era assolutamente falsa, fuorviante e pericolosa, ma attirava molto di più.

Qualcuno scrisse invece che le donne non avevano bisogno come gli uomini di "scendere in miniera", cioè di andare a vedere l'inconscio, perché evidentemente per loro si trattava di tirar fuori emozioni, senza ricordare il passato. Sospettai invece che la via umida consistesse nella conoscenza del proprio passato rimosso, una psicanalisi *ante litteram.* col tempo il sospetto divenne certezza.

LA GRANDE OPERA IN 4 FASI

La Grande Opera, conosciuta in latino come "Magnum Opus", anche detta Opera Alchemica, è il percorso alchemico, cioè chimico, di lavorazione e trasformazione della materia prima, il piombo, ritenuto il metallo più vile, onde realizzare la pietra filosofale, cioè l'oro, prezioso perché lucente e inalterabile. Per altri è la Pietra Filosofale che permette la trasmutazione.

L'Opera consisterebbe in diversi passaggi che condurrebbero alla metamorfosi spirituale
dell'alchimista, rappresentate dai processi di laboratorio con cambiamenti di colore e di stato, metafore del percorso iniziatico di liberazione della coscienza. Le prime fasi della Grande Opera erano quattro:

- Nigredo - annerimento o *Nero*, associato all'elemento Terra, e
al piombo, la putrefazione, la decomposizione, la separazione, il vitriol, il caos primordiale, la notte, Saturno, il corvo, l'inverno, la morte. Il vitriol era il v.i.t.r.i.o.l. cioè: "*Visita interiora terrae e rectificando invenias occultum lapidem*", vale a dire "*visita il centro della terra e rettificando troverai la pietra occulta*". Una allusione alla introspezione psichica. Qualcuno ci aggiunse alla fine del V.I.T.R.I.O.L. "veram medicinam" (vera medicina).
- Albedo – sbiancamento o *Bianco*, associato all'elemento Acqua, l'argento, la distillazione, la calcinazione, la purificazione, l'alba, la Luna, il femminile, il cigno, la primavera, l'adolescenza. Acqua e argento sono simboli dell'anima.
- Citrinitas – ingiallimento o giallo citrino, associato all'elemento Aria, l'oro, la sublimazione, la combustione, il giorno, il Sole, il maschile, il simbolo dell'aquila, l'estate, la maturità.
- Rubedo – arrossamento, associato all'elemento Fuoco,
il mercurio filosofale, il cinabro, il *rosso*, la coagulazione, il tramonto, l'incontro tra Sole e Luna, l'androgino come fusione tra maschile e femminile, il rebis, matrimonio tra anima e spirito, le nozze alchemiche, la pietra filosofale, la fenice, Ermes, Mercurio, il caduceo, Prometeo.

L'Opera al Nero è il rivangare tutti dolori e dispiaceri subiti nell'infanzia e che sono stati letteralmente cancellati. L'Opera al Bianco è la fine dei ricordi spiacevoli, la caduta della mente condizionata, l'incontro con la morte e la scoperta della magia. L'incontro tra maschile e femminile, mente e anima, accade già nell'Opera al Bianco, la Rubedo sembrerebbe riguardare lo sviluppo della comprensione per gli esseri tutti.

L'Opera al giallo non l'ho mai incontrata, non so cosa significhi né cosa c'entri il simbolo del sole. Ho attraversato l'Opera al Nero e l'Opera al Bianco e credo di essere appena all'inizio dell'Opera al Rosso. Di quest'ultima posso dire nulla, ma dell'Opera al Nero e l'Opera al Bianco posso dire diverse cose, e sono quelle che ho sperimentato.

Ritengo che l'Opera al Giallo fu un'intromissione di chi non aveva fatto alcun percorso interiore e che, vedendo l'allusione all'Opera della Luna credette bene aggiungerci come progresso l'Opera del Sole, ritenendo il Sole superiore alla Luna, ovvero il maschile superiore al femminile, o semplicemente perché riteneva il Sole più benefico alla vita della Terra, insomma qualcuno che la via non l'aveva fatta, o non l'aveva portata avanti, o che aveva semplicemente copiato uno che non l'aveva fatta.

La conoscenza di queste quattro fasi risale almeno al I secolo. Dopo il Medioevo gli scrittori citarono solo tre fasi, il nero il bianco e il rosso, il che lascia ben sperare e che nell'antica Grecia erano anche i colori del tripode sacro su cui sedeva la Pitonessa, o Pitia oracolante, e forse non era un caso.

LA GRANDE OPERA INTROSPETTIVA

Secondo un'altra teoria tutto parte dalla capacità di conoscere se stessi e l'Essere, cioè l'essenza del tutto, dove il lavoro lunare permetterebbe lo sviluppo dell'aura umana e successivamente alla costruzione del corpo di gloria o corpo mercuriale eterno in cui imprimere la nostra essenza e memoria (Grande Arcano Sacerdotale o Trasmutazione del piombo in oro). Quando il linguaggio è complicato gatta ci cova, significa che chi scrive non ha le idee chiare.

L'aura sarebbe un fluido irraggiato dalla Psiche, composta da forza nervosa e radiazioni sanguigne. L'iniziato, conoscendo se stesso si porrebbe in contatto con gli spiriti elementali e, tramite una pratica trasmutatoria, entrerebbe nel mondo mentale (*ma è quello in cui sta sempre*).

Questo lavoro non consisterebbe nella purificazione dell'individualità, ma in quello della personalità, che è l'insieme delle caratteristiche dell'individuo che ci distinguono uno dall'altro. L'individualità invece sarebbe ogni singola caratteristica che forma la personalità. Conoscersi in profondità permetterebbe all'energia di ogni stato di esprimersi mediante l'aura.

So che esiste l'aura, che ritengo un'emanazione di particelle che il nostro corpo emette mostrando vari colori variabili a seconda del nostro stato d'animo e ho notato che persone diverse vedono colori diversi, ma che invece alcune persone vedono in un identico modo.

Chi riesce a vedere l'aura, per mia esperienza, non è per questo un'illuminato, e ho notato che determinate persone vengono viste con un'aura identica da chi veramente sa leggere l'aura, perché i colori sottolineavano un'anima che aveva in effetti tali disposizioni. So ad esempio che l'aura rosata è indice di bontà d'animo, il giallo di consapevolezza e il rosso scuro di cattiveria, ma anche il grigio segnala un animo piuttosto negativo.

Una mia conoscente veniva individuata con un'aura rosso scuro e scoprii poi che aveva fatto cose orribili alla figlia. Io venivo vista con un'aura tra il rosa e il giallo e si dice che non sia male, ma io non vedo nulla, né di me né di altri. Ogni conflitto emozionale creerebbe energia nervosa utile alla costituzione e alla modificazione dell'aura.

Quindi la forza nervosa bene indirizzata (e non le emozioni in sé) ci farebbero sviluppare la volontà. Pertanto si potrebbe dire che le emozioni capite e pertanto gestite sviluppino energie e serenità. Però *"l'abbattimento dei vizi e lo sviluppo delle virtù dovrebbe avvenire in maniera iniziatica, ad esempio con il metodo della devozione, non tramite il raziocinio"*.

Traduco: la positività dell'individuo deriva dalla consapevolezza ottenuta, e non dipende affatto dai buoni propositi. Aggiungo che le capacità sovrannaturali di un individuo, come la predizione del futuro, la medianità ecc. non fanno dell'individuo un essere realizzato, ovvero può esserlo o meno, come tutti.

SOLVE ET COAGULA

In alcuni libri di alchimia è scritto che il segreto dell'Opera sta tutto nel "solve et coagula" *"Disciogli e metti a fuoco"* cioè *"abbandonati alle emozioni e poi focalizzale cioè comprendile"*. Perché le emozioni sfuggono alla comprensione per cui diventano il "mercurio fuggitivo" mentre la mente è lo zolfo, che sterilizza e purifica. In pratica la psicoanalisi.

Da piccola speravo di non sognare perché avevo un susseguirsi di incubi dove venivo accoltellata, bruciata o affogata e quel che era peggio era che la morte non giungeva mai a troncare quel dolore. Quando invece entrai in analisi aspettavo i sogni come un disperato cerca l'acqua nel deserto, perché solo di quelli mi fidavo, e non avevo fiducia nemmeno nel terapeuta, che in effetti aveva grossi limiti.

Ne avevo provato altri ma erano peggio, si riferivano ai libri di saggezza, o mi incitavano al perdono per placare l'ansia. A me sembravano dei pazzi, il mio analista non era pazzo, era solo limitato. Almeno non era un credente religioso per cui non mi spingeva al perdono, però diffidava di me, sentiva che in fondo lo criticavo e un po' lo odiavo, e questa cosa lo destabilizzava. Un vero analista non dovrebbe temere l'aggressività del paziente, in quanto proiezione del genitore punitivo.

Sogno

A farmi capire come stavo venne un sogno in cui:
" ero prigioniera in un castello insieme ad altri, tutti in fila e in attesa della sala delle torture. Io pensai: - Ma io non mi faccio torturare, adesso mi butto da una finestra del castello così muoio e mi salvo. - Così lasciai la fila e corsi a cercare una finestra ma mi accorsi che tutte le finestre erano chiuse da grate di ferro e lì mi disperai.

Intanto si aprì la porta ed uscì una donna che era stata appena torturata ed aveva sul davanti, all'altezza del basso ventre, una grossa macchia di sangue sul vestito. A questo punto era il mio turno della tortura e nel sonno scossi disperatamente la testa fino a svegliarmi."

Era un metodo che usavo spesso per togliermi dagli incubi e funzionava sempre. Il mio terapeuta comprese ma non si scompose, una parola di consolazione o almeno di comprensione mi avrebbe aiutato, ma non arrivò: non capivo se era con pochi sentimenti oppure ce l'aveva proprio con me. Quando poi cercai di interpretare un sogno rifacendomi agli antichi miti, stavo spiegando un frutto di melograno comparso in un sogno con il melograno di cui Persefone agli inferi si cibò nel giardino dell'Ade, egli mi fermò e mi disse che nell'analisi la cultura non serviva a niente.

Ero vissuta di libri e soprattutto di saggistica, invece di giocare leggevo, invece di uscire leggevo, interrompevo malvolentieri le mie letture per i compiti, per il pranzo e per la cena, io mi ritiravo nel mio angolo e leggevo estraniandomi dal mondo. Mia madre tentò di dissuadermi perché sfuggivo alle sue angherie e disse che avevo dovuto mettere gli occhiali a 11 anni perché avevo letto troppo (poteva anche essere vero) e predisse che continuando a leggere sarei diventata cieca. Fu solo l'ennesima ferita ma non risposi e continuai a leggere.

Nell'analisi le cose che sapevo non contavano nulla, qui contavano solo emozioni e sensazioni. Compresi che l'analista aveva ragione, dovevo smetterla di riferirmi al sapere altrui, dovevo buttare via una vita spesa a studiare, in parte per capire e in parte per darmi un contegno con gli altri, io sapevo più di loro, non potevano attaccarmi.

Così, nonostante non mi fidassi del terapeuta, capii che diceva il vero, dovevo abbandonare i miei libri e cercare solo le mie sensazioni. Gli dissi: " *Sono vissuta di libri e cultura, sono sopravvissuta con questo...* " lui assentì ma non disse una parola. Mi sentii morire ma accettai, rinunciando ad una delle mie difese più valide. Da allora faticai per respingere la mente che mi snocciolava il suo "sapere saputo" .

Credo che l'analista avrebbe dovuto lasciarmi narrare il mito che conoscevo per vedere se riuscivo a cavarne delle emozioni, invece scelse la via dell'inibizione perché non gli ero simpatica, in fondo non lo apprezzavo molto e lo consideravo meno intelligente di me, ma era vero. Lui sentiva il mio disprezzo e me ne portava rancore ma lo camuffava da distacco terapeutico.

Comunque io buttai i libri per dedicarmi all'anima, diversi anni dopo regalai una libreria di circa 3.000 libri, (non li vendetti ma li regalai per una certa visione sacrale dei libri) quando imparai a sentire invece di pensare. Mi lasciai solo un reparto di libreria alchemica di cui molti libri erano antichi, ma in seguito regalai anche quelli, un vero capitale sperando che risultasse utile ai beneficiari.

Ricordai che da bambina, esattamente a nove anni, me lo ero appuntato, avevo sognato di essere una sacerdotessa che guidava la sua tribù in una specie di migrazione. La mia vita era in quello e la mia tribù veniva prima di me. C'era già la fissa di fare qualcosa per gli altri nonostante gli altri mi spaventavano e mi davano fastidio. Forse è vero che nasciamo con tendenze innate.

IL MITO DI DEMETRA E PERSEFONE

Sulla Terra

L'autunno copre il cielo di veli grigi, e sfuma la nebbia dai monti fino a valle: i confini del mondo si velano di mistero. Sfilano in cielo stormi migratori, e la cornacchia grida dai rami protesi sullo stagno opaco. I rampicanti del tempio si caricano di giallo e rosso e il merlo saltella nel recinto sacro cercando resti di focacce. Le oche rabbrividiscono al primo vento del nord, che porta a folate profumi di salsedine e legna bruciata. Persefone (o Core) s'è persa nei campi mietuti, e i papaveri giacciono al suolo come sangue rappreso. Una rana salta nello stagno con cerchi pigri sulla superficie oleosa, poi l'acqua torna immota.

Nel Tempio

La giovane sacerdotessa ravviva il fuoco nel sacello, nel tempio guarnito a rami di quercia, ai piedi dell'erma vuota, dov'era la statua della Madre. Ora l'effigie giace in un antro buio, vegliato dai serpenti e dal lamento della civetta.

Sulla Terra

Demetra, (o Cerere) corre per la terra in cerca della figlia perduta, e alla vista fuggono le fiere e le ninfe si coprono il volto. Corre a piedi nudi senza un grido, gli occhi sbarrati e la bocca muta dal dolore. I rovi strappano i bordi della tunica, cadono i nastri al suolo come fiori appassiti. Vaga sui monti e il vento alza la veste come un'ala di corvo, e solleva i capelli come i serpi della Medusa. Giunta alla vetta guarda l'aria che ondeggia di caligine e foglie morte, i ruscelli torbidi di fango e i boschi spogliati dal vento. Ansima il petto della Dea come una fiera che rincorre la preda, spacca rabbiosa un ramo secco che rotola in basso, e getta al vento un ruggito dolente:
"*Persefoneeeee*!!!"

L'Eco obbediente rimanda il grido su vette e valli; gli animali corrono nelle tane, la terra ha un fremito, nel cielo un fulmine ferisce le nubi gonfie di pioggia, che si vuotano al suolo come mammelle di giovenca. Scende nell'aria un pianto infinito, e il cuore della Dea esplode di dolore: *"Persefone, figlia mia, adorata figlia, carne della mia carne, cuore del mio cuore!"* -

L'universo piange con lei, gli animali chinano il muso a terra, gli uomini sostano tremanti, i fiori appassiscono, le madri non hanno più latte. La Dea piange e grida, e maledice il ruscello, e i monti, e il bosco, e i campi coltivati, perché tutti interroga e nessuno sa dire dov'è la "piccola Dea", il frutto delle sue viscere. Demetra maledice il mondo, e le piante non danno più frutti, e gli animali non sgravano più, e i grembi delle donne sono sterili. Non è vero che Zeus l'abbia aiutata, nessun Dio l'aiuta, presi come sono dalle beghe sul dominio degli uomini. Nessuno può aiutare Demetra, se non Demetra stessa.

Riprende la corsa, scende negli orridi e nei crepacci, sale sulle vette innevate, passa nei villaggi come un tuono e gli uomini si chiudono in casa. Ricorda quando pettinava i riccioli della "piccola Dea", intrecciandoli di fiori profumati, quando correva nel bosco tenendo stretta la piccola mano, o curava con foglie e baci le piccole ferite alle ginocchia, e la faceva cavalcare sulle giumente mansuete, o rotolava con lei tra i campi fioriti del foraggio e le messi mature.

Nel tempio

Nel tempio vuoto della Dea le sacerdotesse levano un coro:

- *Il bel volto della Dea Madre*
è distorto da rabbia e dolore,
ora Erinni furente, ora Niobe affranta,
o Gorgone minacciosa.
Gli Dei fingono di non vedere,
perché nel dorato Olimpo,
così alto nelle nubi perché non giunga
il lamento degli uomini,
nulla deve turbare la pace.
Gli Dei non sopporterebbero
un dolore così. -

Una sacerdotessa inizia a colpire ritmicamente un tamburello, un suono uguale e monotono che solleva nebbie e torpori.

Gli uccelli non cantano più, nel sacro sacello il fuoco s'è spento
e neppure la Gran Sacerdotessa può riaccenderlo.

Sulla terra

La Dea grida più forte del vento e del tuono:
"*Persefoneeee*!!!!… "
e gli uomini si tappano le orecchie straziate,
gli animali ficcano la testa nelle tane per non udire.
"*Persefoneeee!!!!!*"
Solo gli Dei non hanno un fremito, perché sono sordi da sempre.

*- Tu Demetra, generosa Dea, che ridevi alla gioia e soffrivi al dolore di
tutti,
sei sola, nel dolore che mille ere non potrebbero mitigare,
e daresti tutto, bellezza, gioia, potere, immortalità,
per salvare la "piccola Dea! -*
Ora il suono del tamburello è più lento e più cupo.

*- La Madre non ha più lacrime,
il cielo è muto, il tempo sospeso.
Sul monte ovattato di neve
sente le forze abbandonarla,
s'aggrappa al pelo di un'orsa
in cerca della tana invernale.
L'animale si ferma e le unghie
della Dea disperata
lacerano la pelliccia.
Scorre un piccolo rivo di sangue,
che colora la neve di vermiglio.
Demetra chiede perdono all'animale
che le strofina il muso sulla veste,
senza parlare si comprendono,
e per incanto l'una diventa l'altra,
un unico essere, divino e selvaggio.
Il volto della Dea di nuovo
è purissimo e bello,
e ha negli occhi la fiamma…. -*

Negli Inferi

Persefone guarda la tetra prigione, il candido volto è solcato di lacrime, il cuore colmo di terrore. Lei, vezzeggiata dalla più amorosa delle madri, è scaraventata in un buio senza fine, denso d'ombre, demoni ghignanti, e mostri coperti di sangue. Un regno dominato da un Dio oscuro e terribile, che odia vita e gioia: una belva assetata che si nutre della sofferenza e del terrore degli altri. L'ha rapita mentre ornava di papaveri la giovane chioma, col sole dell'ultima estate che spruzzava oro sull'armilla e le fibule d'argento, tenero dono di sua madre.

Perché il tempo non s'è fermato, perché sua madre ha allungato la veste che s'era fatta corta, perché la vita non è un'eterna infanzia, ed è cresciuta destando la brama della belva? Perché "proprio a lei" è successa questa cosa orribile che le fa maledire la nascita? Il Dio oscuro l'ha detto, così crudele che la "piccola Dea" vorrebbe morire per non saperlo.

A lei, si, proprio a lei, perché non c'è gusto a togliere dal mondo dei vivi chi è già morto per la sofferenza, chi maledice l'esistenza priva di gioia e d'amore, ma a chi desidera e ama la vita lui toglie tutto, solo questo lo compiace. Persefone, (o Proserpina, o Core) maledice la sua immortalità, che le impedisce di morire.

Sulla terra

Ora Demetra sa: sa che né l'aiuto degli Dei, né le preghiere o i sacrifici degli uomini possono nulla per lei, ambedue si difendono dal buio del profondo, perché né uomini né Dei sanno della morte. Mortali o immortali che siano, si tengono fuori dal mondo dei morti. Demetra "sa" che Persefone non sta più sulla terra, o avrebbe risposto nel vento al suo richiamo d'amore. Ora sa: Persefone è nel Tartaro, nel mondo senza sole né luna, privo di speranza, dove tutto è dolore.

Nel tempio

Accanto al fuoco spento, accoccolate in terra, le sacerdotesse, che hanno indossato le vesti brune, intonano un peana:

- Demetra, la Madre,
annoda le chiome
come una mortale in lutto,
straccia le vesti al ginocchio
che non le intralcino il cammino,
il volto è pallido, ma gli occhi
ardono come fiamma.

Disegna col sangue dell'orsa,
che ora è il suo sangue,
un cerchio in terra,
accende un tizzone e lo conficca
rovesciato spegnendo la fiamma
nel cuore della terra.

Siede nel cerchio
e mormora parole terribili,
che nessun mortale potrebbe udire
senza morirne. -

Negli Inferi

Persefone vive un incubo senza risveglio, ha freddo e fame, ma non vuole vesti né cibo, perché ogni cosa, nelle tenebre là sotto, sa di dolore, morte e malvagità. Tutto è contaminato. Il Dio oscuro è nebbioso nelle forme, e orrido, perché "la piccola Dea" intravede un lucore di squame, ombra di corna, pelo irto e ispido, coda puntuta, e un lezzo di putredine. Le offre vesti, cibo, gioielli, e ogni volta lo respinge, col terrore che la violenti sadicamente, in un orrore senza fine.

In cuor suo invoca la madre, ma Ade, (o Plutone?), che sa ogni cosa, le ripete che alla Dea, come a tutti, mortali e immortali, è interdetto il mondo degli Inferi.
- E se anche le dessi il consenso, - aggiunge con voce di ghiaccio - *non lascerebbe il suo comodo mondo per cercarti nell'Ade. Ora hai solo me. -*

Persefone non risponde, perché ha troppa paura, ma è certa, divinamente certa, che sua madre per lei affronterebbe ogni cosa, perché le è più cara di se stessa. Questo le impedisce d'impazzire, un filo di speranza, anche se non sa come sua madre potrebbe trarla da lì, in quel mondo senza uscita, con un Dio così potente che neppure gli Dei oserebbero sfidare.

Nel tempio

Le sacerdotesse ad occhi chiusi ondeggiano come canne al vento e le labbra si muovono all'unisono nell'antico peana, più antico del sapere degli uomini:

Demetra mormora antiche parole,
dimenticate da secoli,
pronunciate nelle notti senza luna,
quando il buio era più buio,
quando non esistevano templi
ma riti nelle caverne e nei boschi.

Quando le donne bagnavano la terra
col mestruo mescolato a saliva,
e davano alla Dea la forza
di uscire dalle tenebre.

Ora Demetra fa il rito
delle antiche sacerdotesse,
Demetra fa il rito
di Demetra per Demetra,
e sparge in terra
il sangue mestruale,
e fa colare la saliva.

La terra ha un tremito,
il suolo vibra paurosamente,
ma la Dea non rompe il rito,
le mani sono artigli,
la pelle dura come corteccia d'albero,
e gli occhi di pura fiamma.

Tuonano il cielo e la terra,
si spacca la roccia e appare l'orrida bocca,

salgono i miasmi della fetida caverna,
brulicante di ragni, serpi e pipistrelli.
La Dea è ferma come la roccia.

Negli Inferi

Persefone non ce la fa più in quella fredda grotta e s'arrischia a vagare, tra ombre che strisciano sui muri e aliti ansimanti. Continua ad andare, sperando un po' di pace, un luogo ove posare il capo, dormire e dimenticare quell'incubo. Vaga a lungo e non sa quanto, perché nel regno c'è eterna notte senza luna. E' sempre più pallida e appare come un'ombra, spera non veder più l'orrido Dio, e per fortuna non le appare.

Sempre più affamata e gelida la "piccola Dea" vaga per i meandri dell'Ade e si perde, ma che senso ha perdersi in un luogo già perduto alla luce degli Dei e degli uomini? Dopo caverne, cunicoli ciechi, scale su precipizi, ponti sospesi e ripidi corridoi, trova uno spazio più aperto, dietro una grata. I capelli sono opachi, i teneri piedi piagati, la gola arida e secca… e dischiude il cancello.

Nell'aria caliginosa intravede un campo con strani alberi, d'un pallido verde grigiastro, poggia i piedi sull'erba e prova un refrigerio. Più lontano un uomo curvo dissoda la terra. S'avvicina, e lui si dichiara il giardiniere dell'Ade.

- *Com'è possibile senza sole?* - mormora la piccola Dea allo stremo delle forze, il contadino non risponde ma va all'albero più vicino, stacca un frutto lo apre e glielo porge.
- *Vuoi avvelenarmi?* - chiede Proserpina in un sospiro, e l'altro dice che chi è dedito alla terra non può desiderare il male.
Persefone annuisce, anche sua madre ama la terra, e il suo cuore è pieno d'amore per tutte le creature. Allunga la tenera mano e accetta il frutto che brilla di semi di granato. Lo porta alle labbra.

Demetra percorre ora il corridoio dell'Ade e i defunti gelidi le corrono incontro, le chiedono panni per scaldarsi, e la Dea pietosa si toglie le vesti e le dona, senza fermarsi. Sempre più numerose le torme dei morti le balzano attorno ed ella dà tutto, pure nastri e gioielli.

Compaiono i mostruosi cani dell'Ade, ma a un cenno le danno il passo, riconoscendo l'antica Ecate. *"E' tornata"* sussurrano le fiere inquiete *"Ed è forte come allora"* e le fanno ala al passaggio. Vaga come una Menade invasata e i demoni l'attorniano ma non osano toccare la Dea dagli occhi di fiamma. Finalmente giunge nell'antro gigantesco di Plutone. Il Dio è sul trono, orribile a vedersi, puzzolente, con pelo di capra, criniera da leone, coda di serpe e corna da toro. I suoi occhi sono ciechi perché nel buio non c'è nulla da vedere.

- *Rendimi la figlia* - grida Demetra con freddo furore - *o sterminerò il mondo dei viventi!* -
Il Dio oscuro ride, e i demoni con lui, un lungo, osceno latrato che empie la sala di miasmi. La voce
proviene da mille bocche, con un'eco spaventosa:
- *Sono il re dei morti, dici che vuoi moltiplicare il regno dei miei sudditi?* -

- *Scellerato caprone,* - tuona la Dea - *se stermino i mortali non ci saranno più figli, e quando le tue ombre si dissolveranno resterai senza morti, e sarai Signore del nulla!* -
Ade ruggisce, si contorce, e la coda sibila furiosa. Infine parla di nuovo:

- *A due condizioni, che mi regali ciò che non ho avuto e mai potrei avere, e che Persefone non abbia accettato cibo dall'Averno.* -
Sogghigna nel cuore, perché egli può avere ciò che desidera, nel Tartaro profondo custodisce enormi ricchezze.

Demetra accetta, perché crede in sua figlia e perché può dare al ricco Dio qualcosa che non ha mai avuto e che non può avere, se non tramite lei. Si toglie i bellissimi occhi e li porge al Dio. Ade è soddisfatto, perché ora potrà guardare Persefone, la stupenda.

Quando finalmente vede nel buio, scorge per primo il volto bellissimo della Dea senza occhi. Demetra è la statua del dolore, ma non piange, e Pluto s'accorge che avere la vista è un dono prezioso e crudele, perché guardando la Dea gli scendono lacrime che bruciano.

Nel tempio

Le sacerdotesse, sedute sulla nuda terra, battono cadenzati i pugni sui tamburelli a terra, cantando la lugubre nenia, ed una suona le note accorate d'uno zufolo.

- La Dea senza occhi,
nudo il corpo come una ninfa al fiume,
taglia i lunghi capelli per farne una fune
e la lega alla coda del Dio,
che per ingannarla non la lasci sola,
e giunge nei campi dell'Ade,
ma non trova la Persefone di prima.
Sua figlia irraggia luce dal corpo,
e le chiome sciolte sembrano onde del mare.
Corre dalla madre e l'abbraccia,
straziata alla vista di lei:

"Madre, dolcissima madre,
la più grande delle madri,
chi tolse gli splendidi occhi di turchese
che s'illuminavano al guardarmi,
chi tagliò le splendide chiome
bionde come il grano maturo,
chi rubò le tue vesti regali?"
"Per te, figlia adorata,
avrei strappato anche il cuore,
per salvarti dall'inferno maledetto."

Ora Ade (o Dioniso) guarda la bella Persefone e la desidera come l'unica cosa che conti, e guarda il corpo nudo della Dea, e ne ha paura, guarda le sue occhiaie vuote, e ne ha una pena infinita. Ora che può vedere con gli occhi della Dea, vede tutto l'amore e tutto l'odio del mondo, tutta la gioia e tutto il dolore. Vuole amare Persefone ma sente quanto finora l'amore gli è mancato, e prova un orribile dolore, tanto forte che vorrebbe strapparsi gli occhi.

Ma Persefone, che ha mangiato sette chicchi di melograno, esattamente sette, ha pietà del Dio ferito nel cuore, e mentre con una mano carezza il volto della madre, con l'altra sfiora il viso del Dio che a quel tocco si trasforma. Narrano le sacerdotesse che Pluto non vuole lasciare

Persefone, che ora ama più di se stesso, e chiede a Demetra di rispettare la promessa, non può trarre la figlia che ha mangiato il frutto dell'Ade.

Ma Persefone si dichiara libera, proprio perché ha assaggiato il melograno, e ha scorto i suoi colori lunari: il nero, il bianco e il rosso. Nero come Ade, bianco come la sua anima-luna, e rosso come il fuoco d'amore di sua madre.

ADE DIONISO

Demetra aggiunge che Plutone sarà distrutto, perché non si guarda impunemente la nudità della Dea, ma Ade è un Dio anch'egli, e morire non può, ma, come l'uva si muta in vino, lui si trasforma e prende sembianze umane. Ora è bellissimo, e un tralcio di vite gli orna la fronte, e lo segue una pantera, nera come la luna nera. Persefone e Demetra sono tanto vicine tra loro che le chiome coprono anche la testa di Demetra la calva, così vicine da fondersi, di due si fanno una, donna e ragazza insieme, e insieme formano la Luna.

Sembra che da quel giorno l'Ade non sia più così buio, che lo rischiari la piena luce lunare, che le nozze tra i due furono splendide, e la terra germogliò per la loro felicità. I tre Dei son così uniti da essere uno solo, e le Dee sono due in una, e percorrono su un carro trainato da cani latranti il profondo dell'Ade, e da un cocchio di cervi la terra rigogliosa. Ora sono Signori dei due mondi, e gli Dei non possono farci nulla. Ma già, tanto gli Dei non s'accorgono mai di niente. In quanto agli uomini, creano i miti senza capirli…

I SACRI MISTERI

Chi è Demetra-Cerere, chi Core-Persefone-Proserpina, chi Ade-Pluto-Dioniso, e l'ortolano dell'Ade? L'ortolano era Ade, ovvero la parte di lui che amava far germogliare la terra, una parte declassata, vecchia, che lavora pazientemente nell'ombra, ma viva. La parte che lavorava per la vita, la parte creativa confinata nel profondo, cui Persefone apre i cancelli, e ne gode il frutto lunare.

Se non c'è l'ortolano non c'è redenzione. Senza ortolano niente melograno, niente risveglio di Persefone e niente luna, se non c'è

Persefone redenta Demetra non riacquista la vista. Senza l'ortolano Ade non si trasforma, Demetra e Persefone non si fondono e Ade non si fonde con Persefone-Demetra per formare un tutt'uno, una Trinità perfetta, addirittura Santissima.

E' chiaro? Forse no. D'altronde sono i Sacri Misteri. Allora rivediamo il mito, ma non si discuta l'aver unito Demetra con Psiche, Iside, Inanna, Ishtar, Diana ecc. tanto il mito è lo stesso. Demetra, Persefone, Ade e l'ortolano sono una persona sola. Come Seth e Osiride erano uno solo ma s'odiavano, finché lo stesso Osiride scese nel Tartaro a governare i morti. Demetra ama d'amore infinito sua figlia, ma il suo amore non è stato mai posto alla prova, (cioè non era sceso in terra, ovvero sotto al terra, negli inferi), quindi non ha permesso di farne uscire la potenza trasformatrice. E' la sofferenza che esalta l'anima, oppure la uccide.

Persefone è la figlia candida che ama tutto ma conosce solo gioia perché sua madre la ripara dal male, non conosce dolore o sofferenza, quindi neppure pietà. Ade è condannato alla cecità degli inferi, non conosce la sua pena perché non sa che può essere amato, non conosce l'amore e non gli manca. Quando se ne accorge prova un dolore folle, e trema nel vedere il corpo nudo della Dea, perché lei è luna ed anima che ama, al vederla Ade soffre tanto da volerne fuggire e ripiombare nella grigia anestesia.

L'ortolano è il "deus ex machina", per secoli e millenni ha coltivato un orto in attesa che un giorno qualcuno ne mangiasse il frutto, e conoscesse l'orrore dell'infero. Ade è orribile perché disperato, il dolore l'ha reso cattivo, ma non sa di soffrire tanto, perché è arido e secco. Eppure lui è figlio della luna nella sua qualità dionisiaca, e la luna è soccorritrice di tutti i mali. L'amore di Persefone lo salva, ma anche l'amore di Ade salva lei, altrimenti resterebbe figlia, sempre amata, ma incapace di amare davvero.

Demetra ama infinitamente, senza aspettarsi nulla, mentre gli amanti aspettano qualcosa dall'altro. Ama la figlia e non ha bisogno che la figlia l'ami, e sarebbe scesa nell'infero per la figlia anche se la figlia non l'avesse amata, perché l'amore d'una madre è il più forte del mondo. Essa è luna piena, e Persefone è luna vergine, o luna nuova, le lune che s'avvicendano all'infinito, come il giorno e la notte di cui chiedeva la Sfinge. Ora è più chiaro, ma non del tutto, e occorre guardare il mito di nuovo, sotto un'angolazione più ampia.

Demetra è la madre, Persefone la figlia amante, Ade la morte. Demetra crea la vita, Persefone la rinnova e Ade la uccide. Separati hanno cicli limitati, uniti rinnovano il ciclo della vita. Ad ogni morte succede una rinascita, una crescita, una morte, una rinascita, all'infinito. Tanto nella vita quanto nell'anima di ognuno. Nascita, crescita e morte: questo è il Mistero della Santissima Trinità... e questa è la Sfinge.

IL MITO SVELATO

Demetra, Persefone, Ade e l'ortolano sono il percorso dell'anima per ritrovare la sorgente universale. Persefone è Demetra bambina, l'anima non mentalizzata, la parte incontaminata dal dolore, selvaggia e libera, naturale. Demetra diventa donna e dimentica il suo passato, come tutte le donne. Nel percorso evolutivo ne sente la dolorosa mancanza e va a cercarla nel buio dell'astrale umano, dove vivono larve e mostri.

Nel viaggio perde tutto ciò che ha avuto in terra, ciò che l'esterno le ha dato, perde gli schemi introiettati, può fidarsi solo di sè. Ade è l'istinto mentalizzato, discostato dall'anima e dall'amore, la mente disperata che partorisce mostri in astrale.

Persefone assaggia il frutto della terra acquistando le qualità materne della consapevolezza sul mondo, Demetra si priva della vista che le hanno dato gli altri, cioè il guardare il mondo secondo uno schema, e segue la vista interiore, come Lamia, Tiresia, Omero e S. Lucia, tutti ciechi e veggenti.

E' sempre la parte giovane che salva il mondo, Demetra ritrova la saggezza dell'istinto primevo, senza perdere la pietà per gli altri. Così non si disfa di nulla, ma accoglie in sé Persefone, Ade e l'ortolano. Ora nessun mondo le è estraneo, e neppure l'universo. Finalmente ricorda chi era. Questa è la grandezza del femminile.

L'ultimo vaso di Pandora s'è dischiuso, compare la Dea Primigenia che s'inebria di vino e carne, fregandosene delle regole e mortificazioni del Dio maschio. Che la riconoscano o meno la danza del cosmo la fa lei, attorno al noce si scatena lei, il Sabba o Sabato o Shabat lo fa lei, l'orgia del mondo la conduce lei. Il maschile tenta inutilmente di arginarla, lei

danza e produce come vuole, agitando i veli colorati dell'arcobaleno, arco divino di pace fra cielo e terra.
SE NON M'IMMERGO NON MUOIO, MA NEMMENO VIVO

CAPITOLO VII

L'OPERA AL NERO

I Figli delle tenebre

Venimmo dal buio per darvi la luce,
ma adorando i vostri Dei
ci voltaste le spalle,
vi portammo l'ambrosia
ma preferiste la carne e il sangue,
vi portammo il ricordo delle origini,
ma preferiste la cecità dell'oblio.

Venite a noi figli delle tenebre,
noi svegliamo dai lunghi sonni
con storie di dolore e di sangue
che dilanieranno il vostro cuore
aprendolo al mondo.

Venite a noi figli delle tenebre,
noi vi faremo piangere tutte le lacrime
dell'amore negato,
delle carezze mai ricevute,
dei sorrisi mai avuti.
Vi toglieremo il sonno e la pace,
amori e illusioni, fede e sogni.

Venite a noi figli delle tenebre,
perché vi insegneremo
a morire e a rinascere,
a guardare nel buio
e nel profondo dei cuori,
a brindare alla porta della morte
per lanciarvi intrepidi nel vuoto

LA VIA INIZIATICA

Vedevo una possibilità di evoluzione oltre che una liberazione dei mali nel percorso della psicanalisi, e lo dissi al mio analista che si dichiarò digiuno di qualsiasi conoscenza esoterica. Ma lo disse con un tono che significava: *"Non me ne intendo e non me ne frega niente"* Mi meravigliò e mi dispiacque, capii che era scocciato per questo qualcosa che pretendevo di insinuare nel suo "sapere saputo", dunque non avrei avuto il suo aiuto in questo aspetto del cammino, ma l'avrei fatto lo stesso, perché io ci credevo, anzi, ci speravo ardentemente.

Sui malesseri fisici di cui l'Elisir di lunga vita sarebbe stato la panacea di ogni male, ritengo che lo stato d'animo abbia gran parte della responsabilità, ma esistono predisposizioni innate e pure ereditate a determinate malattie. Medico tedesco famoso, uomo carismatico e di idee geniali, Georg Groddeck (1866-1934) fu il primo che si valse dei metodi psicoanalitici nella cura delle malattie.

Ebbe un carteggio quanto mai intelligente con Sigmund Freud da cui quest'ultimo trasse, a suo stesso dire, la dicitura "ES" abbinandola a Io e Superio e groddeck fu il padre della psicosomatica ritenendo che la totalità delle malattie sia di origine psichica. Oggi la medicina ritiene che l'80% delle malattie sia di origine psicosomatica.

Groddeck contestò ampiamente Hitler per cui quando questi prese il potere dovette rifugiarsi in Svizzera, fu autore di diversi libri tra i quali consiglio "Il Libro dell'Es", libro intelligente, scorrevole, chiaro e molto piacevole da leggere, un libro che tutti dovrebbero conoscere.

Così l'analista negò con una certa avversione la mia pretesa esoterica però rispettò il mio ateismo perché a quello era arrivato anche lui, e capii che un analista può dare solo ciò che ha traversato, e nega ciò che si è rifiutato di scoprire, come tutti. Pian piano capii che la gente credeva per paura, così come aveva paura dei gay o delle razze diverse, per tenere ferme le loro impalcature di schemi.

Per anni versai fiumi di lacrime non piante, e pian piano l'odio scemò insieme all'ansia. Le ferite divennero cicatrici che a loro volta divennero i segni della comprensione. Smisi di cercare padri salvifici e cominciai ad osservare il mondo. Ora i sogni erano cambiati, prima erano catastrofi poi divennero difficoltà a parcheggiare la macchina.

Faticavo a guidare su strette strade in salita, e non riuscivo a trovare un posto dove sostare. Infine iniziarono gli incidenti, con la mia macchina mi scontravo con un'altra vettura e la mia si distruggeva. Il mio analista non seppe individuare quel che accadeva. Non saper guidare per lui riguardava la guida della vita, ma io cominciavo a sentire la mente come un ostacolo, solo che non capivo bene, e non lo capiva nemmeno l'analista.

Non era la mente ragionante a darmi problemi ma quella condizionata. Era la mia mente artefatta che si disgregava, perché cadevano i suoi canoni. Compresi che l'automobile era la mente condizionata, quella con cui giriamo per il mondo con tanti schemi che ci guidano e che ci allontana dalle forti emozioni impedendoci di sentire le nostre e quelle degli altri.

Sognai che dimenticavo la mia borsa nell'autobus, e che un vaso vecchio si rompeva, ma scoprivo che potevo sostituirlo con un vaso più vecchio, un vaso antico e prezioso. Era sempre la mente condizionata che cadeva per cedere infine all'istinto, nuovo contenitore di emozioni e sensazioni. Freud scrisse che là dove c'era l'Es doveva subentrare l'Io, e si sbagliò.

L'Es è l'istinto, è l'eredità della razza, è l'esperienza della specie. Freud fu un genio e inventò o scoprì la psicoanalisi ma su qualcosa commise errori. L'Es, cioè l'istinto, deve essere purificato dai condizionamenti ma deve esistere, perché senza istinto si inaridisce. Il nostro istinto è per lo più cieco, esce fuori spesso nei momenti di forte emozione e in modo incontrollato. Perché l'istinto sia sano occorre che la mente venga decondizionata.

LA MORTE DELLA MENTE CONDIZIONATA

La mente condizionata infatti, attraverso la scoperta del nostro passato infantile, decade e ha una forte paura di morire, sì che comincia a parlare vertiginosamente, e fa del tutto per evitare la sua morte. In realtà la mente condizionata quando incontra il concetto della morte muore, perché il suo compito è quello di salvaguardarci dalla paura della morte, cosa in cui riesce solo in parte.

La mente condizionata è la mente che parla nella nostra testa, quella che ci giudica e che ci trova sempre carenti, sia che si rivolga a noi con un io-tu (dandoci del tu) sia che lo faccia attraverso il nostro stesso io, cioè" *Perché hai fatto questo errore?* " Oppure " *Perché ho fatto questo errore?* ".

Ma il guaio maggiore, che poi non è un guaio, è che quando siamo piccoli la stessa mente ci cancella gli episodi più sgradevoli, riuscendo a cancellare anche quelli terrifici. Molte persone sono convinte di non aver cancellato nulla della propria vita, giurando di ricordare tutto, ma il 99% effettua cancellazioni senza ovviamente sapere di averlo fatto. Comunque una cosa è certa: là dove la mente parla ci sono ricordi dimenticati perché è in quel vuoto che si annidano le voci dei genitori occulti e dell'Astrale nero.

La rimozione è il massimo meccanismo di difesa da cui derivano tutti gli altri meccanismi, è una modalità universale mirata a difendere il bambino dalla consapevolezza della distruttività dei genitori nei suoi confronti. Se un bambino riceve delle violenze da parte di un genitore può non farcela a sopravvivere impazzendo o ammalandosi, in quanto sarebbe impossibile per lui accettare di essere allevato da un gigante che può fargli del male a ogni istante.

I traumi più grandi sono quelli dovuti ai genitori perché se dovuto a un'altra persona può sperare di sfuggirgli rifugiandosi presso i genitori, cosa che non può fare con i genitori perché non ha altri da cui andare. Tuttavia quando i genitori sono ambedue distruttivi in genere i bambini cancellano le aggressioni precedenti rifugiandosi ogni volta presso il genitore che non l'ha aggredito in quel momento.

Così se la madre lo aggredisce il bimbo si rifugia idealmente nel padre, ma se anche questo gli fa del male il piccolo va a rifugiarsi presso la madre di cui ha nel frattempo cancellato (rimosso) tutto il male che gli ha fatto fino ad ora. Così i bambini a volte passano a rifugiarsi da un genitore all'altro, in continuazione.

LA KUNDALINI

A proposito di istinto, man mano che cadevano gli schemi il mio istinto si svegliava ma faceva paura, sembrava un'invasione. Sognai un serpente dentro il mio corpo che si allungava in alto e che con la sua lingua biforcuta lambiva la mia gola, sempre dall'interno. Non capivo cosa fosse ma non mi piaceva. Avevo letto della kundalini, il risveglio del serpente, mi sembrava strano immaginare davvero un serpente, cioè averne un'idea e un'immagine fissa. Pensavo fosse solo un simbolo e non ne capivo l'immagine persistente.

Avrebbe dovuto corrispondere al risveglio dei chakra, bello e armonioso, ma questo era inquietante. Secondo i testi induisti il primo chakra è il fondamento dell'energia vitale e dei nostri istinti primordiali e si chiama Muladara. È situato alla base della nostra colonna vertebrale, nella zona del perineo, è chiamato il "Chakra della radice", è legato all'elemento terra ed è un quadrato posto all'interno di un cerchio con quattro petali di loto. Il colore è il rosso, perché è associato all'istinto e a forti emozioni.

E' considerato il risveglio della Kundalini, il serpente primordiale addormentato che giace in ognuno di noi. Ma tutto ciò nella visione orientale, in occidente non se ne parla. Sapevo tutto questo ma con l'istinto si svegliava la voglia di dire a tutti ciò che pensavo infischiandomene di loro, cosa che prima non avrei mai pensato di fare. Di questo dei chakra non si diceva.

Ebbi paura di farmi odiare ma poi la paura cadde, perché alla fine "vidi" gli altri e la mia aggressività decadde. Prima sognavo, a occhi aperti, di avere affetti o di avere successo, ora sognavo, sempre a occhi aperti, di essere una specie di creatura dei boschi che andava in soccorso di contadini poveri e indifesi.

Il mio analista era contento, perché finalmente ero "diventata buona." Ma io sapevo che la mia aggressività era sempre in agguato, e ricordai altre cose della mia infanzia, sempre più pesanti, sempre più dolorose, dei veri incubi. Per fortuna non ricordai tutto, ma avevo capito di che si trattava, non avevo dubbi, ero stata nelle mani di due pazzi che la gente giudicava normali.

Facendo eccezionalmente meditazione con un amico vidi distintamente un triangolo rosso volto verso il basso con un occhio al centro. Lui, più esperto di me in materia, disse che il triangolo rosso andava bene, l'occhio pure, ma doveva essere rivolto verso l'alto, e allora capii che il mio era giusto e che lui non aveva capito. Il mio triangolo cercava la terra, non la mente né il cielo.

Erano cessati i sogni personali, quelli ad occhi aperti, i progetti di vita e le speranze. Le illusioni caddero, e mi sentii smarrita e sola. Non avevo più nulla in cui credere o sognare. Non ero depressa, ero triste, di una tristezza molto profonda e priva di speranze, ma senza ansia, non c'era più la paura.

Sogno

"Non fu facile uscire fuori dall'Opera al Nero, ricordo che sognai di essere in una piazza quadrata con tutti cavalli intorno volti verso di me

con una zampa alzata, non volevano che uscissi dalla piazza e non capivo perché".

I cavalli erano il mio istinto, come era possibile che fosse l'istinto a bloccarmi? Avevo sempre considerato l'istinto come liberatorio. Poi capii appunto che esistono due istinti, uno iniziale e saggio e uno distorto dalle esperienze dell'infanzia, un istinto cieco e avventato che faceva danni. La mente sembra una protezione, in fondo è la protezione dei genitori e il bambino ne ha bisogno.

Però i miei genitori non erano stati una protezione, ma una distruzione. La piazza quadrata era la mia mente da cui ora volevo uscire e il mio istinto condizionato voleva bloccarmi, per la mia "salvezza". Ma io avevo capito e volevo liberarmi, a tutti i costi, anche a prezzo della vita.

Sogno

"Poi sognai un demone spaventoso dentro una grotta, io entrai velocissima e coraggiosamente gli rubai un diamante che era sul fondo, e scappai dalla grotta". Il demone pericoloso non era il diavolo ma la mia mente che voleva lasciarmi nell'ignoranza. Per questo lo percepivo come un nemico pericoloso, un nemico talmente forte che non potevo abbatterlo ma solo eluderlo. In fondo era l'A.N, che si era annidato nella mia mente.

Spesso nei miei sogni gli animali parlavano e nello stesso sogno mentre correvo: *"Una rana mi disse di mettere il diamante sulla fronte e così sarei diventata regina ma le risposi che me lo sarei andata a riprendere alla mia morte e scorto uno stretto pozzo nel terreno ve lo gettai, mentre scendeva il diamante illuminò le pareti del pozzo e il sogno finì".*

La rana e gli animali in genere erano un po' magici come nelle favole, erano i sogni della bambina. Una parte di me sognava non di diventare principessa come nelle favole ma un mondo naturale animato dove tutto aveva una coscienza, dagli animali alle piante. Il terapeuta non seppe spiegare il sogno dei cavalli ma non disse di non saperlo decifrare, anzi non disse nulla..

Quando non riuscivo a interpretare un sogno mi dava un input illuminante, ma a volte taceva e io capivo che non l'aveva compreso, e che non era abbastanza onesto da ammetterlo. Non seppe decifrare neppure il diamante gettato nel pozzo, ovvero nella mia profondità, la

sua luce non mi poneva al disopra degli altri, non illuminava la mia
mente ma illuminava le mie ombre.

Sogno

*Feci un sogno in cui il carceriere invece di torturarmi mi avrebbe fatto
la grazia di uccidermi con una pistola. Era già qualcosa, l'immagine
terrifica dei miei genitori si stava staccando dalla mia immagine della
morte.*

Per tutti noi la morte è associata alle forme morali e fisiche di
distruzione che abbiamo subito in vita. C'era la paura di morire ma non
più di venire orribilmente torturata.

IL PIANTO

Avevo sempre cercato di occultarmi, di non farmi vedere, di chiudermi
sui miei libri, ma già il fatto di esistere dava fastidio. Ricordai tutta la
mia disperazione e i miei terrori, diurni e notturni, ero vissuta in un
perpetuo incubo. Dopo tanti anni di chiusura mi lasciai andare al pianto,
ma solo per mia ostinazione, avevo deciso che dovevo lasciarmi andare,
anche se non contavo sul sostegno dell'analista che in effetti non si
scompose.

Pensavo che lasciarmi andare mi servisse, che dovevo smetterla di
controllare tutto, e ci riuscii ma con l'analista non sortì nulla, non mi
approvava, lo sentivo distante, non perché ci proiettassi un genitore,
ormai i genitori dentro di me erano morti, ma perché non aveva
tenerezza per me, era lui che mi proiettava addosso.

Glielo dissi e si barricò sul fatto che non voleva diventassi dipendente
da lui. E che male c'era? Per Freud il transfert sull'analista era l'alfa e
l'omega dell'analisi, ma non demorse. Dichiarò che avrebbe rifatto da
capo la terapia nello stesso modo. Si difendeva da me. Ancora una volta
dovevo fare tutto da sola, così cercai di riappropriarmi di me in un
mondo che come al solito mi rifiutava, poi scoprii che non era vero.

Il mondo non mi rifiutava, solo se ne infischiava di me, ma faceva così
con tutti, e io facevo la stessa cosa. Gli altri avevano le loro paure e le
loro insoddisfazioni, pertanto non si accorgevano di me come io non mi
accorgevo degli altri. Se non vediamo chiaro dentro di noi non vediamo
chiaro negli altri.

Ricordai i momenti bui dell'infanzia che avevo cancellato, questo era il nero, un'infanzia priva di amore, di riconoscimenti e di umanità. Alla mia famiglia non piacevo, ero nata per sbaglio e davo fastidio a tutti, genitori e fratelli. Che ero nata per sbaglio me lo disse mia madre, ma era anche prevedibile perché ero la terza figlia.

Lo raccontò con disinvoltura, anzi disse che quando seppe di essere incinta si voleva buttare dalla finestra. Io la guardai, non lo diceva per sadismo, per lei era una cosa normale. Era come quando mi disse che se fosse rinata avrebbe volentieri sposato il suo attuale marito ma non avrebbe mai fatto figli. Lo disse per farmi una confidenza. Non ne rimasi ferita, ormai la conoscevo bene, ma pensai che era inconsapevole perché molto stupida.

Man mano che tiravo fuori la rabbia e il dolore divenni più serena e consapevole e il mondo divenne più cordiale nei miei riguardi, perché io ero più cordiale e tranquilla con gli altri. Anche l'analista divenne più tranquillo, ma non più socievole, era più rilassato perché non ero più aggressiva, ma non aveva empatia per me, d'altronde io non ne avevo per lui, però smisi di odiarlo, mi era quasi indifferente.

Scoprii che non dovevo difendermi dagli altri perché anche loro si difendevano da me, come me rimasti bambini appiccicati ai rifiuti dei loro genitori, con la speranza di riconoscimenti e gratificazioni. Ma ora non aspettavo più niente dalla benevolenza degli altri e gli altri lo sentivano per cui non mi percepivano più richiedente o arrabbiata.

Così l'Opera al Nero era la ricerca del buio dell'inconscio, nero perché buio e a volte terribile, doloroso e apparentemente senza fine. Sperai che finita questa Opera ne seguisse un'altra, si diceva infatti, o almeno lo asserivano gli alchimisti, che al suo termine giungesse l'Opera al Bianco, che suonava più rassicurante.

Naturalmente molti non avevano sofferto tanto in famiglia, ma le famiglie perfette sono rare e comunque i sofferenti a volte per disperazione si arrischiano a sondare la propria infanzia, per trovare l'origine di tanto dolore. Qualcuno mi disse che dovevo ringraziare i miei genitori che in qualche modo avevano causato la mia evoluzione e gli risposi che ragionava da schiavo.

Compresi che la razza umana non era al centro dell'Universo, che non era la razza prediletta da Dio perché non c'era Dio e c'era solo la Natura che stava dalla parte di ogni razza, cercando di farle sopravvivere infischiandosene dei singoli. La natura tiene alla razza umana come tiene alle tigri, ai passeri, alle zanzare e ai batteri, cercando di aiutarli quando stanno per soccombere, ma con i dinosauri aveva dovuto arrendersi per cui li rese più piccoli e li mollò con due parole: crescete e moltiplicate, o qualcosa di simile.

Se l'uomo stesse per estinguersi la Natura si darebbe da fare per un po', ma non sarebbe a lungo un problema, del resto noi le abbiamo massacrato tante di quelle creature, sia animali che vegetali, per cibarcene e per puro divertimento che non sarebbe una gran perdita. In natura noi siamo come una pianta infestante, distruggiamo tutto ciò che abbiamo intorno.

Mi accorsi di come ero cambiata agli occhi degli altri quando uscii come al solito da una via facendo un minuscolo vialetto di una dozzina di metri contro mano, lo facevo sempre, altrimenti avrei dovuto fare una strada molto più lunga. D'altronde il vialetto era molto stretto e curvo, per cui era difficile che qualcuno mi venisse contro a velocità.

Invece venne una macchina con un andazzo sostenuto e mi urlò dal finestrino. Io gli sorrisi e gli gridai, a mia volta dal finestrino: "*Mi scusi, mi scusi, non me ne ero accorta!*" L'uomo cambiò immediatamente e rispose: "*Ecco, un sorriso e tutto passa.*" In fondo lui cercava un sorriso in una zona buia. Spesso le persone cercano sorrisi nelle loro zone oscure.

Mi accorsi così che se ero accogliente anche gli altri lo erano e reagivano meglio. Ma nella mia vita avevo già sperimentato l'intervento positivo con l'Astrale Bianco, solo che non me ne ero accorta, penso sia una cosa che accada a molti, soprattutto a chi tenta di stare coi piedi per terra. L'A.B. in genere interviene per darci una possibilità di sopravvivenza economica o per farci capire che ci sono e come dobbiamo fare per sentirli.

Spesso usano la voce dei vivi, soprattutto nei momenti in cui siamo predisposti all'ascolto. Infatti talvolta andavo da una cartomante, da un astrologo ecc. solo con la speranza che l'A.B. mi dicesse qualcosa tramite loro, e a volte accadeva.

LO STUDIO PRESSO PIAZZA NAVONA

A proposito dell'aiuto dell'Astrale Positivo, quando ancora non ero nel mirino di quello negativo, ricevetti da loro un importante aiuto rispetto al mio studio. Maria (persona di cui parlerà più avanti) disse che nella vita non bisogna preoccuparsi dei soldi perché se stiamo in posizione evolutiva l'astrale ci aiuta. La posizione evolutiva era il desiderio di evolversi.

Per il mio studio nel centro storico di Roma accadde, tanti anni fa, un strano avvenimento. Io ero all'inizio del mio lavoro e non avevo soldi, era un miracolo che potessi prendere in affitto in periferia un locale per lo studio, ma nel centro storico poi era escluso. Avevo da parte un po' di soldi in attesa che giungesse un lavoro di tipo psicologico, pubblico o privato.

Dopo una ricerca disperata presi in affitto un seminterrato nei pressi della stazione Termini, la stazione centrale di Roma dove approdavano treni dal nord e dal sud, estero compreso, ben sapendo che di sera difficilmente avrei ricevuto qualcuno perché il quartiere era pericoloso.

Ma il giorno dopo l'agenzia mi avvertì che il proprietario aveva cambiato idea e disdetto l'affitto. Io amavo la campagna e non amavo la città, amavo pure il centro storico, mi piacevano le case antiche, coi travi sul soffitto e il cotto per terra, ma i prezzi erano proibitivi, così sarei dovuta andare in un appartamentino di una squallida periferia moderna. La cosa mi deprimeva parecchio ma cercavo di non pensarci.

Pochi giorni dopo stavo con un gruppo di amici e per caso conobbi un tizio che si interessava di esoterismo, ci parlai un po' poi mi rivolsi agli altri. Qualcuno tentò di presentarmelo ma ero poco interessata, dissi il mio nome e dimenticai il suo subito dopo averlo ascoltato.

Il giorno dopo era domenica e andai a passeggio a Cerveteri con gli stessi amici del giorno prima, entrando nella necropoli rupestre che sta fuori del paese, non la necropoli ufficiale dove si paga il biglietto e tutto è in ordine, ma in quella vastissima al di fuori nel bosco, (circa 20 ettari di terreno) labirintica e priva di cartelli dove se ci fossimo dati appuntamento non saremmo mai riusciti a incontrarci.

Invece vi trovai il tipo del giorno prima e una mia amica mi disse che non poteva essere un caso e che stava per succedere qualcosa. Spesso l'astrale sottolinea per mezzo delle parole di qualcuno un avvenimento che li riguarda, quando vogliono far capire che ci sono.

Ma io ero testarda, pensai che lei stesse con la testa per aria, per me era un caso e basta, ma lui disse scherzando che se il destino ci aveva fatto incontrare in quel posto improbabile era segno che ci dovevamo scambiare i nostri numeri telefonici, e fu un bene perché io non glielo avrei chiesto. Ci scambiammo qualche battuta, lui mi chiese sul mio lavoro e gli dissi che stavo cercando uno studio, e lui: *"Ferma tutto e vieni a trovarmi domani nel mio negozio. Ho l'appartamento per te."*

Ci andai il giorno dopo, anche se con poche speranze: nella zona c'erano prezzi impossibili. Il mio nuovo amico aveva un affascinante negozio di minerali e conchiglie in Via della Scrofa, articoli soprattutto da collezionisti, dove pagava un affitto irrisorio, con un appartamento al piano di sopra dove anche lì pagava un affitto irrisorio. Il proprietario dell'appartamento, un industriale milanese proprietario di tutto il palazzo, non si rendeva conto del valore degli appartamenti.

Al quarto piano si era liberata un'abitazione dato che lì era morta una vecchietta di 92 anni, che non si sa come avesse fatto a salire e scendere quelle ripide scale, e il proprietario aveva chiesto al mio nuovo amico di procurargli qualcuno che gli sistemasse l'appartamento a un prezzo abbordabile e quindi che lo affittasse poi a una persona di sua fiducia. Al proprietario avevano chiesto l'equivalente di 21.000 Euro di oggi e io per puro caso conobbi un operaio che poteva farlo da solo per 9.000 Euro.

Un conoscente del mio nuovo amico gli disse, il giorno dopo che noi due ci eravamo incontrati a Cerveteri, che lui era disposto a rimette a posto l'appartamento a spese sue purché gli venisse affittato ma lui gli mentì e gli disse che era stato già affittato. Per giunta garantì la mia onestà non si sa come né perché, visto che ci eravamo appena conosciuti, ed io lo ottenni in affitto all'equivalente di 250 euro al mese di oggi, il cui prezzo naturale sarebbe, sempre oggi, di oltre 2000 euro al mese.

Non aveva ascensore e i suoi gradini erano un po' ripidi, ma ero giovane e senza problemi, comunque un appartamento straordinario, di circa 50 mq, senza confinanti e senza rumori perché sporgeva solitario fra le terrazze, una torretta con travi al soffitto in un antico palazzo del '600. Cominciai a dipingerlo con finestrelle sopra le porte sulle cui inferriate uccelli colorati si fermavano a cantare.

Poi dipinsi sul soffitto un cielo con le rondini e rami frondosi che sembravano scendere sulle finestre dal tetto, e sulle pareti, e poi una finta porta con le scalette. Era un posto magico. Quella notte una voce mi sussurrò vicino all'orecchio: *"Ora hai lo studio che volevi"*. Sembrava così vera che feci un balzo sul letto.

IL MOBILIO PER LO STUDIO

Avevo lo studio ma dovevo arredarlo e anche lì avevo problema di soldi. Ne parlai col mio nuovo amico del negozio di pietre e conchiglie e lui suggerì di cercare in qualche magazzino fuori Roma, ma il giorno dopo mi portò due sedie Thonet originali (dell'800), le aveva trovate per strada portando a spasso il cane. Erano integre o quasi, due sedie d'epoca e di valore, come mai se ne erano disfatti?

Trovò ancora un tavolinetto cinese dipinto, con temi cinesi ma vagamente napoletano, ne avevo visto uno molto simile in casa di una mia amica che l'aveva comprato a un'asta, era napoletano fine '800 ma con temi simil-cinesi, il tavolo era un po' rovinato ma lo restaurai, non avevo i soldi per un restauro vero, ma come pittrice me la cavavo.

Ora mi serviva un divano o un letto per dormire in studio qualora fossi troppo stanca per andare a casa, ma si poteva trovare un letto per strada? Il mio amico, nel giro mattutino prima di aprire il negozio per la passeggiata col cane, trovò abbandonata una splendida base stile impero con zampe di leone e capitelli su lesene ai quattro angoli che sorreggevano una grande credenza semidistrutta. Il falegname tagliò la parte superiore, allargò la base nella parte retrostante con delle assi di legno per contenere il materasso, il letto fu completo.

Avevo bisogno di un separé nell'ingresso per dividere l'angolo del computer e dei documenti e arrivò un paravento di legno privo di stoffa, cui applicai un lenzuolo coperto da una tovaglia di pizzo trovata in un mercatino. Arrivarono pure un tavolinetto rustico primi '900, due poltrone in legno che portai dal tappezziere, due tavolinetti massicci da riverniciare, un piccolo armadio a due ante e un altro mobiletto basso a due sportelli.

Il mio amico che reperiva tutti questi mobili disse:"*Ma che fai le ordinazioni e ti arrivano i mobili?*" Lo disse scherzando ma pure per esorcizzare una paura, io volevo stare coi piedi per terra e avevo paura di illudermi, ma lui aveva paura di qualsiasi cosa, comunque era chiaro anche per lui che non fosse un caso.

Erano tutti mobili di valore, di un certo stile e una certa epoca, confessò che non aveva mai visto tanta roba abbandonata in strada, anzi non ne aveva proprio vista, e non ne trovò mai dopo. Il mio studio era ormai arredato. Ma non basta, avevo bisogno di una macchina per recarmi allo studio.

Un mio conoscente mi fece sapere che intendeva disfarsi della sua 500 purché pagassi il passaggio di proprietà, non voleva altri soldi. Era un caso? La macchina mi permise di prendere in affitto un appartamento fuori Roma a un prezzo irrisorio e in mezzo alla campagna che amavo.

L'AMICA CHE MI CAMBIO' LA VITA

All'epoca avevo un'amica più grande di me, ma del resto avevo sempre avuto amici più grandi di me, era una vedova con figli adulti che viveva da sola, una donna coi piedi per terra, di non molte parole e di origini ebree. Per me poteva essere anche turca, indiana o del Senegal, non mi importava nulla delle razze, mi importava che fosse intelligente e che non fosse prevenuta.

Liliana mi narrò di avere pochi amici, anche perché a sua volta molto selettiva. Non era credula ma si interessava a diverse cose, come ad esempio all'astrologia, e mi invitò a fare un corso con lei. Il corso non mi entusiasmava ma lo vidi come un diversivo su cui chiacchierare e accettai.

Un giorno mi raccontò di quando, molti anni addietro, suo marito fosse molto ammalato, lei aveva figli piccoli, il negozio che gestiva andava male e prevedeva il peggio. Voleva morire ma una sua amica di nome Maria, (ecco il nome citato prima) una specie di veggente, le disse di non temere, un giorno sarebbe arrivato un uomo che le avrebbe fatto una proposta di lavoro, lei avrebbe accettato e questo le avrebbe procurato molti soldi per togliersi i debiti ma pure per comprarsi una casa, e il bello è che successe davvero.

Dopo qualche anno infatti una grossa azienda di vendita all'ingrosso di cui lei era cliente in qualità di negoziante decise di cambiare totalmente il suo stile di vendita e le propose di farsi carico della svendita di tutto il magazzino dell'azienda su Roma. Avrebbero fatto venire le guardie per garantire l'ordine e lei avrebbe dovuto lavorare tanto e per molto tempo fino alla liquidazione dell'intero magazzino.

Non si sa perché scelse proprio lei, non aveva un grande negozio e neppure tanto centrale, naturalmente accettò. Lavorò mattina e sera, per più di un anno, in modo affannato e stressante, ma ne fu felicissima perché tutti si tuffarono sugli acquisti e lei guadagnò, ripagò i suoi debiti e si comprò anche una bella e ampia casa, come era stato annunciato.

L'ASTROLOGIA

Non chiesi nulla della sua straordinaria amica che tutt'ora frequentava, non cercavo maestri o guru e lei, che non era invadente non ne riparlò, poi mi propose di accompagnarla al famoso corso d'astrologia perché voleva un mio parere sul corso e sulla conduttrice. Io non credevo molto nell'astrologia, se non nelle caratteristiche dei segni zodiacali.

Pensavo che ci fossero delle corrispondenze tra persone dello stesso segno, l'avevo riscontrato molte volte. Sulla possibilità di leggervi il futuro avevo seri dubbi, a meno che tale capacità non derivasse dalla persona dotata di una qualche preveggenza. Sono cose che esistono, ma che non mi sono pertinenti, per cui non sono certa di ciò che credo.

Sulle corrispondenze tra segni ho due ricordi particolari. Il primo è quello di un uomo conosciuto per caso ad una mostra, prendemmo un caffè insieme e lui cominciò a snocciolarmi la sua vita. Nel discorso narrò con enfasi il suo deciso rifiuto dell'astrologia, io non avevo nulla da difendere ma quella opposizione esagerata un pochino mi infastidì. Replicai così con una semplice e concisa domanda: *"Cancro?"* Rimase allibito e disse *"Ma allora è vero! Io sono del Cancro, come ha fatto a riconoscerlo?"*

Con tutta onestà risposi che non avevo il dono di riconoscere i segni zodiacali, facoltà che qualcuno ha, ma che l'avevo capito da quanto era sentimentale con le donne, era molto attaccato alla famiglia di origine e per la buona memoria che aveva asserito di avere, tutte caratteristiche del cancro.

L'altro episodio avvenne mentre stavo nel negozio del mio amico che vendeva minerali, conchiglie e pietre, tutti oggetti da collezione. Pur vendendo le pietre abbinate ai segni zodiacali lui spesso dichiarava ai suoi clienti di non credere all'astrologia, un comportamento controproducente per il suo commercio che nascondeva tutta la sua paura di credere a cose irrazionali o che giudicava tali.

Intervenne un cliente che guardava le vetrine e aveva ascoltato in silenzio. Si scusò per l'intrusione, disse di non capire nulla di astrologia ma di poter affermare con sicurezza che io ero del segno dello scorpione, perché aveva avuto una moglie dello stesso segno che era deceduta ed ora aveva una seconda moglie dello stesso segno.

Lui le donne scorpione le riconosceva ormai dagli occhi, avevo gli stessi occhi della sua ex moglie e della nuova moglie. Il mio amico tacque non c'era nulla da aggiungere né da contestare. Il mondo è un mistero e chi pretende di conoscerlo non sta coi piedi per terra.

L'ASTROLOGA

In quanto alla richiesta di Liliana l'accontentai, ma si lamentava che le lezioni fossero poco chiare, allora io a casa le rispiegavo la lezione e lei osservava che a me riusciva a capirmi ma l'altra non la capiva. Avrei potuto osservare che io la capivo ma tacqui, non le era simpatica.

L'astrologa le fece il piano astrale e le parlò
del comportamento duro dei suoi genitori ma Liliana si risentì e lo rifiutò, era certa di aver avuto un buon rapporto coi suoi, poi decise di far vedere a me un suo piano astrale di tanti anni prima, dicendo di fidarsi più di me che dell'altra. Le avevo confessato che la mia conoscenza astrologica era piuttosto limitata, ma lei insisté. Non accettava la descrizione dei suoi genitori.

Pensai che l'astrologa avesse ragione, perché Liliana non sembrava affatto una persona che fosse stata amata, glielo accennai appena ma lei restò in dubbio. Io leggevo e studiavo di tutto, astrologia compresa, però non mi ritenevo esperta nel campo, tuttavia la volevo accontentare, così accettai di guardare il suo oroscopo.

Tra l'altro l'astrologa aveva visto anche il mio piano astrale e aveva esclamato: *"Mio Dio, cosa le hanno fatto i suoi genitori?"* concordai, e mi congratulai per le rilevanti capacità di lettura. La sera, dopo il lavoro, andai da Liliana ma invece di farmi vedere il piano astrale mi mostrò un quaderno rintracciato nello stesso vecchio armadio in cui teneva l'oroscopo del tema natale, dimenticato da ben "diciassette anni".

Mi disse che all'epoca scriveva, ma non libri, lei aveva la "scrittura automatica". Scriveva sotto un specie di dettatura interiore trascrivendo pensieri senza suoni provenienti da entità positive, o almeno lei credeva lo fossero, ma qualche dubbio lo aveva. Mi chiese così di spiegarle se a scrivere era il suo inconscio o altre entità.

Solo molto tempo dopo scoprii che tutto era stato preordinato dall'astrale bianco. All'epoca ero molto scettica e non ci avrei creduto, ma quella incredulità fu un bene. L'A.B. aveva previsto gli attacchi dell'A.N. e mi aveva inviato qualcuno che potesse spiegarmi gli eventi, quella spiegazione mi salvò.

LETTERE DALL'ASTRALE POSITIVO

Accettai senza preconcetti, sapevo di non sapere. Si trattava, o sembrava trattarsi, di persone o entità che parlavano del loro mondo di luci e suoni, bello ma un tantino mellifluo, direi di tipo paradisiaco, a me un po' annoiava e sospettavo fossero divagazioni del suo cervello. Poi parlò di quando queste entità giocavano con lei, ogni volta che i suoi genitori la facevano salire sul soppalco del bagno.

A questo punto mi risvegliai dal torpore e dalla noia, mi succede quando un piccolo allarme risuona dentro, la interruppi e iniziai a chiedere del palchetto: seppi che da bambina veniva punita facendola salire su una scala a pioli fino ad un soppalco in legno che serviva da ripostiglio, poi la scala veniva ritirata e il palco veniva chiuso a chiave.

Che razza di genitori, era evidente che l'astrologa avesse ragione. Ne convenne, ma confessò di aver dimenticato ogni cosa, le angherie dei genitori e quasi tutta la sua infanzia, persino il suo quaderno, e per una infinità di anni. Questi soppalchi si usavano nel dopoguerra dove si ricavava con degli assi un ripostiglio in alto per ricreare una piccola soffitta per cose di scarso uso, in genere chiuso da due sportelli.

Di solito si ricavavano dai bagni, perché le famiglie erano numerose e gli spazi relativi. Immaginai che il luogo era buio e facesse paura, invece queste entità le dissero che loro giocavano con lei e si divertivano insieme. Insomma la mia amica da bambina stava al buio perché non c'erano lampade nel soppalco, ma ricordò che vedeva benissimo e si divertiva giocando con qualcuno.

Lei capì che un genitore che chiude una bambina al buio su un soppalco fosse tutt'altro che amorevole e io cominciai ad essere più interessata alla lettura. La mia amica ogni sera continuava a leggere e la sua pseudo guru a cui raccontò la cosa le disse di fare attenzione perché temeva per me. Mi chiesi cosa temesse e perché si preoccupasse dato che non mi conosceva, ma non ebbi risposta, non lo sapeva nemmeno Liliana.

Il bello è che nel vecchio quaderno era scritto che lei lo avrebbe dimenticato per molti e molti anni, e così fu, per ben 17 anni. Le chiesi come mai non avesse visto prima il quaderno che stava in un luogo così facilmente accessibile, una piccola credenza a due ante, disse che aveva chi si occupava della pulizia della casa e si era dimenticata del quaderno e pure del fatto che aveva la scrittura automatica.

Le entità suddette avevano annunciato: *"Per molti anni dimenticherai tutto ciò poi un giorno ricorderai"*. Ora tutte le sere io, terminato il mio lavoro mi recavo a casa di Liliana mangiavamo insieme e poi si leggeva un pezzo del quaderno scritto automaticamente.

Però notai in me un cambiamento, pur essendo stata da sempre una lettrice accanita e instancabile, che potevo leggere ininterrottamente anche pesanti libri di saggistica, ora mi sentivo spossata e potevo leggere solo poco alla volta. Era come se il mio cervello andasse in tilt e infine giunse, come predetto, il pericolo incombente, che non sapevo nemmeno cosa fosse né tanto meno che esistesse, giunse l'Astrale Nero. Niente di strano, dopotutto stavo facendo l'Opera al Nero.

L'ASTRALE NERO

Iniziarono gli incubi che prima non avevo, venivano ogni notte e pensai di tornare in analisi ma i terapeuti mi avrebbero ritenuto fuori di testa, non pericolosa ma pazza. La mia amica invece mi capiva perché faceva anche lei brutti sogni, lei sperava solo nella sua guru che però era partita in villeggiatura fuori Roma.

Maria non aveva soldi per andare in vacanza, viveva di una povera pensione accumulata facendo la manicure per un giro di parlamentari seguendoli in treno o dovunque fossero disponibili, ma come sempre l'universo l'aveva aiutata. Dico come sempre in base al racconto che fece di sé quando mi conobbe, di come per quanto avesse avuto difficoltà economiche le entità benevole, ovvero i suoi defunti, fossero sempre accorsi in suo aiuto.

Maria le interpellava per qualsiasi cosa, poi fissava il lampadario e se i defunti erano d'accordo diffondevano una luce verde, rossastra se la risposta era negativa, a me venne in mente il semaforo. Poi disse a Liliana di osservare le luci e anche lei riscontrò i due colori. Io non vedevo alcun colore ed alcun cambiamento.

Un suo lontanissimo parente, non era nemmeno certa che lo fosse, o almeno a lei non risultava, aveva offerto a Maria di occupare la mansarda di un casolare che lui possedeva sul monte della Verna, una zona molto bella e fresca dove lei evitava il caldo estivo soffocante di Roma, tanto più che soffriva di asma.

Per giunta Maria non aveva la macchina né sapeva guidare, ma il presunto parente l'accompagnava in macchina e la riaccompagnava a Roma alla fine dell'estate. Allora non esistevano i telefonini e non c'era verso di parlarci. Liliana voleva consultarla sulla questione genitori (rivelatisi così ostili) e sulle cose di 17 anni fa che stavamo leggendo.

L'ASTRALE NERO IN AZIONE

Così cominciai ad avere incubi strani, perché non collegati al mio passato, per esempio l'immagine di un uomo appeso per la schiena a un gancio da macelleria, di quelle a cui si appendevano i quarti di bue. Non aveva un'interpretazione perché non aveva senso, se non quello di farmi paura e orrore, e ci riusciva. Avevo come confidente la mia amica ebrea, piuttosto chiusa ma con i piedi per terra.

Io le raccontavo delle persone nefaste che incontravo per strada e che mi succhiavano energie e sembrava credermi ma non ne ero del tutto convinta, finché una mattina uscii da casa sua dove avevo trascorso la sera prima e la nottata e come al solito mi avviai a prendere l'automobile, quando sentii qualcosa che mi stava strappando energie. Non era la prima volta, ormai l'astrale non mi attaccava solo nei sogni, ma spesso anche nel mondo reale. Capii subito che era l'immagine più avanti, ad almeno dieci metri da me.

Era una ragazza bionda, snella, di spalle, di cui vedevo il viso di tre quarti, quel tanto che mi permetteva di scorgere un alito denso che le usciva dalla bocca e le sue braccia poste dietro la schiena che si agitavano e muovevano come non avessero ossa, sciolte come serpenti. Non era tanto l'immagine quanto le energie che mi risucchiava. Cercavo di tenermi sul reale, la scena delle braccia serpentine faceva tanto film "L'Esorcista" e mi guardai intorno per capire se la vedevo solo io o anche gli altri.

Un ragazzino di 8-10 anni che passava di lì la guardò e si girò un dito sulla tempia come a dire che gli sembrava matta. Quindi non la vedevo solo io, però il ragazzino non sembrava spaventato, è chiaro che succhiava energie solo a me. Arrivata al mio studio mi giunse una telefonata di Liliana.

Mi chiese se mi era accaduto qualcosa di particolare, domandai perché me lo chiedeva e narrò di essersi affacciata dal balcone per un ulteriore saluto dall'alto. Non ci riuscì perché una forza misteriosa l'aveva non solo bloccata dal potersi affacciare ma l'aveva scaraventata dentro sbattendola sul divano della parete di fronte.

Fui esterrefatta da entrambi gli eventi, non ne capivo il perché. Che senso aveva impedire di salutarmi? Forse volevano spaventarci ma lo trovavo un modo molto artefatto e scenografico. Che bisogno c'era di tanta scena, non sarebbe stato sufficiente una figura minacciosa nell'ombra della mia camera o un bisbiglio minaccioso all'orecchio quando dormivo da sola?

Mi sono sempre chiesta come decida l'A.N. il modo di impaurire o far disperare le persone. In fondo la mia amica era sempre più convinta che tutto ciò che le narravo era vero, il che sosteneva entrambe, io perché non pensavo di essere impazzita e lei che aveva una prova ulteriore del mondo invisibile e ultraterreno.

Forse adoperano un sistema unico per tutti, cioè non tengono conto dell'intelligenza individuale, non sembra un modo scaltro e a tutt'oggi non so darmi una risposta, però anche se credo nel loro smisurato potere ho seri dubbi sulla loro intelligenza. Tuttavia avevano ottenuto che fossi sempre all'erta, e poi sentivo a volte rumori e musiche che non c'erano, ma sapevo che non c'erano. Non confondevo la realtà con quelle sensazioni.

La santona infine tornò ma io ero disinteressata a lei e pensavo solo ai brutti sogni che facevo e che non riuscivo a interpretare, poi l'amica mi chiese un giorno se potessi visitare una persona per stabilire se fosse sana di mente o meno, e dovevo farlo gratis perché la persona non aveva soldi, acconsentii e mi disse che era la santona, come la chiamavo scherzosamente, cioè Maria.

CAPITOLO VIII

LA PRESCRIZIONE MEDICA

Mi meravigliai ma lei disse che l'aveva ordinato il medico. Per amicizia e per non infierire non commentai, la sera andai a casa dell'anziana donna che iniziò a parlare della sua vita e di varie cose strane che le erano accadute. Un racconto lungo e pieno di misteri, ma detto con grande semplicità. Liliana mi disse che aveva raccontato più a me della sua vita in un'ora che a lei in venti anni di amicizia.

Ebbi la vaga sensazione che fosse un po' gelosa, ma poteva stare tranquilla, non avevo intenzione di attaccarmi né a lei né a nessuno. In quanto alla visita, io bado più a chi parla che a quel che dice e quella figura non aveva nulla che non andasse. Non era artificiosa, non voleva convincere ed era molto semplice nell'esposizione della sua vita.

Non sapevo neppure perché me la stesse raccontando, non aveva aspettato che io le facessi domande ma aveva deciso di raccontarmi la sua vita per farmi evidentemente capire chi era lei. A me la cosa non dispiaceva penso che l'ascolto sia il metodo migliore di capire gli altri, più che imbastirli di domande, pertanto la lasciai parlare fino alla fine.

Non la interruppi ma la osservai, sembrava una donnetta di quelle col vestito nero a fiorellini che vanno la mattina al mercato a fare la spesa, aveva degli occhi limpidi, un po' ingenui, quasi da bambina e sperai che l'universo fosse benevolo con lei perché mi sembrava un po' fuori dalla realtà e piuttosto sprovveduta.

Non stava peggio di tanti altri, tenendo conto che la maggior parte delle persone non sta coi piedi per terra, come del resto anche io prima. Mi faceva tenerezza, altro che santona, pur essendo atea chiesi all'universo che mandassero qualcuno a proteggere una creatura tanto ingenua e semplice, ma non avevo idea di quanto in realtà ella fosse protetta.

L'anziana donna narrò a lungo senza interruzione, mi raccontò con voce tranquilla la sua vita piuttosto infelice e come le fosse venuto un tumore, svanito in modo annunciato e miracoloso o quasi. Alla fine del lungo racconto le dissi che ritenevo l'universo pieno di misteri che non ero certo in grado di giudicare.

Pertanto non mi pronunciavo sui racconti, ma potevo dirle che aveva un io sano e non capivo perché il medico avesse dubitato della sua sanità mentale. Sorrise: " *Ah no, quello è stato un errore, era solo una ricetta che abbiamo letto male.* "

L'avevano letta ambedue e l'avevano letta male, qualcosa non andava. Chiesi di mostrarmi la ricetta, e la vidi ma c'era solo il nome di una medicina. Chiesi come avessero potuto in due leggere la frase della necessità di una visita da una sola parola che era il nome di un medicinale. L'anziana rispose che evidentemente dovevamo conoscerci, intendendo che l'evento fosse accaduto per quello. Rimasi perplessa però sapevo che la mia amica non era una visionaria.

Non le chiesi nemmeno del perché avremmo dovuto incontraci, in fondo non era successo niente, io ero un pochino incuriosita ma per nulla turbata, presto ci salutammo e quando fummo sulla porta lei mi disse: *"Grazie, lei mi ha dato tanto. "*

In quel momento accadde qualcosa di assurdo e inaspettato, io capii, ovvero io "sentii "che lei "sapeva" dei sentimenti di protezione che avevo provato per lei, e io "sapevo" che mi era veramente e profondamente grata per questo. Sapevamo entrambe cosa l'altra sentiva e fu come un colpo al cuore, ad ambedue vennero le lacrime agli occhi. Vennero e non volevo averle, ma vennero. Ciononostante non dissi nulla e me ne andai.

"Vedi?" disse Liliana, come a dire che con la sua amica accadevano cose straordinarie. Intanto i miei incubi proseguivano ma non volevo parlarne né alla mia amica Liliana né a Maria, così si chiamava l'anziana signora dagli occhi da bambina, i sogni dovevo guardarmeli da sola. Intanto Liliana mi ospitava spesso a casa sua e il mattino dopo io tornavo nel mio studio. Stare con lei era condividere con qualcuno la mia particolare esperienza di cui per contro tacevo a tutti.

GLI ATTACCHI DELL'ASTRALE NERO

Anche se non caddi nella rete di sentirmi speciale perché l'A.N. mi attaccava, correvo continuamente dei rischi, come se l'A.N. volesse sopprimermi o farmi molto male, gli episodi sono molti e ne citerò solo alcuni. Il mio stress era alle stelle.

Mi ero convinta, non so perché, che se rimanevo calma e tranquilla non poteva accadermi nulla di male. Poi ricordai che me l'aveva detto Maria, l'astrale non può colpirci se non ne abbiamo paura, ma non l'avevo presa tanto sul serio. Comunque era mia abitudine rimanere calma nei pericoli, sapevo che la paura genera aggressività.

Sembrava un mondo di fantascienza dove il bene e il male si combattono con battaglie epiche, ma io non volevo combattere, non mi sentivo chiamata a una missione e non volevo chiamate di alcun genere. Una mattina, uscendo con Liliana da casa sua, mentre imboccavamo la porta dell'ascensore, una monaca vestita tutta di grigio chiese il permesso di entrare con noi e naturalmente l'accogliemmo.

Riconobbi subito il gelo mortale dell'A.N. che risucchiava le energie, mi era accaduto diverse volte. Era una creatura malefica. Era diverso dal disagio che si può provare con persone sgradevoli, era un risucchiamento di energie, si poteva solo fuggire, ma in ascensore non si poteva per cui strinsi i denti.

D'improvviso Liliana mi serrò la mano molto forte, lo sentiva anche lei. Non era più accaduto, dopo la fanciulla dalle braccia come serpenti, che si rivelasse l'astrale nero nel diurno, ora però l'aveva sentito anche lei. Scappate in strada per non farci divorare ci precipitammo in un bar con gambe tremanti a prendere in gran fretta un caffè, ora lei sapeva di cosa parlavo, ora mi poteva capire, ora che rischiavamo entrambe di cadere per terra dalla debolezza.

Maria spiegò a Liliana la natura dell'A.N., un insieme di anime umane di tante epoche, tutte molto sofferenti che, avendo disperato in vita di vedere la luce, miravano a procurare la stessa sofferenza ai viventi per attenuare il loro dolore, insomma con il principio del "mal comune mezzo gaudio".

Raccontò che queste "anime grigie" avevano formato un unico ente (o Eone, o Eggregoro. o genio malevolo delle anime malvagie) che voleva spaventarmi perché temeva che mi liberassi completamente da lui. Rischiavo di uscire dalla rete del ragno astrale che attraverso la mente condizionata si nutre delle anime degli umani.

L'A.N. erano insomma le anime nere dell'umanità come l'A.B. o astrale bianco era formato dalle anime positive degli uomini che si preoccupavano di aiutare i loro discendenti, in genere dei cari defunti. Quindi i defunti che ci hanno amati restano accanto a noi pur facendo una vita propria in un dimensione diversa. Qualche volta i defunti che non erano stati particolarmente benevoli verso qualcuno in vita lo diventavano in morte, ma se erano stati cattivi in vita non diventavano santi dopo la morte, diciamo che poteva esserci un progresso di consapevolezza ma limitato.

A volte i defunti agivano per simpatia, sentendosi in sintonia con alcuni mortali anche se non erano parenti, ma solo perché ne apprezzavano il carattere. Non c'entravano dunque né Dei, né angeli, né diavoli, tutto era prettamente umano, e sembra che gli animali abbiano la stessa cosa, anche loro formano, con le loro emozioni, astrali positivi o negativi che li riguardavano.

A proposito della fanciulla dalle braccia che si agitavano come serpenti, la rividi per strada e la riconobbi, si muoveva in modo normale, aveva solo le gengive molto bianche e la indicai all'amica Liliana. Mi disse che la conosceva e sapeva che si drogava, pensai che forse era stata posseduta mentre era fuori coscienza a causa della droga, ma non sapevo nulla della possessione, quel che sapevo l'avevo letto o ascoltato da altri.

Magari era stata la mia testa delirante a vederla così, però quel bambino qualcosa di strano aveva visto per aver pensato che fosse matta. Di certo ci avevo messo del mio, le braccia che la ragazza agitava dietro la schiena si muovevano come non avessero ossa, e non poteva essere. Ma la mia amica era stata sbattuta fino al divano, e a casa sua controllai, quasi a tre metri di distanza. Credevo che l'astrale non potesse agire fisicamente e ne parlai con Maria.

Lei disse che solitamente non possono a meno che non subentrino enti di grande potenza, ma non possono toccare il corpo di una persona se questa ha le sue protezioni positive. Spostarono violentemente Liliana ma non le fecero male. Un volo di tre metri a una persona di mezza età avrebbe potuto farle molto male, invece Liliana non aveva sentito dolore, e non aveva avuto ammaccature, solo paura.

Maria disse che l'A,B. (astrale bianco) l'aveva protetta, ma allora perché non aveva proibito l'azione? Non lo sapeva neppure lei, di certo non potevano. Questa lotta tra bene e male, continua e costante, non l'ho mai capita, è come se i due astrali avessero capacità limitate da regole a noi sconosciute.

Sembra inoltre che non esista una separazione netta tra uomini e animali perché se ad esempio un cane o un gatto o qualsiasi altro animale aveva molto amato un umano e viceversa, dopo la morte restavano accanto all'altro per rincontrarsi dopo la morte di entrambi. Noi siamo animali da branco ma spesso ci mescoliamo a cani e gatti e formiamo un branco diverso.

LA NATURA INNATURALE

Nella nostra prigione mentale noi scambiamo lo spirito per la mente, tanto è vero che il divino lo mettiamo in alto tra le nuvole. Abbiamo demonizzato la terra e divinizzato la mente. La via spirituale è quella che ci fa recuperare l'istinto primordiale, quello che ci deriva dalla natura. L'istinto, in genere cieco perché condizionato, è molto intelligente una volta decondizionato, perché è centrato sul proprio criterio e non sulle idee degli altri, e il nostro criterio decondizionato non è più un pensare ma un sentire.

Quando mi accorsi di quanto fosse crudele il nostro mondo, cioè il pianeta Terra, scoprii che gli altri trovavano invece la cosa naturale. Trovavo orribile che le creature debbano cibarsi di altre creature, ma per molti non esistevano diverse soluzioni. Replicavano che se i leoni non mangiano le gazzelle queste si moltiplicano distruggendo i prati d'erba per cui poi muoiono tutti di fame.

Si pensa che questo sistema sia l'unico possibile. Non si capisce che possano esistere sistemi che non richiedano l'uccisione delle creature. Non basta l'invecchiamento e la conseguente morte per dare l'avvicendamento delle creature? Occorrono pure le malattie e soprattutto l'essere cibo di altre creature?

La Divina Natura avrebbe potuto inventare migliaia di modi diversi per organizzare il suo mondo. Già in continenti diversi ha sviluppato animali diversi, certamente è in grado di creare ambienti diversi dove le creature non si mangino una con l'altra. Al massimo si pensa che si possano creare animali solo vegetariani, non tenendo conto che anche le piante soffrono se vengono "sbranate". Questa era la ragione per cui Gandhi si nutriva solo dei frutti degli alberi o dei semi delle piante.

Tutti a fantasticare su come poter equilibrare il mondo, ma è difficile perché partono dal modello a loro presentato, ne sono condizionati. Non ne comprendono la crudeltà, e non la comprendono perché le vittime sono altre da loro. Non si identificano. Noi viviamo in un mondo "basso", cioè poco evoluto. Esistono mondi più evoluti del nostro, ma anche meno evoluti.

E a proposito di Gandhi, colui che creò la resistenza all'oppressione tramite la disobbedienza civile di massa che ha portato l'India all'indipendenza: la sua resistenza era fondata sulla verità, la nonviolenza e l'amore, come dice nella sua autobiografia. Con le sue azioni, Gandhi ha ispirato movimenti di difesa dei diritti civili e personalità quali Martin Luther King, Nelson Mandela e Aung San Suu Kyi. Per le loro aspirazioni libertarie Gandhi fu assassinato, Luther King fu assassinato, Nelson Mandela fu relegato in galera per 27 anni e San Suu Kyi. scontò tre anni di lavori forzati.

L'INVIDIA

Non ci sono solo ragioni politiche, c'è anche l'invidia. Giulio Cesare conquistò da solo i territori della Francia, Belgio, Paesi Bassi, Svizzera e Italia settentrionale, portando la guerra ma pure l'ordine e le leggi della civiltà, la civiltà europea si sviluppò in base a queste conquiste, dando poi luogo alla civiltà americana e a quella australiana. L'Asia e soprattutto l'Africa non si svilupparono altrettanto.

Per ringraziamento Cesare venne assassinato. Ricordo nelle scuole superiori l'invidia che suscitavo perché sapevo rispondere a domande culturali di diverso tipo. Fingevo indifferenza ma ne soffrivo. Melanie Klein nel suo libro Invidia e gratitudine attribuisce l'invidia al seno materno, a volte disponibile e a volte negato. Il che è vero ma influisce anche la personalità del soggetto.

In modo forse più semplice direi che il bambino poco amato pensa che lui è carente, vale poco ed è poco amato per questo. Pertanto il bimbo ha tre possibilità: diventare come vuole il genitore per essere amato, o disperarsi e deprimersi, o provare collera verso i suoi rivali e diventare aggressivo.

E' lo stesso principio con cui si forma l'A.N., disperando di essere amato fa agli altri quello che è stato fatto a lui e magari peggio, così almeno si sfoga. Parecchi anni fa vidi la pubblicità molto indicativa di un formaggio che si chiamava Pratello e c'era scritto: "*Pratello, il più buono, il più bello, fatelo a fette*".

Ciò che è buono e bello è amato dagli altri, l'unica soddisfazione è aggredirlo. Io che non sono buono e bello non sarò mai amato. Pertanto odio chi è bravo e bello, perché vorrei essere come lui. Non capisce che il suo giudizio è determinato da quello dei suoi genitori, che non l'hanno amato perché non sapevano amare. Ma scoprirlo non è da tutti.

Molti pensano che loro sono infelici mentre gli altri sono felici, naturalmente non li vedono, però li odiano. Alcuni odiano le feste perché immaginano che tutti siano contenti. Non è vero, chi è infelice è infelice pure nelle feste, chi sta meglio ha lo stesso stato d'animo anche nei giorni feriali. E' una questione di invidia, ma l'invidia è della mente, niente è visto e tutto è immaginato.

IL FUNESTO DEMIURGO

Il demiurgo per gli gnostici è un essere divino, generatore e ordinatore, descritto per primo da Platone nel Timeo, che dà il soffio vitale alla materia informe e ingenerata che preesiste a lui. Per questo fu definito da Celso un «semidio». Platone lo descrive come « *Artefice e padre dell'universo* », una forza ordinatrice, imitatrice, plasmatrice, che vivifica la materia, dandole una forma, un ordine, un'intelligenza, cioè un'Anima Mundi.

Per gli Gnostici il mondo era stato creato non da Dio, ma da Eoni dove il Demiurgo sarebbe un Dio minore creatore e governatore della materia assieme agli Arconti suoi sottoposti, mentre il vero Dio, l'Uno, sarebbe trascendente. Gli Eoni sarebbero le varie emanazioni del Dio primo, *l'Uno*, la *Monade*, l'*Arkhe* ("Inizio").

Un Eone chiamato Sophia emanò senza il contributo del suo Eone partner, Cristo, il Demiurgo, o Primo Arconte, una creatura che non sarebbe dovuta esistere, identificata a volte con Yahweh. Questi creò il mondo materiale, ma Sophia riuscì ad infondere nella materia la sua scintilla divina (*pneuma*), salvando così il creato e l'umanità dal Demiurgo.

L'Eone Sophia in certe scuole gnostiche è considerato la Maria Maddalena, compagna mistica di Gesù, incarnazione dell'Eone Cristo. Nel Vangelo di Giuda (un apocrifo, non inserito nei vangeli canonici e quindi non presente nella Bibbia) recentemente scoperto, Gesù deride i discepoli che pregano l'entità che loro credono essere il vero Dio, ma che è in realtà il malvagio Demiurgo.

Gli gnostici ofiti veneravano il serpente, perché era stato mandato dalla Sophia (la gnosi, o era lei stessa) per indurre gli uomini a nutrirsi del frutto della conoscenza proibito dal Demiurgo, per far loro acquisire la gnosis di cui avevano bisogno per svegliarsi dai suoi inganni. Gli gnostici ritenevano che un Dio buono non avrebbe potuto creare il male del mondo e per tale motivo contrapponevano il Demiurgo creatore alla trascendenza di Dio.

E. M. Cioran, nel suo libro "Il funesto Demiurgo" prese il termine "demiurgo" dagli gnostici, cioè una specie di divinità o demone che governa il mondo che conosciamo, la nostra Terra:
« *Agli inizi, nella promiscuità in cui si operò lo slittamento verso la vita, qualcosa di innominabile dovette accadere, che si propaga nei nostri malesseri e nei nostri ragionamenti. Che l'esistenza sia stata viziata alla sorgente, insieme agli elementi, chi potrebbe esimersi dal supporlo? Colui che non sia stato indotto a considerare questa ipotesi, come minimo una volta al giorno, avrà vissuto da sonnambulo* ».

E' quello che Eugenio Montale definì: "Il male di vivere", o " L'infermità di essere", insomma la malattia di esistere, che non è la morte o la solitudine o l'abbandono, ma un vizio congenito del nostro ambiente terreno e terrestre, il principio per cui ogni essere per sopravvivere deve uccidere un altro essere e cibarsene. Animali e piante hanno una loro intelligenza e dei sentimenti che noi misconosciamo, e anche loro conoscono il dramma della sopravvivenza e della morte.

« *L'idea che ho potuto, come tutti, essere sinceramente cristiano, fosse anche per un solo secondo, mi getta nello smarrimento. Il Salvatore mi annoia. Sogno un universo immune da intossicazioni celesti, un universo senza croce né fede. La teologia, la morale, la storia e l'esperienza di tutti i giorni insegnano che, per raggiungere l'equilibrio, non c'è un'infinità di segreti, ce n'è uno solo: sottomettersi.*
«*Accettate un giogo*» *esse ci ripetono* «*e sarete felici; siate qualche cosa e verrete liberati dalle vostre pene. Senza dubbio l'istituzione più oppressiva di tutti i tempi fu l'Inquisizione. Non potrò mai convertirmi al cattolicesimo, una religione che ha potuto dar vita a qualcosa di così mostruoso*»

(Emil Cioran – Il funesto Demiurgo)

ATTACCAMENTO E ABBANDONO

Tutti sperimentiamo l'attaccamento che ci coinvolge profondamente e il distacco doloroso dell'abbandono. Siamo costretti ad abbandonare coloro che amiamo perché la morte ci separa, ma prima ancora veniamo lasciati con nostro grande dolore da coloro che ci hanno amato. Se non ci hanno amato è ugualmente dolore perché sentiamo la mancanza del genitore ideale che avrebbe dovuto amarci o perdiamo la speranza che il genitore anaffettivo si ravveda e ci ami.

Viviamo in un mondo viziato al suo inizio, un mondo crudele governato dal "funesto Demiurgo", le religioni ci fanno credere che siamo noi la colpa delle nostre sofferenze, ma nella sua infinita misericordia il Demiurgo ci offre la possibilità di cambiare: se rinunciamo ai piaceri e al godimento della vita siamo salvi, come dire al povero: "*se ami la tua miseria diventi un re... della miseria*".

Il funesto Demiurgo ha fatto si che venissimo incolpati delle nostre sofferenze, appellandosi addirittura ai nostri sconosciuti progenitori, sembra la favola di Fedro "il lupo e l'agnello":

« *Un lupo e un agnello, spinti dalla sete, giunsero sulla riva di un fiume: il primo si trovava in alto, l'altro molto più in basso. Il lupo, vedendo l'agnello, desiderò mangiarlo e cercò un pretesto per litigare: "Tu" disse all'agnello "stai intorbidendo l'acqua che bevo".*
"Com'è possibile" rispose l'agnello "che io intorbidi la tua acqua se tu stai a monte ed io a valle? È da te che l'acqua arriva a me, non il contrario".
"Sei mesi fa hai parlato male di me" disse il lupo, piccato poiché l'agnello l'aveva contraddetto.
"Sei mesi fa non ero ancora nato" rispose l'agnello.
"Dev'essere stato tuo padre" rispose il lupo, che non sapeva più come rispondere. Poi saltò addosso all'agnello e lo divorò.

Così siamo gli eredi delle colpe di Adamo ed Eva che si sono appropriati... di una mela, no, non era una mela, comunque era un frutto e che ci importa di che frutto era? Cambia qualcosa se era una pera?. Che strano, un giudizio molto ma molto più severo di quello della legge umana, che dovrebbe essere di per sé già nefasta. Nessuno condannerebbe a vita un umano per essersi appropriato di una mela, e men che meno i suoi discendenti.

Ma le ingiustizie di Dio non si vedono, perché il genitore non è contestabile, pena le sue terribili punizioni. Io invece notai ben presto queste crudeli assurdità, e meravigliata che gli altri non le vedessero, seguii corsi di cristologia e affini, la carenza doveva essere tutta mia, non era possibile che fossero gli altri a non accorgersi. Alla fine capii che la gente non solo era cieca ma ci teneva a restare tale.

GLI AGGUATI DELL'ASTRALE NERO

Il simil – Mago - nero

Accadevano intanto altre cose strane, un giorno andai con degli amici in un bar panoramico di Roma, e come arrivai in cima cominciai a sentire la cupa atmosfera caratteristica dell'A.N. in azione. Mi dissi che qualsiasi cosa fosse dovevo stare attenta a non mostrarlo ai miei amici che nulla sapevano delle mie vicende interiori, non volevo passare per pazza.

Sentii, mentre entravo nel locale, un ticchettio molto cupo e sonoro che proveniva dal bar, non avrei voluto vederne la fonte ma avrei dovuto inventare una scusa per fare dietro-front che non mi venne in mente, così entrai cercando di restare indietro rispetto ai miei amici.

Al bancone c'era qualcuno che batteva con le nocche sul tavolo producendo un'eco terrifico, era il Grande Mago Nero, un uomo con un aspetto malefico che mi succhiava energie, fossi rimasta lì sarei caduta a terra, dissi ai miei amici che andavo a sedermi all'esterno e che ordinassero per me.

Raggiunsi un tavolo dei più lontani all'esterno e presi lunghi respiri. I miei amici vennero al mio tavolo chiedendo perché mi fossi seduta così lontano e risposi che mi piaceva di più quell'angolo e che mi aveva innervosito l'aspetto dell'individuo al bar.

Uno mi spiegò che era il padrone del locale che stava lì ma non serviva ai tavoli e questo mi tranquillizzò. Un altro però aggiunse che effettivamente l'uomo aveva un aspetto poco gradevole, nessuno degli altri disse qualcosa in contrario. Non era piaciuto a nessuno ma le energie le aveva risucchiate solo a me. Ma era vero?

Forse le risucchiano agli altri in modo impercettibile, perché si nutrono delle nostre energie. Scoprii poi trattarsi di personaggio noto per aver fondato un movimento di credenze particolari. Avevo una coppia di amici che lo seguivano molto interessati e che prendevo bonariamente in giro per questo, ma all'epoca del Mago del bar la sua fama era da tempo svanita.

Il fantastico disegno

Che mi seguiva l'A.N: ne avevo la prova tutti i giorni, nella casa in campagna avevo due cani che lasciavo liberi nel giardino quando uscivo per andare allo studio e li facevo rientrare in casa quando tornavo. Di solito erano festosissimi al mio ritorno e mi saltavano addosso per cui dovevo stare attenta a non finire per terra. Da quando ero tormentata dall'A.N. mi abbaiavano e si tenevano discosti da me, mi sentivano una mezza nemica.

Dunque dovevo stare attenta a chi incontravo perché non mi aggredisse ma anche perché non tentasse di farmi sentire superiore. Un giorno presi un foglio da disegno e con una matita cercai di riprodurre il paesaggio che vedevo dalla mia casina in cima al cratere del lago, e cioè alberi e cespugli oltre a qualche roccia. Però non era male per cui pensai di portarlo allo studio, incorniciarlo e appenderlo.

Salii in macchina e poggiai il disegno nel sedile posteriore, poi andai a fare benzina e mi servì il padrone del complesso con bar e pompa di benzina. Lui notò il disegno e cominciò a magnificarlo, poi disse che io ero bravissima, che era amico di uno che aveva delle sale di esposizione, che mi avrebbe presentato a lui e sicuramente mi avrebbe fatto fare una mostra. Io che avevo capito l'antifona presi il foglio e glielo misi in mano dicendogli: *"Niente mostra, le regalo il disegno"* e me ne andai.

Nello stesso periodo ricevetti un fascio di orchidee da un ricco costruttore che avevo conosciuto per caso, che in un biglietto si dichiarò molto colpito da me e che mi chiedeva di poterci salutare per telefono e magari incontrare. A tale scopo mi aveva scritto il suo numero di telefono sul biglietto: io lo strappai.

Anche se non mi facevo illudere dagli adulatori correvo però ben altri rischi, come se l'A.N., visto che non poteva illudermi né spaventarmi tentò di sopprimermi o di farmi molto male, gli episodi furono molti ma ne citerò alcuni.

Per Strada di Notte

Una volta mentre rientravo a casa sul tardi, molto tardi, parcheggiai la macchina e mi guardai intorno. La via era deserta e ormai buia, ma sul fondo scorsi un gruppo di ragazzi sui 20 - 25 anni che mi sembrarono un po' alticci. Preparai le chiavi del portone e le misi in tasca, ma i ragazzi accelerarono il passo, non potevo scappare e non volevo mostrare che fuggivo. Così mi raggiunsero e mi fermarono.

Provai paura, era agosto e a quell'epoca Roma era un deserto. Mi fermai con espressione serena e in effetti quando c'è un pericolo divento calmissima per difendermi al meglio. I ragazzi mi circondarono e mi chiesero chi era secondo me il più bello di loro. Mi sentii a un passo dallo stupro di gruppo.

Li guardai attentamente, o finsi di farlo, e notai degli aspetti positivi in ciascuno. Mi atteggiavo come una che sta allo scherzo. Non era detto che fosse un tranello dell'A.N., però era probabile perché me ne accadevano in successione serrata.

Comunque sapevo che se mi dimostravo sorridente e tranquilla sarebbe stato più difficile farli scatenare. Uno di loro mi chiese se secondo me avevano bevuto, e io risposi che non conoscevo i loro gusti, vino o birra, ma di certo uno dei due aveva allietato la loro tavola. Lo facevano per spaventarmi ma più che altro per vedere se mi spaventavo.

Rimasi calma e leggermente sorridente, la cosa durò diverso tempo ma alla fine quello che sembrava il capo decise che potevano lasciarmi andare. *"Lei è una persona simpatica, perché altrimenti... poteva finire diversamente."* Io salutai con un gesto della mano e mi avviai al portone sperando che non mi corressero dietro per seguirmi in casa mia.

Mi ero convinta che se rimanevo calma e tranquilla non poteva accadermi nulla di male. Ricordai che me l'aveva detto Maria, l'astrale non può colpirci se non ne abbiamo paura, ma non l'avevo presa tanto sul serio. Comunque era la mia regola rimanere calma nei pericoli, perché la paura genera aggressività.

L'automobilista pazzo

Un'altra volta venni inseguita da una macchina per una pretesa scorrettezza fatta al suo guidatore. Io ero su una strada principale e avevo la precedenza sulle strade laterali come del resto avvertiva la segnaletica. Andai oltre ignorando le urla e il clacson dell'altro ma capii che se non mi fossi fermata sarebbe stato peggio, il guidatore sembrava un pazzo e non mi avrebbe mollato, dovevo affrontare la situazione, accostai la macchina e scesi.

L'uomo scese nella macchina dietro di me e in mano aveva una chiave inglese. Nella sua macchina c'era una donna, probabilmente sua moglie, che invece di calmarlo si portò le mani al viso in un gesto di disperazione, come si aspettasse un gesto insano del marito. Era questa spettacolarità che mi faceva sospettare dell'A.N., tutto sembrava esasperato per impaurirmi.

L'uomo mi accusò di avergli bloccato il passaggio facendogli correre un grave rischio. Era assurdo, perché veniva da una piccola strada laterale mentre la strada principale da cui venivo io era di scorrimento veloce. Capii che stava per esplodere e che non dovevo contestarlo, gli dissi che mi dispiaceva e che non me ne ero accorta.

Inveì ancora, io ripetei le scuse e gli chiesi cosa altro potessi fare per fargli capire che il mio gesto era stato uno sbaglio assolutamente involontario. A un certo punto fece un gesto di rabbia, buttò la chiave inglese nella sua macchina e ci risalì.

Il primo maniaco

Di fatti come questi ne successero tanti, fui aggredita a parole in un vicolo da un pazzo che aveva già assalito una mia amica che stava in un negozio vicino e che se l'era cavata per caso. Lo riconobbi dalla descrizione della mia amica, gli parlai come se cercassi di colloquiare spostandomi intanto in una strada più frequentata e a questo punto gli dissi a voce molto alta che era un maniaco e che avrei chiamato la polizia. La gente si voltò e lui scomparve.

Il secondo maniaco

Poi un altro pazzo si infilò nel portone del mio studio, un palazzetto del '600 al centro di Roma costituito da solo quattro appartamenti a parte il mio, i cui proprietari durante il giorno erano tutti fuori casa. Se avessi urlato non mi avrebbe sentito nessuno, e poi abbandonarsi alla paura era pericoloso. Cominciai a parlargli fittamente sussurrando le parole mentre lui, dopo aver chiuso il portone, mi serrava contro il muro con l'intento di violentarmi. Perché non lo fece?

Gli dissi che ero sposata e che queste cose non si fanno di sabato ma di lunedì perché il lunedì era degli amanti ma il sabato dei mariti con le mogli: *"Tu capisci che il sabato è il giorno prima della domenica e che di domenica si riuniscono le famiglie, il marito con la moglie e i genitori coi figli. Il lunedì si è liberi di andare con gli amanti, oggi no perché sono sposata"*

Così, dopo aver girato il mio anello in modo che si vedesse la fascetta e non il castone, gli mostrai la mia presunta fede nuziale. Il mio discorso fu molto più lungo e sempre bisbigliato con continue e lunghe ripetizioni, lui si fermò disorientato, lo rimandai a lunedì. Gli aprii il portone per farlo uscire molto tranquilla ma senza sorrisi. Non lo rividi mai più. A tutt'oggi non so chi mi abbia salvato.

LA RICERCA

Per ascoltare voci diverse da quella di Maria, feci il giro delle scuole di magia e dei vari guru ma scoprii che stavano peggio non solo di Maria ma pure di me: sperai che soltanto gli accoliti fossero fuori di testa e che i capi fossero a posto, ma i capi erano esaltati dal loro potere e favorivano gli allievi più creduli anziché i più intelligenti. Molto meglio Maria. Nel giro dei medium vidi diverse persone con un io piuttosto esigente, io facevo domande sulla loro medianità e questo suscitava sospetti, come volessi mettere in crisi le loro capacità.

Una in particolare mi si appiccicò desiderosa di convincermi che lei aveva davvero una chiamata a svolgere quel ruolo. Io cercavo di essere gentile ma quando esagerò le dissi che era fuori di testa. Si era definita "Figlia di Dio", le risposi che uno si era chiamato così e non aveva fatto una bella fine, gli altri tacevano imbarazzati. Lei prese un bicchierino di vermut che stava sul tavolo e me ne lanciò il contenuto sul viso. Mi alzai e me ne andai, il giorno dopo la ricoverarono perché voleva gettarsi da una finestra.

Di medium ne avevo abbastanza e mi iscrissi a una scuola di magia, prima dai Kremmerziani e poi dai Martinisti, anche qui trovai credulità e venerazione per i capi i quali recitavano la parte degli illuminati. Rinunciai alle scuole di magia ed entrai in Massoneria, una sezione che accoglieva anche donne alla pari con gli uomini, ma separati, almeno avrei studiato la tradizione, ma si studiava poco perché pochi ne avevano la voglia e la curiosità, sperando che il lavoro lo facessero gli altri.

C'era anche lì una questione di fede, si dava credito ai gradi più alti perché la gente voleva capi a cui affidarsi. Allora entrai in un gruppo dove si studiava la cabala o kabalah presso un coltissimo 33simo grado della Massoneria, ma non andò meglio perché il capo elogiava le mie intuizioni e c'era molta invidia, soprattutto perché ero donna. Le mie intuizioni non erano così particolari, è che gli altri, pigri e mentali, non si applicavano.

Avrei sopportato l'invidia se il corso avesse portato a qualcosa, ma anche quello era mentale, con un'infinità di schemi sulle lettere ebraiche, sui numeri e sui quadrati magici, per giunta con l'assunto del Dio Padre Onnipotente. Decisamente era molto meglio Maria. Rinunciai all'esterno e mi concentrai sull'analisi. Imparai a capire i miei sogni e a ricordare il mio passato, che era un incubo, ma lo affrontai.

Le Passate Reincarnazioni

Pensavo di essermi liberata dalle cosiddette tentazioni dell'A.N. ma non era così. L'astrale suggeriva alla mia mente strani concetti, ma lo faceva senza parole per cui era difficile accorgersene. Il principio era che le persone si reincarnavamo insieme perché si erano conosciute in vite precedenti.

L'A,N. aveva ambientato tutto nel 1300 -1400 nella città di Ravenna, narrando personaggi e storie che io non conoscevo e che non potevo conoscere perché non stavano sui libri di scuola. Avrei potuto conoscerli solo in un libro storico basato su quell'epoca, ma non ne avevo letti.

Con la mia amica Liliana facemmo accurata ricerca sull'Enciclopedia Treccani (internet non esisteva) di tutti i nomi dei trapassati e corrispondevano alla stessa data e agli stessi luoghi. A quel punto ricordai un vecchietto stranissimo, visto anni prima mentre ero ferma in macchina a cercare un indirizzo.

Diluviava e vidi per strada un anziano basso e buffo, stranamente paludato da un lungo mantello con cappuccio grigio, che sembrava uscito da un quadro medievale. Era tutt'altro che minaccioso e venne verso di me, io abbassai il finestrino e lui mi chiese se poteva leggermi la mano.

Acconsentii e lui azzeccò mirabilmente i fatti del passato e del presente, ma non sul futuro, poi mi disse che avrei capito le cose quando sarei andata a Ravenna, dove avrei voluto andare ma non ero mai stata. Ricordo che durante le vacanze tentai di andare a Ravenna ma per motivi vari non riuscii a vederla neppure quella volta, ma la cosa non mi turbò.

Adesso però Ravenna tornava come luogo in cui ero vissuta in altre epoche. Era una curiosa coincidenza, ma l'A.N. era famoso per le coincidenze. Non credo che il vecchietto avesse a che fare con l'A.N., ma che questo volesse usare quel curioso evento.

IL VESCOVO GERMANO E SANTA GENOVEFFA

Nel 429 gli abitanti di Nanterre, borgo parigino, videro sbarcare sulla riva della Senna il vescovo san Germano di Auxerre (378-448) e san Lupo di Troyes (383-478 ca.) che, su richiesta del papa, si recavano in Gran Bretagna per opporsi alle dottrine di Pelagio. San Germano, di famiglia ricca, aveva il dottorato di avvocato, quindi abile nella confutazione. Ma la fede non doveva fare a meno della logica?

Germano divenne governatore della Provincia Lionese Quarta, e morto il vescovo, venne acclamato lui pur non essendo prete ed essendo sposato; il celibato ecclesiastico non c'era. Germano distribuì i beni ai poveri, adottò uno stile di vita umile e mortificato, e non ebbe rapporti intimi con la moglie (ma se si poteva essere sposati!).

Venne inviato a contrastare l'eresia pelagiana che negava la trasmissibilità all'umanità del peccato di Adamo, secondo essa mortale (*non il peccato ma l'umanità*) anche prima di commettere il peccato (*qualcuno ragionava*), poiché ciascuno è responsabile delle proprie azioni, non di quelle altrui: venivano così negati anche gli effetti del peccato originale, in quanto impossibile che l'anima, creata da Dio, fosse caricata di un peccato non commesso personalmente.

Affermavano pure che un bambino morto prima del battesimo non è condannato, perché in lui non vi è peccato, ma i pelagiani furono condannati, esiliati e perseguitati. Nel 430, San Germano, che non era contrario alla guerra, addirittura contribuì alla vittoria dei Bretoni sui

Pitti e i Sassoni, facendo gridare loro un grande *"Alleluia!"* che *(miracolo!)* spaventò a morte gli avversari *(figurarsi!)*.

Morì nel 448 a Ravenna, fu imbalsamato come una mummia e quando il corteo funebre, arrivato a Vercelli entrò nella cattedrale, avvenne un altro "miracolo": le candele che erano spente si accesero da sole tutte insieme, illuminando tutto il tempio. Questa la storia, ovvero la leggenda.

Nella storia narrata dalle voci mute della mia mente, io sarei stata non la moglie ma l'amante di questo vescovo (*casto con la moglie ma con le altre...*) mentre Lupo, un capitano di ventura al servizio del vescovo Germano, era stato un'incarnazione di mio cugino; mi avevano chiesto se sapessi chi fosse Lupus e avevo risposto che era il famoso Lupus Ezechiele.

Non apprezzarono lo spirito e mi chiesero se sapessi chi era Genoveffa, io sentivo questa voce nella mia testa ma senza suoni ed ero diffidente. Risposi anche qui che lo sapevo bene, era la sorella di Anastasia e la sorellastra di Cenerentola.

Nella "Vita Genovefae", scritta da un anonimo vent'anni dopo la sua morte, si legge che ancora bambina Santa Genoveffa incontrò san Germano d'Auxerre che andava con San Lupo in Britannia a cristianizzare quei popoli ed a contrastarvi il pelagianesimo nel 429; Geneviève doveva avere tra i 13 e i 18 anni e da questo incontro nacque la sua vocazione.

L'attuale reincarnazione di Genevieve sarebbe stata la figlia della mia amica Liliana. Io e la mia amica cercavamo i nomi nell'Enciclopedia Treccani e non trovammo il vescovo Germanico ma un vescovo Germano che aveva pure combattuto, trovammo un Lupus che era un capitano di ventura, e Santa Genoveffa che era la nipote del vescovo, tutti della stessa epoca e di Ravenna.

Oggi guardando internet trovo che Lupus era un santo che affiancò San Germano, e Santa Genoveffa non era la nipote ma una fanciulla incontrata per caso dal Vescovo Germano. Mi chiedo il perché di certe discrepanze, era vero quello che scriveva la Treccani o quello che scrivono oggi? E comunque anche qui il vescovo si chiamava Germano.

Forse l'astrale aveva attinto dalla Treccani perché sapeva che saremmo andate a consultarla, e magari aveva ragione la Treccani e torto Wikipedia, o viceversa. Oppure l'astrale distorse la lettura a me e a

Liliana. Alla fine mi rivolsi a Maria, la vecchia saggia, e disse che si trattava dell'A.N., già lo sospettavo, anzi lo sapevo, da un lato volevo seguire il gioco, però era troppo pericoloso. Interruppi immediatamente il contatto, stranamente potevo farlo e sapevo di poterlo fare. Di colpo tutto cessò e non tornò mai più. La mia vita di medium era stata brevissima.

Forse l'A.N. aveva commesso degli errori, tuttavia avevano scelto personaggi riguardanti la Ravenna del XIV secolo, riferendosi al vecchietto simil-veggente e un po' fuori di testa che mi aveva letto la mano. Non penso sia stato un caso, volevano rendersi più credibili agganciandosi a qualcosa accaduto casualmente anni prima.

Restava da capirne il perché. Penso che l'A.N. non essendo riuscito a farmi impazzire con la paura volesse farmi sbroccare con il potere di conoscere le mie e le altrui reincarnazioni. Se potevo farlo ero speciale, inoltre davo un significato preciso al mondo, ed era consolatorio che tutti ci rincontriamo, così pian piano mi sarei sentita qualcuno e avrei acquisito superbia fino a sbroccare di testa.

La mattina dopo Liliana chiese al cosmo da cosa provenisse tutto questo e mentre accendeva la radio udì la parola "infernale". Dalle parole successive comprese che si alludeva al traffico di Roma ma guarda caso l'aveva pronunciato in quell'istante preciso. Anche qui mi vennero dubbi, non era l'A.B. che voleva aiutarci, ma quello negativo che voleva spaventarci: l'inferno era un termine cattolico con cui la chiesa aveva sparso terrore, niente a che vedere con gli antichi inferi greci e romani. La mia amica era ebrea ma era vissuta in un ambito cattolico.

Maria insisteva che il sistema migliore per far agire l'Astrale Bianco, per chiunque, era quello di affidarglisi, sospendendo i pensieri della mente condizionata. Anzi precisava che quando si intraprendeva un percorso che potesse riguardare l'esterno, se la strada si presentava difficile era meglio sospendere, perché se fosse stata valida l'A.B. l'avrebbe facilitata. Affidarsi però non è facile a chi ha avuto un'infanzia traumatica.

I TRAUMI

Man mano che riconoscevo i miei traumi iniziai a riconoscere quelli degli altri e mi accorsi anche della crudeltà con cui la gente trattava le persone traumatizzate. Ricordai in un ospedale un'adolescente con le mani legate perché altrimenti si masturbava compulsivamente, fino a farsi uscire il sangue. La tenevano in un piccolo spazio, una specie di teca, mezza nuda e delirante, esposta agli sguardi di tutti.

Nella nostra civiltà la psicosi e i deliri sono considerati una casualità nefasta, non la conseguenza di traumi subiti nell'infanzia. Ho visto anoressiche aspramente rimproverate perché rifiutavano qualsiasi cibo, con molta rabbia nei loro confronti. C'è chi sostiene che le anoressiche (per la maggior parte sono donne) vogliano imitare le modelle, non solo non le capiscono ma le giudicano e le condannano, aggiungendo danno al danno, spingendole a desiderare di non esistere.

Ho visto ragazzi disperati e depressi presi di mira da professori che non vedono la loro sofferenza. I dolori della nostra vita derivano dalla nostra infanzia e pertanto dai genitori. E' una verità raramente accettata, a cominciare da chi ha subito i traumi e a finire dagli psicologi che tendono a riconciliarli coi genitori o a perdonarli. I genitori devono essere buoni, tutti devono essere stati amati, i valori della famiglia sono importanti.

Eppure sono rari i genitori che amano i figli, perché loro stessi in genere non sono stati amati. Tutto consentito dalla rimozione dei traumi dai più gravi ai più leggeri. I più gravi sono quelli sessuali, ovvero gli abusi infantili, ma di questi è ancora proibito parlare, perché chi ne parla è fissato, perché un padre anche se tocca scherzosamente il seno o il sedere della figlia lo fa in buona fede, come fa in buona fede il bagnetto al bambino perché la mamma ha molto da fare.

Quali sono i sintomi di una abuso sessuale infantile? Sono tanti, a volte mescolati tra loro a volte no.

- uso di droghe,
- uso di canne,
- uso smodato di sigarette,
- alcolismo,
- depressione,
- bipolarismo,
- disturbi di personalità,
- schizofrenia,
- paranoia,
- masturbazione compulsiva,
- masturbazione precoce
- desiderio di fare sesso in età precoce,

- tic nervosi,
- mangiarsi le unghie e/o le labbra e l'interno delle guance,
- anoressia,
- bulimia,
- terrore di essere penetrati,
- vaginismo,
- satirismo per i maschi,
- ninfomania per le femmine,
- logorrea,
- mutismo,
- rifiuto del proprio corpo,
- claustrofobia,
- agorafobia,
- ritualità nei gesti e nelle azioni,
- lavarsi continuamente le mani,
- difficoltà continuativa a dormire,
- vivere di notte e dormire di giorno,
- fare sport pericolosi,
- tagliarsi la pelle,
- tormentare i brufoli finché non sanguinano o spremerli ossessivamente, a volte anche quelli degli altri.
- pensieri ossessivi sull'essere pedofili,
- pensieri ossessivi sull'essere gay (seppure senza preconcetti sui gay),
- paura di aggressioni e violenza a carattere sessuale,
- desiderio improvviso di fare del male ai bambini provando orrore per questo desiderio,
- paura di fare o ricevere del male dagli altri, che impedisce spesso di guidare la macchina anche se si ha conseguito la patente,
- necessità di organizzazione e ossessione per l'ordine e la simmetria;
- digrignare i denti di notte.
- avere fantasie sessuali masochiste,
- avere fantasie sessuali sadiche,
- sognare di essere inseguiti da persone che vogliono ucciderci,
- sognare di venire accoltellati,
- sognare un vulcano che erutta o sta per eruttare,
- sognare un mare che ha un'onda alta che travolge o sta per travolgere tutto,
- sognare di avere un ladro nascosto sotto al letto,
- sognare di stare per bruciare vivi,
- sognare terremoti,
- sognare di affogare.

Ma ci sono tanti altri sintomi...

Ricordo la tristezza che sostituì l'angoscia, la tristezza fa male ma al contrario dell'angoscia è sopportabile. Pian piano mi inoltrai nella terra di nessuno, tutto era silente e desertico.
- Capii che nessuno avrebbe potuto compensarmi dei dolori sofferti e dell'amore e il rispetto mancati.
- Capii così che essere amati nel presente non toglie il dolore del non esserlo stati da bambini.
- Capii così che quella bambina maltrattata e respinta solo io potevo amarla e salvarla.

IN PRESENZA DEL MAGO NERO

Sapevo distinguere ciò che era reale da ciò che non lo era, o almeno che non lo era in questa dimensione, facevo parecchi sogni lucidi angoscianti in cui tutto era reale come da sveglia e me ne restava un ricordo molto vivido per i giorni a seguire. Ero sotto assedio.

Anche la mia amica Liliana venne attaccata dall'A.N., ma solo nei sogni, a me ormai più da sveglia che nei sogni, che cominciavano a diradarsi. Chiesi a Maria perché mi prendessero così di mira e lei rispose che era per ciò che facevo, io salvavo le persone dalla rete dell'A.N., se perdevano me perdevano anche altri.

Sogno

" *Feci un sogno in cui c'era una donna giovane, alta, fiera e serena, con capelli scuri raccolti in una treccia che le scendeva lungo la schiena, con sguardo fermo e di grande dignità, a piedi nudi e con una veste bianca lunga fino ai piedi. Era un figura di altri tempi, come fosse un'antica greca o un'antica romana. Le chiesi dove stava andando e rispose che si recava a incontrare il Grande Mago Nero, capii che si trattava dell'A.N., le chiesi di potermi unire a lei e annuì.*

Il Mago Nero stava in una grotta guardata fuori da due militi armati di tutto punto. Io lo conoscevo già, era spaventoso, con un mantello e un cappuccio nero, lo avevo visto in un sogno lucido in cui della gente che moriva veniva risucchiata da lui con un gesto della mano, praticamente alla loro morte si trasformavano in lui, gli davano energia e potere. L'avevo poi rivisto nel bar panoramico. Erano i preliminari della battaglia che sarebbe seguita poi.

Entrammo nella grotta guardata dai due armigeri due guardie e ci sedemmo, lui era dietro ad un alto bancone, terribile a vedersi, avevo paura ma ero determinata. Ci chiese di mostrargli le armi con cui lo avremmo combattuto, guardai la donna e lei assentì mormorando che se ne avessi nascosta solo una mi avrebbe uccisa. Era lui a dettare le regole, io mostrai le mie armi ma nascosi un anello d'argento con un castone su cui era incisa la parola "DIS."

Oggi mi chiedo come mai un anello potesse essere un'arma e penso a qualcosa che inibisce qualcos'altro, la discordia rompe la concordia, dis come disperdere, o 'dispell', cancellare un incantesimo, forse l'incanto dell'A.N. che ci attira con vari miraggi. Il Mago non se ne accorse e infine uscimmo dalla caverna.

Mi voltai indietro a riguardare la grotta e pensai che le due guardie all'esterno erano una farsa, quel Mago era così potente che poteva distruggere noi, la caverna, le guardie e il mondo intero. Mi sono chiesta in seguito se è vero, e perché allora l'astrale non ci distrugga. Forse perché l'A.B. glielo impedisce, oppure perché se uccidesse tutti non avrebbe di che nutrirsi. Ancora oggi ho dei dubbi.

ANCORA LA MIA STORIA

Avevo letto un'infinità di libri esoterici che promettevano la liberazione dei mali attraverso una via iniziatica che io vedevo nella psicanalisi, tentai di parlarne ma lui di esoterismo non ne capiva e non ne voleva capire, al mio analista la conoscenza esoterica non interessava. Non riuscivo a capire tanto distacco, un bravo analista non direbbe che non ne vuole sapere, direbbe che tutto è possibile e che bisogna andare a vedere.

Aveva accettato il mio ateismo e pure la mia idea di reincarnazione, perché a quello era arrivato anche lui, ma non voleva sentir parlare di defunti, di astrale o di fenomeni paranormali. Ma non voleva sentir parlare neppure dell'Opera al Nero, e si che apparteneva alla scuola junghiana dove Jung considerava l'opera alchemica una metafora del processo d'individuazione.

Sogno

"Sognai di entrare in una prigione dove giaceva una ragazza malata

con molti segni di ferite e ustioni sulla pelle, io la sostenevo e l'aiutavo
a uscire fuori dalla prigione, d'ora in poi sarei stata io ad occuparmi
di lei. "

Nel sogno liberai la mia parte ferita dalla mente condizionata che
ancora l'assoggettava ai genitori, sottoponendola pertanto alle ferite che
tutt'ora le infliggevano. Mi stavo liberando dagli antichi legami che mi
soffocavano, i genitori erano stati comunque la mia unica speranza di
salvezza, loro mi avevano allevato e nutrita e anche se avrebbero
preferito che io scomparissi erano contemporaneamente i miei carnefici
e i miei salvatori. In fondo dovevano salvarmi da tutto ciò che mi
avevano fatto di male e che non ricordavo.

Sogno

"Poi venne un altro sogno in cui una ragazzina veniva imboccata dalla
madre come una pupa per mangiare la minestrina che veniva però
sputata tutt'intorno alle pareti. A questo punto io la afferro e tento di
strangolarla finché la testa non cade giù di lato priva di vita, allora mi
spavento e cerco di rianimarla, ci riesco e le dico che d'ora in poi sarò
solo io a occuparmi di lei e non avrà altre madri all'infuori di me."

La ragazzina sputava la minestrina ma si lasciava imboccare, ed io la
rifiutavo perché era debole. Lei era la mia bambina interiore che io
avevo allontanato in quanto fragile e incapace di affrontare il mondo.
Avevo indossato una corazza per anestetizzarmi e proteggermi, non
c'era posto per lei. Quando me ne presi cura come fosse una figlia
nessuno osò più toccarmi. Ero diventata madre di me stessa.

A 21 anni ero andata a vivere per mio conto, ma quando mia madre
venne in visita e mi vide con una minigonna poco sopra al ginocchio mi
dette della puttana e mi mollò uno schiaffo, io le afferrai le mani e la
spinsi contro il muro sussurrandole con voce minacciosa che se ci
riprovava di schiaffoni gliene avrei dati quattro: " *Ma io sono tua*
madre!" reagì allarmata, e io le risposi che ne guadagnava quattro per
quello, a chiunque altro avrei fatto uno sconto.

Mia madre mi richiamò al telefono dopo una settimana come niente
fosse accaduto, si sentiva sola e non aveva con chi parlare. Mia sorella e
mio fratello già da tempo non le davano retta e mio padre non c'era
quasi mai o guardava la televisione. Non infierii ma fui laconica. Da
allora mi chiamava ogni giorno tutti i santi giorni. Non ricordava nulla

di tutte le cattiverie che mi aveva fatto, ora quella fragile era lei.

Mi chiedeva cosa facevo, cosa avevo mangiato e con chi ero uscita. Io rispondevo stancamente, non la odiavo più ma mi dava fastidio e soprattutto mi annoiava. Non volevo colpirla, volevo allontanarla ma la riconoscevo sofferente, mi faceva pena ma senza tenerezza. La tenerezza l'avevo per me bambina e per tutti i deboli e i fragili della Terra, dai bambini agli animali.

Sogno

"Sognai una volpe rossa che usciva dallo scarico del bidè e mi entrava in casa."

Il bidè era collegato alla sfera sessuale mentre la volpe era la parte libera e selvaggia che veniva a liberarmi delle violenze subite, sessuali e non. La volpe è selvaggia e indomabile, non può venire costretta in un appartamento come si fa coi cani. E' capace di sentimenti e di tenerezze ma non sopporta di essere imprigionata perché appartiene alla natura selvaggia.

Sogno

"Poi sognai una stanza piena di uccelli che svolazzavano ovunque".

Il mio istinto si svegliava ma era preoccupante, sembrava un'invasione. Prima sognavo a occhi aperti di avere qualcuno che mi amasse o di avere successo in un qualche lavoro, ora sognavo di essere una specie di creatura dei boschi che andava in soccorso di gente povera e indifesa. Ora desideravo difendere i più deboli, dentro di me si sviluppava un istinto materno, ma non volevo figli, volevo aiutare gli altri, ero la sacerdotessa sognata a nove anni che aiutava e guidava la sua comunità.

Mancavano i sogni personali. Smisi di invidiare i ricchi e i potenti e cominciai a sorridere alle creature più umili, dai bambini agli animali, ai vecchietti e ai menomati. Amavo chi aveva di meno o chi aveva buon cuore. Non ero più al centro dell'attenzione, né mia né degli altri. I sogni cambiarono ancora, tetti che crollavano, o che andavano a fuoco. Intanto i ricordi dell'infanzia uscivano fuori a catena, a età differenti. Alcuni sembravano insignificanti, invece avevano importanza.

Ricordo una piccola filastrocca che mio padre ripeté a me e a mio fratello per insegnarci i nomi delle dita della mano, ovviamente eravamo molto piccoli. Ne ricordo alcuni punti:.. l'indice fa la pasta e la lavora, il medio la mette al forno e la pasta indora... rimangono i fratelli a bocca asciutta che il mignoletto se la mangia tutta.

Io ero allibita, volevo sapere il compito di ogni dito e perché ne avevamo cinque e protestai perché non spiegava nulla: "*L'indice serve a indicare* (era il pensiero di una bambina di cinque anni) " replicai "*ma il medio a che serve? Perché gli anelli si mettono sull'anulare? E il mignolo che è così piccolo a che serve?*" Come al solito mio padre si innervosì e disse in pratica che ero una rompiscatole che rovinava ogni cosa.

Sogno

"*Sognai i miei genitori vecchissimi e simili a due mummie che passavano senza guardarmi, ma ero io che non li cercavo più*".

Capii che i miei genitori stavano morendo, non fuori, ma dentro di me. Cessai di essere figlia e il passato andò nello sfondo, non faceva più male, ma non avevo nemmeno un futuro. Piano piano l'ansia si allentò ma contemporaneamente venne il sentore della morte, quella fine che per una vita la mente condizionata mi aveva allontanato camuffandola con cento paure diverse.

Sogno

"*Sognai di vivere in una città fortificata dalle mura con quattro torri che ricordava nel complesso la forma di una tartaruga. All'interno delle mura le persone accovacciate in terra bisbigliavano senza notare me che in piedi giravo tra loro.*"

Non mi vedevano ovvero erano parti inconsapevoli di me che stavano chiuse nella fortezza della mente e non si accorgevano del grande pericolo che si avvicinava. I sogni si susseguivano catastrofici.

Sogno

"*Sognai di due comete gigantesche, una rossa e una azzurra, che occupavano l'intero cielo e che dovevano cadere sulla terra sterminando l'umanità intera*".

Ora sapevo che esisteva la morte e che dovevo affrontarla, come per l'A. N. non potevo vincerla ma solo accettarla. Lei era la fine di tutto, ero annientata, come si fa ad accettare di non esistere più? Cadde l'idea dell'aldilà e della magia, tutto era illusione. Tutta l'umanità finge di essere immortale, altrimenti non ci sarebbe presso tanti la corsa al denaro, al potere, al successo.

Se non rimuovessimo la morte vivremmo molto meglio, chiacchierando, passeggiando, mangiando insieme e scambiandoci cortesie. La vita sarebbe molto più leggera. Ma affrontare la morte è molto pesante e richiede parecchio tempo passato in tristezza, delusione e depressione.. Poi segue un risveglio, una rinascita, ma per sapere se è vero occorre sperimentare.

CAPITOLO IX

INCONTRO CON L'ASTRALE NERO

Sogno

"Sognai di voler uscire dalla città ma al posto delle mura trovai una fila di giganti che bloccavano il cammino. Ero spaventata ma chiesi loro di lasciarmi varcare la porta, risposero che oltre la porta c'era solo morte, ma volevo uscire lo stesso. Promisero che se fossi restata mi avrebbero resa immortale come loro, ma insistei e mi lasciarono andare.

Oltrepassati i giganti mi volsi indietro e al posto loro vidi solo delle mura edificate a mattoni. Aldilà della porta c'era solo deserto, niente terra e niente acqua, solo sabbia, sarei sicuramente morta ma dovevo andare. Scorsi delle fessure nel terreno da cui si scorgevano delle fiamme, doveva essere l'inferno".

Le mura edificate a mattoni, rappresentavano la mente condizionata edificata a schemi. In effetti entrai nell'inferno e incontrai l'A.N. che voleva distruggermi. Mi consolò che Gustav Jung l'aveva passato per ben quattro anni e che girava addirittura con la pistola in tasca. Fu Maria, che l'aveva passato a sua volta, a dirmi cosa stava accadendo, credo mi abbia impedito di impazzire davvero.

Ormai ero a pezzi e vivevo nel timore continuo dell'A.N., non ne potevo più e a questo punto sperai di incontrarlo direttamente, anche se un pensiero suicida, perché era infinitamente più forte di me, era la lotta tra una montagna e una pulce, ma io ero stanca di avere paura, ero stanca della paura di morire, se doveva succedere che accadesse, perché quella non era più vita, se doveva annientarmi che mi annientasse o mi lasciasse in pace.

Ero ospite a casa di Liliana e a sera nel letto sentii continui brividi, avevo i capelli e i peli dritti, e mi bruciavano le guance. Pensai *"Uno sprovveduto penserebbe che gli stia venendo la febbre ma io so che è altro"*. Sapevo che stavo affrontando qualcosa di simile alla morte e dissi sottovoce: *"Quello che deve accadere accada ora."*

Uscii immediatamente dal mio corpo. Non ho mai desiderato di uscire dal corpo, le trovo pratiche pericolose, non mi era mai accaduto, o almeno non me ne ricordavo e non volevo che accadesse. Non cercavo effetti speciali, l'unica mia speranza era acquisire una maggiore consapevolezza e uscire dal corpo non mi avrebbe aiutato.

Era accaduto senza che lo volessi, ma cercai di capire bene cosa accadeva, vidi che avevo un simil-corpo ma tutto nero, fatto di ombra densa, non stavo coi piedi in terra ma a poche decine di centimetri da essa e potevo spostarmi in posizione verticale. Guardai la stanza, quando mi ero coricata avevo spento la luce ma vedevo ugualmente, come ci fosse una luce più fioca ma calda, come di candela.

Guardai il mio corpo sul letto. Intorno ad esso c'era un uovo, una rete fittissima luminosa e giallina a forma di uovo che l'avvolgeva interamente (Maria disse poi che era la protezione dell'A.B. e penso avesse ragione). Sapevo che volendo potevo rientrare nel mio corpo in qualsiasi istante, bastava che cercassi di aprire gli occhi, ovvero che lo facesse il mio corpo che per il resto non controllavo, ma se volevo aprire gli occhi ci sarei rientrata, dipendeva da me, ma non volli farlo.

Poi entrò d'improvviso una tenebra densissima, devastante e carica di odio che iniziò a succhiarmi energie. Era l'A.N, potentissimo e crudele. Notai che non stavano succhiando energie dal mio corpo che era tra l'altro protetto, le stavano succhiando dalla mia anima, del resto aveva una logica, quando moriamo l'A.N non ha più un corpo da depredare, ma solo un'anima. E chi aveva rinunciato alla propria anima trasformandosi in una mente? Penso vengano distrutti totalmente come esseri singoli e che vadano a trasformarsi nell'A.N.

Si capiva che volevano farmi soffrire e terrorizzarmi ed io, che soffrivo ed ero terrorizzata, cominciai a resistere, perché solo quello potevo fare, ma ero totalmente inerme. Era come una tortura fisica, io andavo sempre più giù ma non desistevo. Se rientravo nel corpo sarebbe finito, ma non lo feci. Pensai a Giovanna d'Arco che bruciava sul rogo e che aveva invocato le sue sante preferite, in quel momento ero completamente terrorizzata, così pensai (dovevo esser fuori di me) di farlo anch'io ma non sapevo i nomi, sapevo di Santa Lucia e la invocai, invece mi uscì un: "*Santa Luce*", e l'astrale scomparve.

Maria disse poi che avevo invocato la luce e questo mi aveva salvato, secondo me si erano stancati di avere a che fare con me senza un risultato definitivo. Aprii gli occhi e precipitai immediatamente nel mio corpo, accesi la luce e guardai l'orologio, la tortura era durata due ore. Mi tirai in piedi con grande fatica, non avevo più forze, andai alla camera di Liliana poggiandomi ai muri, infine riuscii a bussare alla sua porta.

Dovette vedermi strana perché mi chiese cosa era accaduto con voce allarmata. Mi portò in cucina e mi preparò un gigantesco caffè. Erano le due di notte, un orologio del vicinato cominciò i suoi rintocchi, ne suonò un'infinità, o si era rotto o non so cosa altro. *"Sta dicendo che è accaduto qualcosa"* disse Liliana e aggiunse che le forze benevole ci stavano avvolgendo in fili di protezione.

Dentro di me pensai che sarebbe stato meglio l'avessero fatto prima, poi riflettei che l'avevo chiesto io, me l'ero voluto. Comunque questi fili protettivi non li sentivo, ma contai circa 20 colpi dell'orologio che in realtà già suonava da un po', e un orologio non ha più di 12 ore, quindi di 12 rintocchi. Pensai che si fosse rotto e suonasse all'infinito, invece si fermò. Per paura di illudermi a volte rifiutavo di vedere le cose inusuali che accadevano. Ma chi ha interesse a giochetti del genere? Dubito che l'A.B. faccia certe cose.

Il pensiero della morte, temuta da sempre ma rimandato da sempre, ora era reale. Si muore, tutto quello che siamo, che facciamo, che sogniamo, che speriamo, è destinato a finire. Si doveva abbandonare tutto e tutti. I giganti avevano detto la verità: lì fuori dalla città c'era solo la morte.

La morte è la Medusa, adombrata dalle meduse marine piuttosto urticanti, ma soprattutto dall'antica Medusa, una testa con ali e serpenti sul capo che pietrifica con lo sguardo. La Morte pietrifica perché con lei la Mente condizionata non può fare nulla, non può escogitare espedienti come fa con tutto. Di fronte a lei ogni pensiero crolla definitivamente, non c'è più salvezza. Lei è la Verità, è la fine e il principio.

IL MITO DELLA MEDUSA

Scrive Virgilio dell'Eneide che Forco, o Forcide, padre di Medusa, fu un potente re di Sardegna e Corsica, ucciso in combattimento navale da Atlante, per Platone figlio di Poseidone. Quindi il figlio di Poseidone ammazzò il padre di Medusa e Poseidone stesso, innamorato della bella Medusa la violentò nel tempio di Atena. (Ma che razza di famiglia era?)

Strano innamoramento che spinge allo stupro, ma c'è di peggio: Atena profondamente irritata dall'affronto subìto nel suo sacro tempio, trasformò la fanciulla in orribile mostro. Le mani divennero di bronzo, il corpo coperto di scaglie, zanne di cinghiale e serpenti al posto dei capelli. Inoltre dette al suo sguardo la capacità di trasformare in pietra chiunque la guardasse negli occhi. (Ma Atena è una belva! Invece di arrabbiarsi con Poseidone se la prende con la povera Medusa violentata.)

La madre di Medusa invece era Ceto, figlia di Ponto e di Gea, dall'aspetto di mostro marino, un incrocio tra pesce e serpente. Anch'essa declassata da Dea a mostro. Tra l'altro era sorella di Forco, che nonostante fosse orribile e fosse sua sorella se la sposò, tutti i gusti sono gusti. Ceto dette a Forco diversi figli tra cui:
- Echidna (dalle anche in su una bellissima fanciulla, per il resto un enorme serpente),
- Scilla (un mostro con sei enormi teste di cane, un busto enorme e delle gambe serpentine lunghissime),
- le Graie (avevano un solo occhio ed un solo dente in comune, che si passavano continuamente per far sì che una di esse, a turno, restasse sveglia, potendo quindi alimentarsi e vigilare sulle altre due che dormivano),
- le Gorgoni (capelli a forma di serpenti, ali d'oro e mani di bronzo, e rendevano di pietra chiunque le fissasse),
- il drago Ladone (dalle cento teste) che custodiva il giardino delle Esperidi.

Insomma questa Medusa era molto sfortunata, figlia di un re sfortunato e di una madre che era meglio non nominare. Viene da pensare che Ceto, antica Dea del mare spodestata e moglie di un Dio marino spodestato da Atlante, fossero antichi Dei cacciati dai popoli iperborei portatori di Poseidone, quello stesso Dio che si dové confrontare con Atena per la supremazia del Partenone e di Atene stessa.

Sembra che Poseidone nascondesse le Gorgoni in un'isola in mezzo all'oceano, abbastanza lontana dalle rotte delle navi, e non lontano dal regno dei morti. Insomma le isolarono in quanto molto adorate anziché temute, perché non facessero concorrenza ai loro santuari. Ciò dimostra che all'epoca le Gorgoni non erano creature orripilanti bensì la triplice Grande Madre, la Dea della Natura,

Medusa era una delle tre Gorgoni, le altre due erano Euriale e Steno, e lei era l'unica che non avesse l'immortalità, ma nessuno ci spiega perché. Inoltre Atena punì Medusa trasformandola in mostro, ma le altre due sorelle avevano lo stesso aspetto. Cioè per punirne una ne aveva acchiappate tre, era un'offerta promozionale? La faccenda non quadra perché anche le altre due pietrificavano.

Narra Ovidio, nelle Metamorfosi, dell'ira di Athena, la Dea sempre vergine (IV, 799-801):
"La figlia di Giove si voltò e si coprì con l'egida il casto volto, ma, perché quell'oltraggio non restasse impunito, mutò in luride serpi i capelli della gorgone".
E certo che se la prendeva con la donna, lei che, in Euripide lo dichiara apertamente:
"è tutta del Padre" e delle donne se ne infischia. (Ti sei fatta violentare e mi hai insudiciato la moquette? Adesso paghi).

Si dice che le sorelle rappresentassero delle perversioni:
- Steno la perversione morale,
- Euriale, la perversione sessuale,
- Medusa la perversione intellettuale.

Non si capisce però quali fossero queste perversioni, i miti non ne parlano, ma qualcosa di brutto dovevano attribuirgli. Naturalmente trattavasi della ex Triplice Dea, con la Madre datrice di vita, la Madre nutriente e la Madre Morte, ora trasformate in creature perverse. Insomma i tre aspetti della natura che tanto potentemente abbiamo negato da inventarci miti sacrificali e logori con la speranza di cavarcela mercanteggiando con Dio.

Dicono che nelle rappresentazioni più antiche Medusa fosse orrenda, esattamente come le sue sorelle, mentre in versioni più recenti (Pindaro, Ovidio) era rappresentata come una donna bellissima che riusciva ad affascinare gli uomini che non riuscendo a trattenersi si voltavano e la guardavano, trasformandosi in pietra.

Ora noi sappiamo che la Triplice Dea aveva in genere il corredo di serpi, che teneva in mano, o l'avvolgevano come un manto, o a spirale, o tiravano il suo cocchio, oppure facevano parte della sua persona, come donna con coda di serpente, o corpo di donna con testa di serpente, o appunto con serpenti nei capelli o al posto dei capelli, comunque tutte qualifiche di Grande Madre. Quei serpenti non erano considerati luridi, ma sacri.

Inoltre, come Ishtar, avevano sovente artigli di bronzo e ali d'oro, e Ishtar si sa che fece parte delle neglette del Signore, prima Dea, poi demone. Sembra che Medusa non fosse giudicata così male dai romani, visto che era uno dei loro simboli preferiti. Sembra che la usassero per incutere paura, ma non portava sfortuna, anzi era apotropaica. Medusa a Roma era di casa, e l'appiccicavano ovunque, nel foro, sugli stendardi, sulle armature, sui templi e le basiliche, ma soprattutto sulle porte come guardiana.

PERSEO

Chi la fece fuori fu Perseo, per obbedire a un re che voleva la testa di Medusa altrimenti sposava sua madre (di Perseo). Non sembrava una gran sventura perché Perseo avrebbe un giorno ereditato il trono e poi perché era grandicello per restare in perpetuo appiccicato a sua madre. Diciamola tutta, Perseo era un mammone. Comunque l'impresa non era facile e Perseo non era un'aquila, per cui non sarebbe riuscito se Atena ed Ermes non fossero corsi in suo aiuto.

Atena non solo aveva trasformato Medusa in un mostro ma addirittura la voleva morta. Il perché di tanto odio non si sa, ma il fatto è che donò a Perseo uno scudo lucente e ben levigato, attraverso il quale guardare riflessa la Gorgone evitando così di essere pietrificato dallo sguardo. Vien da dire: c'era bisogno di Atena per questo? Non era sufficiente un armaiolo? Ma Perseo non ci aveva pensato, in fatto di intelligenza non era il massimo.

Mercurio invece gli donò una spada con cui decapitarla in quanto le sue squame erano più dure del ferro, e questo ci può stare. Ma quel che non si capisce è perché anche Mercurio ce l'avesse con lei. Però non era abbastanza, così gli suggerirono di farsi donare dalle Ninfe:

- i calzari alati per volare veloce nel regno di Medusa,
- e pure l'elmo di Ade che rendeva invisibile chi lo portasse,

- e pure una sacca magica nella quale riporre la testa di Medusa, una volta tagliata, in quanto i suoi poteri non sarebbero finiti con la morte ma i suoi occhi sarebbero stati ancora in grado di pietrificare.
Gli mancava solo che gli donassero la testa già tagliata..

Ma la dimora delle Ninfe era un mistero che né Ermes né Atena conoscevano per cui suggerirono a Perseo di recarsi presso le tre Graie per estorcergli l'informazione con un espediente, insomma qualcosa la doveva fare anche lui. Le Graie erano sorelle delle Gorgoni e non avevano mai conosciuto la giovinezza in quanto nate vecchie, però conoscevano la dimora delle ninfe.. che ci andavano a fare dalle ninfe? E le ninfe erano contente della visita delle Graie? Non si sa.

Eppoi, ma le ninfe non erano ovunque nei boschi e nelle valli? Ma non dovevano vivere all'aperto e magari rifugiarsi per dormire nelle grotte o in rifugi vari? Non si capisce.

Le Graie (tra Graie e Grazie il passo è breve) avevano il corpo di cigno, si direbbero Arpie o Sirene, appunto le Dee più antiche e possedevano in tutto un solo dente ed un unico occhio che si scambiavano per mangiare e vedere. Qui la faccenda diventa noiosa, perché anche le Graie (da cui
vengono appunto le tre Grazie) erano la triplice Dea, anche questa un giorno bellissima poi diventata tre vecchie mostruose.

Il patriarcato fece un'ecatombe di Grandi Madri trasformandole in mostri ripugnanti. Un po' come fece il cristianesimo col paganesimo, dove gli Dei erano diventati tutti demoni. Comunque Perseo, arrivato dalle Graie, si nascose e attese che una di loro si togliesse l'occhio dalla fronte per passarlo ad una sorella e glielo rubò, rifiutandosi di restituirlo se prima non gli avessero indicato la via per arrivare al regno delle Ninfe.

Ma era così facile aggirare tre Dee? Forse non facevano sapere il loro indirizzo perché chiunque avrebbe potuto fare di loro ciò che voleva. Ma essere divinità non implicava avere dei poteri? Sembra di no. Infatti le tre sorelle, terrorizzate dall'idea di restare cieche obbedirono, riferirono l'indirizzo delle ninfe che doveva restare segreto perché anche le Ninfe, seppure semidee, non sapevano difendersi se non occultandosi agli occhi degli uomini.

Così Perseo poté raggiungere le Ninfe che gli donarono senza fare tante domande: la bisaccia, i calzari alati e l'elmo di Ade. Non ci hanno spiegato perché le Ninfe lo colmassero di tanti doni, di solito le ninfe adescano gli uomini per annegarli o li fuggono, anche perché solitamente tentano di stuprarle. Forse Perseo era gay e stavano tranquille? Sembra di no. Nei miti non c'è solo il declassamento delle Dee ma anche un senso di disprezzo e di odio dopo averle imbruttite e ridicolizzate.

LA TRIPLICE

- Dea Greca di Tempe, Dafene, o Dafne,
noi t'onorammo come Melisse,
le sacerdotesse, api della regina madre,
e danzavamo imitando il fremito d'ali.
Masticavamo foglie d'alloro,
perché tu eri Dea dell'alloro,
della profezia, e ce ne cingevamo la fronte,
e nude, coperte da fronde,
ballammo nella boscaglia.
Gli uomini venivano al tempio
e donavano argento per ascoltarci,
e la città anelava i nostri responsi.

Poi vennero i soldati e i sacerdoti di Apollo,
il tempio fu abbattuto, la Dea dell'alloro
trasformata in albero, e le sacerdotesse
che non consentivano il nuovo culto
vennero stuprate e appese agli alberi.
Le più deboli divennero serve dei nuovi sacerdoti,
ma per quanto masticassero alloro
non vaticinavano più, deliravano.

Così i sacerdoti d'Apollo le cacciarono,
ma il popolo non si fidava di vaticini maschili,
presero allora una contadina mai sposata,
la spinsero nella spelonca, ignara di tutto,
costretta a eterna solitudine che le smarriva il cervello.
La bellezza del creato non arrivò più agli umani,
le sacerdotesse incupirono e scomparvero,

e le donne non amarono più gli uomini.

Pertanto se storicamente Medusa è uno degli aspetti della Dea triforme, che dà la vita, che nutre e che dà la morte, il suo ruolo onnipotente e terrifico fu eliminato dal potere maschile che la coprì con vari paradisi maschili.

Così Medusa perde potere diventando mortale e non più Dea, una di quelle tante divinità femminili trasformate in mostri sia terrestri che marini, come l'Idra, o Lamia, o Scilla e Cariddi, o Lilith. o come la Madonna, tutta casa e chiesa, e pure Mater Dei, ma solo donna e pure umile ancella..

Così, depotenziata della sua virtù naturale, Medusa viene assunta da Atena per spaventare e colpire i nemici, soprattutto rivolta a difesa dei Romani. Così gli uomini, sacrificando e facendo riti nonché preghiere ad Atena o a qualsiasi altro Dio, esorcizzano Medusa, cioè la Morte.

FINE DEGLI ORACOLI

Narra Plutarco che i sacerdoti spruzzassero d'acqua la Pitia per svegliarla dal suo torpore. Sull'ultima da loro assunta, un'ultracinquantenne venuta dalla campagna (proibito assumerle prima dei 50 anni affinché non avessero buon gioco sui sacerdoti), seduta sul tripode con espressione istupidita, ne gettarono a secchi con una certa rabbia, perché niente oracoli niente soldi. La poveretta emise infine un urlo terribile e corse fuori a perdifiato fino a cadere a terra morta.

Plutarco e i suoi amici si chiedono, negli interminabili dialoghi delfici, come mai le Pitie non vaticinano più. C'è da chiederlo? Meraviglia che un femminile avvilito, umiliato, usurpato, esca fuori di senno e le venga un colpo al cuore? Forse prendiamo a secchiate i preti che non dicono bene la Messa? Eppure i preti ripetono a pappagallo i testi sacri con voce atona e qualche volta verrebbe voglia..

Dal giorno dell'esilio femminile, Apollo e tutti gli uomini di potere cinsero la fronte con l'alloro usurpato alla Madre Terra, che ora sapeva di violenza e di sangue, ma il vaticinio scomparve. Così la triplice Dea fu dipinta come orribile, fu schernita, e pure temuta ma senza più templi né sacerdotesse, senza riti né offerte. Qual'è il delitto della società apollinea, chi ha ucciso? Le sacerdotesse, le Dee?

Di più, ha ucciso la Sfinge del Cosmo nella mente degli uomini. Una Dea dal volto oscuro si delinea nell'ombra, ha due fiaccole che tuttavia non le rischiarano il volto. Compagna di cani e di cavalli, ma pure di candide colombe, ha raggi di sole sul capo eppure è la Regina degli Spettri. Gli uomini la guardano con terrore, le donne con nostalgia. E' Medusa, la Signora della Morte.

MEDUSA E MORTE

Di Medusa ci colpiscono le ali sul capo, un attributo strano per una creatura che ha i serpenti, animali che strisciano sul suolo. Ma anche Pegaso ha le ali, e non è un uccello ma un cavallo, e Pegaso è nato dal sangue della Medusa, un animale che corre sulla terra ma può anche volare. Di Medusa nessuno scrive che possa volare, eppure ha le ali, piccole ma le ha, e comunque non più piccole delle ali che Mercurio porta sul petaso, il suo cappello, o più tardi sui piedi, sui malleoli, e ci vola benissimo.

Dunque Medusa aveva le ali, Mercurio aveva le ali, ma pure Ipnos, Dio del sonno, aveva le ali, e pure Vittoria, cioè Nike, aveva le ali, stavolta grandi e sulle spalle. Cos'hanno in comune Medusa, Mercurio, Ipnos e Nike? Di Nike sappiamo che è una divinità antichissima, di era matriarcale, antecedente agli Dei dell'Olimpo, una titanide sopravvissuta e accettata nel nuovo mondo degli Dei celesti.

Ma pure la Lasa etrusca aveva grandi ali sulle spalle, e anch'essa era psicopompa, cioè accompagnava l'anima del defunto nell'Ade. In quanto alla greca Nike, in qualità di titanide e Dea primordiale, era la Vittoria, ma su chi? Sui nemici naturalmente o su ciò che appare distruttivo: vittoria della luce sulle tenebre, della feconda primavera sul gelido inverno, della vita sulla morte, e perché no, pure sui nemici umani. In qualità di Vittoria, alias lieto fine, e cioè la vita vince sempre, poteva spostarsi sui vari piani, dal divino al terrestre e all'infero.

Mercurio è un Dio Olimpico ma spesso scende sulla Terra come messaggero degli Dei, ma ha anche un'altra importante mansione, è psicopompo, (conduttore di anime) cioè accompagna nell'Ade le anime dei defunti. Ipnos invece è il Dio del sonno e del sogno, quindi accompagna i vivi in una dimensione diversa da quella della veglia, li fa cadere in un nuovo stadio di coscienza: appunto il sonno e il sogno.

Ambedue hanno un contatto con dimensioni diverse, o un diverso stadio di coscienza. Mercurio passava dal mondo divino a quello terreno e al mondo infero, del resto l'antica Lasa etrusca, accompagnatrice dell'anima del defunto era anch'essa munita di ali. Ipnos, il Dio del sonno, è una divinità benefica che permette il sonno dimenticando dolori e affanni.

Ma nel sonno ci sono i sogni, che ci trasportano in mondi diversi, vedi i sogni lucidi, o nei ricordi del passato, o con figure di saggezza di una dimensione diversa o figure malefiche ecc. Ipnos poteva trasportare l'essere umano nel sonno e nei sogni, cioè in dimensioni diverse. Diceva Artemidoro di Daldi del II secolo d.c. che un sogno non decifrato era un bene perduto.

A questo punto è facile comprendere che Medusa era L'Anima Mundi primordiale, sia Madre Terra, sia in contatto con le diverse dimensioni dell'essere, dalla vita alla morte e dalla morte alla rinascita. Dunque Dea del visibile e invisibile mondo. Più tardi l'alchimia riprenderà lo stesso tema con simboli occulti, per timore che la Chiesa gridasse all'eresia e accendesse i roghi.

Così anziché la donna alata e serpentina raffigurò, al posto della Medusa, due draghi uniti che circondano la terra, di cui uno alato. Quello fisso a terra era il serpente, e quello alato la capacità di vagare tra i mondi. Il serpente, ormai assunto a simbolo del male perché simbolo della Grande Madre Terra, venne sostituito nell'immagine col drago, anche lui squamoso e rettile ma non proprio serpente. Bisognava essere cauti perché bastava poco che la chiesa gridasse alla stregoneria.

Robert Graves ne "I miti greci" - 1958 - afferma che il mito di Perseo e della Medusa conservi il ricordo delle lotte tra uomini e donne durante il passaggio dalla società matriarcale a quella patriarcale. Aveva ragione. La maschera della Gorgone, infatti, aveva la funzione di allontanare gli uomini dalle cerimonie sacre e dai misteri riservati alle donne, quelli che celebravano la triplice Dea Luna.

Graves ricorda che gli orfici chiamavano la luna piena "*testa di Gorgone*", e la maschera era anche indossata dalle ragazze vergini per allontanare la concupiscenza degli uomini, insomma un antesignano del burca. La vittoria di Perseo su Medusa evocherebbe la fine dell'egemonia delle donne e la conquista dei templi da parte degli uomini, divenuti padroni del divino già precluso dalla testa di Medusa.

Ma la Dea Medusa era un aspetto della Triplice Dea, che nell'iconografia aveva i serpi per capelli e due ali sul capo, il che rimanda al simbolo sacro della Madre Terra, il serpente, e alla Dea Celeste, le ali. Dea Celeste era il titolo di Anahita e di molte Dee orientali passato a Roma alla Dea romana Giunone.

Le ali invece passano a Mercurio che le porta sui calzari o sul cappello (il petaso). Di nuovo ci troviamo di fronte alla duplice Dea nell'aspetto visibile di Madre Natura (serpente) e invisibile (alata). I due aspetti che gli antichi chiamavano Natura Naturata e Natura Naturans, dove creatura e creatore fanno parte della stessa essenza.

"*Io sono colei che è,*
che è sempre stata e sempre sarà,
e nessun mortale ha mai sollevato il mio velo" .
Frase riportata da Plutarco per averla trovata incisa su una statua di Iside. Anche Il Dio unico ebraico dice di sé:

"*Io sono colui che è,*
che è sempre stato e sempre sarà"
ma non aggiunge che nessun mortale abbia mai sollevato il suo velo, perché detto da un Dio maschio sarebbe apparso imbarazzante.

Col Dio maschio unico, creatore e creatura si scinderanno, provocando una scissione interiore nell'essere umano, fonte di tutte le nevrosi e dell'infelicità umana. Per non accettare la morte l'uomo scinde la mente dall'anima, cancellando (rimuovendo direbbe Freud) istinto e sentimento. Naturalmente in barba all'unica teoria che nessun fisico al mondo ha confutato pur essendo una teoria, e cioè che "*In natura nulla si crea e nulla si distrugge, ma tutto si trasforma.*"

Per scindere la creatura dal creatore l'essere umano userà la mente condizionata che da involucro protettivo attenuerà l'impatto emotivo che potrebbe giungere dall'esterno e cancellerà dai ricordi le emozioni più negative degli anni dell'imprinting, vale a dire dell'infanzia, dalla nascita ai primi sei sette anni di vita, e anche oltre.

Sigmund Freud nel 1922, nel trattato "La testa di Medusa" la presenta come il feticcio pauroso della castrazione, associata dal bambino alla scoperta del seno materno e del suo diniego: i serpenti sarebbero altrettanti falli moltiplicati, la pietrificazione significherebbe l'erezione consolatrice.

Ora si sa che Freud, scopritore e autore geniale dell'inconscio, sul sesso prese degli abbagli. Che la madre si neghi è possibile, ma che questo provochi la castrazione è opinabile, i figli maschi respinti di solito sono molto aggressivi altro che castrati. Il fenomeno della castrazione dei maschi non deriva dal rifiuto della madre, ma da traumi di abusi ricevuti nell'infanzia.

Non si tratta solo di diniego dell'affetto ma di violenze perpetrate sul piccolo, specie di tipo sessuale. Una conseguenza usuale della castrazione è l' "eiaculatio praecox" (eiaculazione precoce) dovuto al bisogno di togliersi il prima possibile dalla temuta vagina.

Bisogna riconoscere che il maschio fa fatica a coniugare la propria superiorità maschile col bisogno della moglie-madre, per cui diventa aggressivo con tutte le donne, dallo stupro all'omicidio, perché in fondo sa che con le sue manie di comando non potrà mai essere amato.

IL PEGASO

Il mito narra che oltre alla testa Perseo aveva raccolto il sangue di Medusa, che, guarda caso, aveva proprietà terapeutiche. Così Perseo lo donò ad Atena che lo donò ad Asclepio, il Dio della medicina. Che significa? Che era passato il tempo in cui Atena era Dea della medicina, come del resto lo era la sua equivalente Minerva, tanto è vero che era detta "Minerva Medica". Ovviamente chi operava le guarigioni erano le loro sacerdotesse a cui però il patriarcato tolse l'incarico. Così la medicina fu tolta dalle mani delle donne e passò in quello degli uomini. Le conseguenze?

Terribili, tanto è vero che il grande medico Galeno per dimostrare le sue scoperte scientifiche presentava al pubblico un maialino e cominciava a tagliarlo vivo con un coltello affilato che gli infilava sul collo e sulla gola, dimostrando che quando gli tagliava la laringe l'animale cessava di strillare. Aveva ragione Sigismondo Freud quando asseriva che il chirurgo era un sadico sublimato, ma qui neppure sublimato.

Ma Paracelso quando volle restaurare le medicina nel XVI sec. dovette andare nelle campagne ad imparare le medicina dalle donne che conoscevano le erbe e pure le formule magiche, perché la medicina maschile si limitava ai salassi. In famiglia erano le donne a curare grandi e piccoli, con quelle erbe da cui la scienza trarrà i principi medicamentosi riproducendoli in laboratorio.

Dal sangue di Medusa nasce il cavallo Pegaso, che è magico perché ha le ali, e sulle ali torna il discorso di poter viaggiare tra i mondi: o almeno per chi riesce a domarlo, perché non ha un caratterino facile. Non ricorda un pochino l'Unicorno? A parte le ali che ha e il corno che non ha.

L'unicorno era difficile da domare, ma si ammansiva se si avvicinava al grembo di una vergine. Ma questa verginità è un'ossessione! Diciamola tutta, la verginità non era quella di non aver fatto zighi-zighi, ma quella dell'anima, che se è vergine non si sottomette a nessuno, fiera e indipendente.

Ma c'è di più, la testa di Medusa pietrificava, mentre il sangue vivificava, dal che si deduce che Medusa rappresentasse la morte, ovvero il pensiero della morte che pietrifica, che rende incapaci di agire, che deprime, ma il suo sangue, cioè l'istinto guariva le persone dai loro mali. La morte è la grande paura dell'umanità, ma chi l'affronta in vita non la teme nel trapasso. Naturalmente chi l'affronta dentro di sé e non come eroe in battaglia.

LA GORGONE

E la Gorgone? E' sempre Medusa ed è sempre Athena, cambia solo la visuale di chi guarda. La Gorgone ricorda molto la Dea Kalì, l'Oscura, la Dea terrifica che diventa benevola per chi sa vederla. Lei è l'eterna

Dea del divenire, la natura che fa morire la vita e la fa rinascere in primavera. Agli uomini fa paura, perché oltre a dare la vita e nutrire, la vita se la riprende. Pertanto è anche la morte, definitiva per chi sta solo nella mente, momento di passaggio per chi ha raggiunto l'istinto vero, quello primitivo di ogni essere.

Poi ci sono i credenti, gli indottrinati mentali che contano su un paradiso ultraterreno dove verranno ricompensati di tutte le sofferenze in parte subite e in parte auto-inflitte per compiacere il Dio unico. Però ci credono con la mente, non col cuore. Prova ne sia che se muore anzitempo una persona cara perdono la fede, perché nonostante intorno le morti premature fioccano, pensavano che a loro Dio avrebbe fatto un trattamento speciale, grazie a tutto ciò che gli avevano sacrificato.
Ed eccola qui la signora, alata come di dovere in quanto Signora dei Mondi, che non sono solo inferi, ma anche purgatorio e paradiso. Lei è lo spauracchio dei mortali che la evitano in vita salvo a fiondarsi nei vari templi in vecchiaia per raccomandarsi agli Dei o al Dio unico di turno. Di che ci meravigliamo? Il sacerdozio cristiano è solo maschile, quello femminile non è un sacerdozio ma una rinuncia e chi rinuncia di più guadagna di più, fidatevi sulla parola, anche se è la parola dei sacerdoti maschi.

Antiche sacerdotesse

Nei giorni di luna nera vestimmo a lutto
e piangemmo la solitudine e il dolore degli uomini,
lune nere di sofferenza, falci di morte,
orfane della luce, antiche Parche.

Poi l'astro risorgeva come un taglio di luce
su una coltre scura e cresceva come un ventre gravido.
Alla luna piena indossammo vesti di lino candido
avvolgendo cinture di lana rossa,
e ci scatenammo in danze e accoppiamenti.

Fummo prostitute eppure vergini,
figlie, amanti e madri, sacerdotesse e menadi.
Fummo agli uomini una Porta per l'Infinito.

Antica Medusa

Venite a me creature della paura e della sofferenza
voi siete me ed io sono voi, questo è il mistero velato.
Io sono i mondi infiniti e non una creatura dimentico.
Venite a me e lenirò la vostra paura e curerò le vostre ferite,
venite a me intrepidi della morte, perché farò di voi
"i viaggiatori tra i mondi"

LA FINE DEL PIANTO

Un segnale particolare fu il poster acquistato e posto nell'ingresso del mio studio diversi mesi prima. Raffigurava un volto femminile avvolto in una specie di nebbia da cui emergevano le rovine di un'antica città, greca o romana, con colonne a terra spezzate. Non amo i poster ma quello mi aveva colpito per il simbolismo dell'anima che vagava fra le rovine dei suoi ricordi remoti come me in analisi.

Per tutto il tempo che durò l'attacco astrale io vidi il volto della donna rigato da una lacrima. Quando l'attacco finì la lacrima sparì e mi stupii perché ero convinta che ci fosse sempre stata. Ma quella lacrima era il mio pianto, e ce l'avevo messo io, senza saperlo, un pianto inespresso (nonostante quello preordinato dall'analista) perché non c'era da piangere ma da lottare.

Già a sette anni avevo smesso di piangere, non solo non avrei ricevuto aiuto ma avrei ottenuto disprezzo e insulti. Ricordo le prove davanti allo specchio, fissavo i miei occhi pieni di lacrime finché queste non scomparivano. Anche da adulta non piangevo mai, sentivo una fitta trapassarmi lo stomaco ma senza pianti o lacrime.

Intanto cambiava la mia visione notturna, mentre prima la visione di notte era solo nera, ora al buio vedevo tante piccole lucine argentate. Anche se nei vari ashram erano considerati un segno di evoluzione, non mi sembrò positivo, pensai che fosse una conseguenza dello stress, ovvero della saturazione dei miei neuroni. Non mi creavo illusioni e questo mi salvò.

ROMA ETERNA

"Ti amo Roma e porto un eterno lutto
per la tua bellezza spezzata e sepolta.
Oggi la città fuga la notte con un corteo di lampioni,
ma un tempo fu il Faro del mondo.
Non fu diverso scoprire le rovine nel mio inconscio
dove quasi tutto era stato distrutto."

"Roma è come una bella donna
un po' sciatta e un po' indolente,
il vento le scompiglia i capelli e lei ride,
il sole le abbronza la pelle
e la pioggia le lava il volto come in un rito sacro.
Lei se ne infischia dei temporali e del fango,
delle chiome cadute degli alberi
e del vento che fischia nei vicoli bui,
perché lei è temporale e fango,
chioma caduta e vicolo buio, ma denso di segreti
che si perdono del mistero del sottosuolo."

Roma è il suolo e il sottosuolo, la nostra mente condizionata che nasconde la nostra anima. Riportato a galla tutto l'antico dolore rimasi senza ansia, senza progetti e a mani vuote. Non sapevo a cosa aggrapparmi e la mia mente era muta, non suggeriva più nulla.

Poi pian piano qualcosa mutò, il sottosuolo non è solo ricordi ma è pure istinto primigenio che prende la guida, se nei Piccoli Misteri regna Marte in Ariete, nei Grandi Misteri regna Venere in Bilancia. Se nell'Opera al Nero regna il Marte mentale con la sua ferrea volontà di combattere e sopravvivere, nei Grandi Misteri dell'Opera al Bianco e l'Opera al Rosso regna la Venere, ovvero l'anima che ha ritrovato il suo equilibrio in Bilancia, cioè tra ragione e sentimenti.

CAPITOLO X

LA FALSA EVOLUZIONE

Il mondo è pieno di fenomeni paranormali che piacciono a molti perché sembrano la prova che esista qualcosa oltre la morte. Se accade un miracolo tanti sono contenti come fosse accaduto a loro, perché allora Dio c'è. Tanti anni fa un credente scrisse sui cartelli dell'autostrada *"Dio c'è"* e un tizio spiritoso vi aggiunse: *"O ce fa"*, un dubbio venuto a molti. Qualcuno disse che quel "Dio c'è" avvertiva dell'arrivo della droga, ma non è anche Dio una droga?

Ma a parte i miracoli visibili ci sono quelli privati, come vedere la Madonna, o la Sacra Trimurti, o la Dea Kalì, o sentire la musica delle sfere o il coro degli angeli. Ho avuto diverse esperienze che si potrebbero definire paranormali, ma solo perché qualcuno che aveva un certo prestigio aveva dichiarato che quello che vedeva o sentiva lui era non solo paranormale ma segno di grande evoluzione. Insomma se lo diceva da solo. Gli hanno creduto e altri hanno attribuito segni della propria evoluzione a ciò che vedevano o sentivano.

Fortunatamente ho sempre avuto i piedi per terra e una sana ostinazione a mantenerceli, questo mi ha impedito non solo di montarmi la testa ma anche di andare fuori di senno. Quando si è sofferenti perché i tuoi genitori non ti hanno amato o peggio ti hanno maltrattato, è facile consolarsi pensando di essere straordinari.

LA MUSICA DELLE SFERE

All'epoca avevo lo studio a Roma ma abitavo in una casetta sul cratere del lago di Albano, assolutamente isolata. Era vecchia e piccola, io vivevo al piano superiore e nel piano inferiore c'era un garage e poco altro. Nel cuore della notte mi svegliò il suono melodioso di un pianoforte, ma in casa non ne esistevano, la melodia, molto semplice, veniva dal piano di sotto.

Infilai una vestaglia e scesi verso il suono, chissà magari una radiolina o non so cosa, però la melodia adesso la sentivo ancora al piano di sotto che però non esisteva. Tornai su e girai per le stanze ma il suono era irraggiungibile. Mi affacciai alla finestra ma la villetta più vicina era a un Km di distanza, a un certo punto mi tappai le orecchie: la musica continuò identica, era dentro di me.

Il giorno dopo ne parlai con una mia amica, che non aveva sperimentato nulla ma che aveva seguito per anni e anni diversi maestri orientali e mi spiegò che quella era la musica delle sfere, secondo lei io dovevo essere molto evoluta per essere giunta a quel punto, la gente negli ashram dei guru aspirava moltissimo a raggiungere quel traguardo.

Mi venne da ridere, io ero quella di sempre, come le veniva in mente una cosa del genere? Obiettai che la musica delle sfere non poteva riguardare un pianoforte, ma lei negò: potevano essere campane ma pure strumenti musicali. Non recepì e mi guardò con un sentimento tra l'ammirazione e l'invidia, insisté che avevo sentito la musica delle sfere, una cosa molto ambita tra gli illuminati.

Pur non sapendo cosa fosse la musica delle sfere pensai che se esisteva non si trattava di un pianoforte, ma soprattutto non mi sentivo un'illuminata, anzi continuavo a sentirmi insicura e apprensiva, altro che illuminazione. In tutta la mia vita l'ho sentito una seconda volta, sempre un pianoforte e più o meno la stessa musica semplice, quasi infantile e stavolta mi lamentai perché volevo dormire. Alla mia protesta il suono tacque.

Sono contatti neuronali, io non mi sentivo nelle alte sfere come non mi ci sento oggi, sono una delle tantissime creature che affollano il pianeta, importante quanto una pianticella del bosco, magari però reinserita nella natura come lo è una pianta o un animale, e come non lo sono in genere gli esseri umani. Ma quando udii quella musica non mi ero nemmeno reinserita nella natura.

IL TERZO OCCHIO

Come ho detto vivevo fuori Roma e ogni giorno facevo in macchina il tragitto andata e ritorno al mio studio in un vicolo del centro storico romano, in tutto circa 50 km al giorno, per il gusto di godermi la vista bellissima di un bosco intorno e di un lago visto dall'alto, guidare la macchina non mi pesava. Ero in periodo di grande tumulto, stavo al termine dell'Opera al Nero ed ero sotto attacco dell'Astrale negativo.

Facevo fatica a mantenere un equilibrio mentale, ero spaventatissima e determinatissima, avevo un forte dolore alla fronte, io che non avevo mai mal di testa. Ero sola in casa, e in quel momento avrei gradito una compagnia, ma mi ero abituata ad accettare ciò che capitava. Sarei potuta restare allo studio ma dovevo dar da mangiare ai cani che poverini non dovevano andarci di mezzo.

Quando li ebbi nutriti e carezzati frettolosamente perché sembravano diffidenti e ogni tanto mi abbaiavano contro, mangiai un panino e andai a letto con una candela accesa sul comodino, la luce mi feriva gli occhi, quella della candela la potevo sopportare. Non ho mai avuto paura del buio, ma quella sera si, in quel periodo come andavo a letto sentivo dei passi sulla terrazza del tetto, tuttavia ero talmente stanca che soffiai sulla candela e restai a luce spenta.

Fu allora che vidi un piccolo occhio luminoso aprirsi nell'oscurità della stanza, mi chiesi se era una cosa positiva o negativa, per giunta udii dei passi al piano di sopra, ma sopra c'era solo un terrazzo, era l'astrale che voleva spaventarmi, ma ero così stremata che mi addormentai subito.

Mi svegliai all'improvviso e rividi nel buio un occhio piccolo ma molto luminoso, non apparteneva a nessuno, era solo l'immagine di un occhio, non aveva nulla attorno. Pensai che l'A.N. stesse preparando un tranello per spaventarmi, ma l'occhio era tranquillo, si vedeva l'iride, la cornea, le ciglia intorno, e perfino la famosa finestrella.

Il giorno dopo non ci pensai, di fenomeni strani ne avevo visti diversi ma dipendevano dallo stress. Verso sera coll'imbrunire rividi l'occhio, pensai che fosse una visione momentanea ma la sera dopo c'era ancora. Da allora se chiudo gli occhi vedo emergere dal buio un occhio, come fosse a 20-30 cm da me, l'occhio non mi guarda, guarda altrove, sereno e tranquillo, ma all'inizio si chiudeva e scompariva per riapparire subito dopo.

Per un periodo si scisse in tre occhi, due affiancati e uno superiore in verticale, come l'occhio sulla fronte delle divinità indiane. Poi rimase solo un occhio unico, più persistente di prima, e orizzontale, anzi direi che oggi non si chiude, invece diventa più piccolo e scompare in un occhio più grande che ricomincia il ciclo, ma ormai non lo guardo più, ho altro da fare. All'epoca pensai al terzo occhio di cui avevo sentito parlare sui libri, all'occhio che guarda se stesso. Pensai fosse un'immagine momentanea che presto sarebbe svanita, ma è sempre rimasta.

Chiesi a Maria e mi disse che l'occhio si divideva in tre e che poi spariva per riapparire subito dopo. Dunque lo aveva anche lei e mi disse che quell'occhio doveva diventare fisso, le chiesi il significato e rispose di leggere i libri sul terzo occhio. Lo feci ma erano una massa di falsità. Mi chiesi come mai in occidente sul terzo occhio non si diceva nulla, e perché veniva proprio a me che non ero né orientale né fissata con le filosofie o con le religioni orientali.

Su Wikipedia: *"Nelle tradizioni religiose induiste e buddiste corrisponde al sesto chakra, detto della fronte, che riguarda la capacità di comprendere la realtà vibratoria sovrasensibile, ed è pertanto in relazione con le facoltà di intuizione e di visione delle entità normalmente non percepibili. "* Sembra alludere all'Opera al Bianco dove si percepiscono le entità positive dell'astrale bianco.

Riporto delle frasi che ho letto qua e là nei saggi testi orientali:

1) *Il chakra del terzo occhio, o Ajnachakra in sanscrito, è il sesto dei sette chakra primari del corpo. Conosciuto anche come "centro di percezione", si ritiene che sia la sede dell'anima e la porta di accesso alla coscienza superiore.*

2) *Affermazioni sul chakra del terzo occhio che possono aiutare a sbloccare e bilanciare il chakra Ajna:*

- Mi fido del mio intuito e seguo la mia guida interiore.
- Sono aperto a ricevere intuizioni e saggezza spirituale.
- Sono connesso alla coscienza universale e all'intelligenza divina.
- La mia mente è chiara, concentrata e acuta.
- Ho fiducia nella mia capacità di prendere decisioni con sicurezza e chiarezza.
- Sono aperto a nuove idee e prospettive.
- Mi fido della mia visione interiore e seguo il mio percorso con uno scopo e un significato.
- La mia intuizione è uno strumento potente che mi aiuta a navigare nella vita.
- Sono allineato con il mio sé superiore e la mia verità interiore.
- Sono in pace con me stesso e ho fiducia nel processo della vita.

L'autore di questi dettami è Ram Jain, che dice di sè:

"Ho ricevuto una solida base nelle antiche scritture: Veda, Upanishad, Bhagavad Gita e Yoga Sutra, per citarne solo alcuni" (tutto dai libri) .. *"ho chiamato i nostri ashram "Arhanta Yoga", lo yoga per padroneggiare i cinque sensi!"* (i sensi vanno ascoltati non padroneggiati)

"Nel 2017 ho anche fondato Arhanta Yoga Online Academy in modo che le persone che non possono visitare i nostri ashram possano seguire i nostri corsi da remoto. (Questo è autentico spirito imprenditoriale)

"Ad Arhanta non insegniamo solo yoga. Ti insegniamo come raggiungere il tuo potenziale ad approfondire le tue conoscenze, a costruire la fiducia in te stesso e a farti carico della tua vita."

Sembra un tentativo di autosuggestionarsi sulla propria persona e le proprie capacità. Come dicesse: " *Sono bravo, sono bello, sono simpatico, sono intelligente, coraggioso, di certo tutti mi ammireranno e mi seguiranno*"

Rudolf Steiner sottolineava tuttavia come fosse dapprima necessario allenare il pensiero mentale per favorire detta visione, poiché *«voler riconoscere i mondi superiori soltanto dopo averli veduti ce ne ostacola la visione. La volontà di comprendere prima attraverso il sano pensare quel che più tardi potrà essere veduto promuove tale veggenza; evoca forze importanti dell'anima, le quali appunto conducono alla veggenza».*

Steiner aggiungeva che la vista degli archetipi spirituali, così ottenuta, è accompagnata anche da suoni, percepibili tramite lo sviluppo di un analogo *«orecchio sovrasensibile»*. Io non percepivo alcun suono.

Mi fermo qui perché sul terzo occhio c'è di tutto:

- essere mago,
- essere preveggente del futuro, proprio e degli altri,
- essere in contatto col divino,
- vedere gli spiriti, ecc. ecc.

Non avevo un accidente, a parte delle lucine che si accendevano nel buio ma sapevo che si trattava di saturazione delle cellule cerebrali pertanto era stress, e di stress ne avevo tanto, infatti quando finì questo inferno, scomparvero.

Il terzo occhio invece è rimasto e non ho bisogno di meditare per vederlo, basta che sto al buio o in penombra. Ben pensandoci sarebbe l'occhio di Shiva, per cui tutte le favole narrate da Yogananda e da tanti altri o erano un'altra cosa o erano balle. Maria mi disse di leggere un libro specifico sul terzo occhio.

Lo acquistai e lo lessi ma non riuscii ad arrivare fino in fondo: sembrava una presa in giro. Si parlava addirittura di trapanazione dell'osso della fronte per aprire l'occhio, cosa a cui il protagonista si sarebbe sottoposto volontariamente. Mi chiesi come mai Maria prendesse simili cantonate mentre era molto lucida su tante altre.

Comunque per un certo tempo fissai il mio occhio interiore con curiosità e mi accorsi che il vederlo o meno dipendeva dal grado di coscienza con cui lo guardavo. Se lo fissavo lasciandomi andare l'occhio diventava un cerchio intorno a cui si muovevano con una certa vivacità una banda di luce rossa e una blu.

LA LUCE VIOLA

Le due bande col tempo si trasformarono un'unica banda viola, anche questa sbandierata come grande conquista spirituale, ma io mi sentivo come prima, incerta e spaventata, anche se attenta. Lessi, sempre su Yogananda, che l'occhio doveva diventare viola con onde di giallo dorato, e così accadde, ma io non mi sentivo né saggia né illuminata.

Poi qualcosa capii perché un giovane che aveva subito violenze allucinanti nell'infanzia vedeva al buio un paio di forbici, e un uomo vedeva invece il volto di suo padre, con espressione severa quando le sue azioni non lo soddisfacevano e sorridente quando era soddisfatto.

Si trattava solo del punto di riferimento che si aveva nella mente: il giovane aveva come intento supremo quello di scordare i ricordi orrifici del passato e le forbici erano l'intento di tagliarli, l'uomo voleva appoggiarsi al padre defunto e io avevo invece come punto di riferimento il guardarmi dentro.

Ognuno ha la fissa che vuole, o di cui ha bisogno, io avevo un occhio che guardava il mio mondo interiore, ero introspettiva perché mi fidavo del mio profondo e non degli altri, niente di più. Quando le due bande si fusero in una luce viola, la famosa luce viola tanto invocata dagli alchimisti perché il mio istinto originale si era riunito alla mia anima.

Ciò mi rese più serena e realistica, vicina ai sentimenti degli altri che indubbiamente comprendo molto più di prima ma senza sbrodolamenti aulici o spirituali, il bello della conoscenza è che fa diventare semplici ma, al contrario di tanti guru un po' imbalsamati, rende vivi e sensibili, capaci di condividere il dolore e la gioia degli altri.

Non sono affatto imperturbabile, perché il dolore degli altri mi dà dolore e la gioia degli altri mi dà gioia, però, al contrario di prima, senza perdere lucidità. Oggi se chiudo gli occhi o se sto al buio ho visioni diverse a seconda del livello di attenzione o di abbandono, che penso siano riconducibili al "solve e coagula" degli alchimisti, dove il solve è il lasciarsi andare e il coagula la focalizzazione, ovvero lo stare attenti.

Se è maggiore il solve compare un occhio di grandezza naturale, con ciglia, cornea, iride e pupilla, che poi sfoca un po' e dentro compare un altro occhio che a volte si guarda attorno, ma senza espressioni particolari, comunque non guarda mai me e a volte ci vedo la cosiddetta finestrella, come riflettesse una luce. Se approfondisco il solve pian piano l'occhio diventa giallo dorato, tondo come un sole ed emana raggi dorati, attorniato da una luce viola.

E' la medesima descrizione che dà Vivekananda del suo terzo occhio, facendolo apparire come un miracolo di elevazione spirituale. *"Il Terzo occhio"* scrive Vivekananda *"è la sede del Centro Cristico* (Cristo c'entra con l'induismo come Maometto col cristianesimo). *I vostri due occhi fisici vi inducono erroneamente a pensare che questo mondo di dualità sia reale. Aprite il vostro occhio spirituale e vedrete la vostra forma invisibile. Se, nel silenzio interiore, il vostro occhio spirituale è aperto, l'invisibile diviene visibile."*

Il mio terzo occhio non mi ha fatto vedere nulla di invisibile, e non ho visioni neppure oggi che sento le presenze dell'Astrale Positivo. Comunque la luce viola, molto brillante, irradia dall'occhio tutto intorno in continuazione, a ondate. Se invece è maggiore il coagula vedo un puntino luminoso senza occhio, che dopo poco si irradia come un occhio di luce nel buio per portarmi talvolta in dimensioni diverse.

Quest'ultima opzione accade molto raramente, perché per ottenerla non devo avere la mente impegnata ad altre occupazioni per lungo tempo. Credo si tratti della famosa "*mandorla mistica*" di cui parlaron alchimisti e perfino i cristiani, perché si vede solo una luce molto intensa a forma di una mandorla, ma si tratta della forma dell'occhio.

Avevo superato diversi problemi della mia infanzia ma non ero né guru né illuminata, facevo e faccio parte della razza dell'animale uomo e, seppur calzata e vestita, sempre animale mi riconosco, e seppure non vivo più in una città piena di "antropoteche" (teche di umani), sono come un'ape in un alveare. Non credo che le api si sentano superiori perché vivono in un alveare, non mi sento superiore agli altri animali solo per l'invasione abnorme delle case dell'uomo.

Sapevo che molti giovani, soprattutto sessantottini, avevano cercato di ottenere visioni o stati d'animo mistici mediante le droghe, confortati anche dai libri di Castaneda. Ma io tutta la vita ho cercato di rimanere desta, evitando di ubriacarmi o di assumere droghe, amando invece molto il caffè che doveva tenermi sveglia. Infine volli fare un'esperienza con una sigaretta di marijuana, ma con un'attenzione molto particolare. Lo feci da sola e mi misi a letto. Sentii un ronzio nel cervello e scorsi una specie di luce verdolina al disopra degli occhi, come fosse nel cervello.

Fissando poi il quadro che avevo di fronte al letto dove c'era riprodotto un paese con delle case, scoprii che lo sfondo d'un tratto diveniva primo piano mentre il primo piano delle case passava nello sfondo. Questo è un fenomeno naturale, ma sotto l'effetto della marijuana questo invertimento cambiava continuamente in modo molto veloce. Fui piuttosto delusa dall'effetto, mi chiesero se mi sentivo distesa e in pace col mondo, risposi di no, ero come sempre. Potevo ottenere effetti maggiori semplicemente facendo meditazione ma mi annoiavo.

Credo che il desiderio di restare sveglia e attenta fosse la paura di lasciarmi andare alle sensazioni dolorose della mia infanzia, che temevo potessero farmi perdere il senno. Non potendo reggere emozioni così forti cercavo di mantenere la mente al presente, senza cercare effetti stupefacenti in situazioni insolite.

LA CORONA RADIATA

Lessi a suo tempo che la corona radiata rappresenterebbe la conquista dell'ultimo chakra, cosa su cui nutro seri dubbi. Diciamo che se chiudo gli occhi e resto a lungo senza pensieri vedo sopra la mia testa una specie di corona di luce bianca. E' una luce flebile, come una corona di fiammelle candide. Devo confessare di averla scorta diverse volte ma di non averla osservata a lungo per vedere se sia soggetta a mutamenti.

Ho letto che dovrebbe essere come un fiore di loto dai mille petali che si apre, la mia non ha petali, sembra proprio una corona, diritta e stilizzata, forse perché non sono orientale (è una battuta). Do poca importanza a tali fenomeni, scoprii la corona pochi anni fa e considero il fenomeno una particolare situazione neuronale, come il terzo occhio e la musica delle sfere.

Sono convinta che molte persone più avanti di me non abbiano tali fenomeni oppure ne abbiano altri. Non contano i fenomeni ma come stiamo noi. Oggi lo stress non c'è più e non ho più punti luminosi nel buio né luci strane, né sibili alle orecchie, che erano effetto di tensione nervosa, però sono rimasti l'occhio e la corona radiata, ma sono semplici contatti neuronali. Non ritengo di avere alcuna elevazione spirituale, semmai mi sono chinata alla terra per cogliere parte della sua bellezza.

LA FINE DELLA MAGIA

Sogno

"Sognai di un mio compagno mago che mi annunciava la nostra separazione - La Magia è finita - mi disse. Me ne andrò e non tornerò mai più ".

Questa separazione mi addolorava, spariva il mondo magico in cui avevo sperato. Per anni avevo letto e sognato di poter operare in segreto e in solitudine evocando enti che potessero aiutarmi nell'evoluzione interiore. Ma ora che la mente crollava la vedevo come un'illusione. La Magia non esisteva, era solo un'immaginazione consolatoria, esisteva solo la realtà vuota e insensibile che non si curava né di me né degli altri.

Sogno

Non sopportavo più quel vuoto, cominciai a desiderare che la mia mente crollasse definitivamente e una notte *"sognai una specie di lucertolone che cadeva nell'abisso maledicendomi*". Per affrettare questa morte zitti la mente per un paio di giorni, ogni volta che parlava la spegnavo ma spensi pure le emozioni legate alla mia mente.

Sogno

"La notte sognai di un ragazzo che era stato messo in prigione in quanto corrotto, ma non lo era perché egli possedeva solo un rettangolo di pietre".

Quel rettangolo che vedevo nel sogno era la mia mente. Così ero diventata la nemica della mia mente che però mi aveva protetto dal peggio quando ero bambina, cancellando i traumi peggiori.

Ricordo che per lunghi periodi avvertii dei suoni nella mia mente che mi svegliavano di notte. Per un certo tempo sentii suonare in piena notte il campanello del cancello di casa, non poteva essere, ma qualche volta mi alzai a vedere, naturalmente non c'era nessuno. Era come se la mente mi dicesse di svegliarmi dal torpore dei condizionamenti.

Successivamente sentii dei rumori particolari, come di una serranda che scende di colpo, o meglio ancora, sentii in campagna la neve che dal tetto precipitava sulla serranda per cadere a terra. Era la mente che crollava con un rumore improvviso che mi svegliava nel sonno, poi finalmente arrivò il sogno sperato.

Sogno

Feci poi un sogno lucido in cui stavo con un mio amico che nella realtà cercava come me la via della liberazione, eravamo in una cella, entrò un carceriere in divisa e ci annunciò che dovevamo morire perché ormai "sapevamo troppe cose", e ci consegnò due fiale a testa, una rossa, che a detta del carceriere provocava la morte, e una azzurra che, sempre secondo lui, toglieva il dolore.

Da sempre il colore rosso ha simboleggiato l'istinto e l'azzurro ha simboleggiato la mente. Penso che l'istinto era pronto al risveglio e la mente ad attutire il dolore della fine. A tutt'oggi il significato è incerto. So che per lungo tempo vidi al buio due fasce luminose, una azzurra e una rossa che si inseguivano intorno a un cerchio luminoso di luce dorata. Infine le luci si fusero e divennero di un bel viola vivace. Negli antichi testi era scritto: *"Beato il colore viola!"*

Nel sogno io dovevo assumere il rosso e l'azzurro insieme, fondere istinto e ragione. Ciò avrebbe dato luogo a un grande rivolgimento, facendo crollare definitivamente la mente condizionata. I tre punti chiave del passaggio dall'Opera al Nero all'Opera al Bianco sono:

- la morte dei genitori interiori, non quelli attuali ma quelli del bambino,
- l'incontro della morte,
- la caduta della mente condizionata.

Spesso questi tre eventi spaventano chi li attraversa perché si entra in territori sconosciuti.

- Come si vive senza genitori?
- Cosa c'è dopo la morte?
- Come si vive senza le certezze della mente?

"Insomma nel sogno dovevamo suicidarci. Uscito il carceriere dissi al mio amico: - Io ci provo -. Sedetti in terra per non cadere di colpo e ingoiai velocemente i contenuti delle fiale. Il petto mi si squarciò e ne uscì un nugolo di uccelli che volarono in alto con un tale brusio di ali che mi svegliai di soprassalto. Erano gli uccelli della libertà."

Il rumore delle ali fu così forte e improvviso che mi svegliai di colpo e balzai a sedere sul letto. Ero libera. Lo capii da subito ma per sentirlo pienamente dovettero passare dei giorni. Il primo passo fu l'accorgermi di un grande silenzio, ma non era fuori, era la mia mente che non parlava più.

Però la paura della morte persisteva, non era un'angoscia era una tristezza profonda, e fu così che da Medusa che pietrificava passai ad Ecate trivia, signora dei tre mondi, che aiutava a comprendere i passaggi tra essi.

IL MITO DI ECATE

"Celebro Ecate trivia, amabile protettrice delle strade,
terrestre e marina e celeste, dal manto color croco,
sepolcrale, baccheggiante con le anime dei morti,
figlia di Crio, amante della solitudine superba dei cervi,
notturna protettrice dei cani, regina invincibile,

annunciata dal ruggito delle belve, imbattibile senza cintura,
domatrice di tori, signora che custodisce le chiavi del cosmo,
frequentatrice dei monti, guida, ninfa, nutrice dei giovani,
della fanciulla che supplica di assistere ai sacri riti,
benevola verso i suoi devoti sempre con animo gioioso.

Ecate che fra tutti Zeus Cronide onorò, e a lei diede illustri doni,
che potere avesse sulla terra e sul mare infecondo;
anche nel cielo stellato ha una sua parte d'onore
e dagli Dei immortali è sommamente onorata."

(Esiodo)

Ecate era una titanide (o titanessa), figlia di Asteria, contrapposta agli Dei olimpici, subentrati ai Titani nel dominio dell'universo, ed era la Dea della magia, dei trivii e dei morti, signora dell'oscurità, dei demoni malvagi, della notte, della luna, dei fantasmi. Era invocata da chi praticava la magia nera e la necromanzia. Ma era pure protettrice della famiglia, dei parti, e nutrice dei giovani *"che da quel giorno videro ciò che vede l'Aurora che tutto vede"*.

Quindi fin dal principio è protettrice dei giovani, ma pure dei "passaggi", dalla vita alla morte in qualità di psicopompa, ma pure dalla morte alla vita, e delle porte e delle strade, dove era venerata con immagini triformi, e pure dei viaggiatori. Derivata da una cultura pre-indo-europea, Zeus le aveva concesso di conservare tutto il suo antico potere compreso quello sul cielo stellato, il che significa che era ancora molto vivo il suo culto nel popolo.

"Ancora oggi," dice Esiodo *"ogni volta che qualcuno offre ricchi sacrifici e chiede grazia, invoca Ecate. Grande onore è facile per colui le cui preghiere sono accolte favorevolmente dalla dea, che gli concede ricchezze; poiché il potere è con lei. Poiché a tutti coloro che sono nati dalla Terra e dall'Oceano, lei ha la sua porzione dovuta. Il figlio di Crono non le ha fatto torto né le ha tolto nulla di tutto ciò che era la sua parte tra gli antichi dei titani: ma lei detiene, poiché la divisione fu all'inizio, privilegio sia in terra, sia in cielo, e in il mare."*

Del resto le «grazie» e «i miracoli» sono avvenuti in tutte le epoche e in tutte le religioni, per cui non fanno più testo nella dimostrazione della veridicità di una fede e di una religione. Di certo con l'aumento dell'istruzione cala la fede e calano i miracoli, perché le persone colte sono meno credule.

Un altro mito narra che Ecate è figlia della Notte, pertanto un pò tenebrosa come sua madre, al contrario degli Dei olimpici luminosi. La Dea in forma triplice regge una torcia, una chiave e un serpente, oppure un martello, una fune e una torcia. Nell'ara di Pergamo ha un corpo solo, con tre teste e sei braccia.

Il coltello appare in molte rappresentazioni di Ecate, nel ruolo di levatrice per tagliare il cordone ombelicale, e come accompagnatrice nella morte, dove taglia il legame tra corpo e anima. Scorsi questo legame mentre stavo per addormentarmi, una specie di treccia sottile che si allungava tra me e la mia anima, però non era d'argento come si dice ma rossa e azzurra.

Ecate fu identificata con Artemide e con Persefone, la Dea dei morti. Rappresentata con lunga veste e fiaccole nelle mani, fu poi raffigurata nel suo caratteristico aspetto trimorfo, come Dea del cielo, della terra e dell'oltretomba, come dallo scultore Alcamene del sec. V a.c..

Coro delle Sacerdotesse

- Ecate Dea infernale dell'Asia Minore, e greca,
e trinitaria con Artemide e Demetra,
signora del regno infero, della magia e delle streghe.
Ogni casa aveva la tua immagine,
così come ogni porta delle città,
come nei trivii e nei quadrivii.
Dea trivia e triforme, come celeste Artemide,
terrestre Demetra e ctonia Ecate.
Tu Luna, tu mondo invisibile e perduto,
tu Avalon dimenticato,
le donne si inginocchiano al Dio maschio
tradendo l'anima e la loro natura.
Un oblio di cicalecci maschili gli ha chiuso la mente,
troppo poche ricordano chi furono.

Secondo Esiodo, Ecate inoltre:
"- Aiuta e promuove chi vuole; siede accanto a re potenti in giudizio, e

nell'assemblea a chi vuole distinguersi tra il popolo.
- Quando gli uomini si armano per la battaglia che distrugge gli
uomini, la Dea è vicina per dare la vittoria e concedere gloria a chi
vuole.
- Quando gli uomini si contendono i giochi, la Dea è con loro e li
aiuta: e fa vincere con facilità e con gioia il ricco premio.
- E' brava a stare al fianco dei cavalieri, quando vuole: e a coloro i cui
affari sono nel mare periglioso, e che pregano Ecate e lo Scuotitore
della Terra con fragore, e facilmente la gloriosa Dea concederà la
salvezza.
- È brava nella stalla con Hermes con i branchi di vacche e le mandrie
di capre e i greggi di pecore lanose, e se vuole, le aumenta o fa sì che
siano di meno."

Ecate probabilmente ebbe origine tra i Cariani dell'Anatolia, dove rimase una Grande Dea fino ai tempi storici, nel suo impareggiabile sito di culto a Lagina, nell'antica Caria, dove la Dea aveva un superbo tempio di cui ancora serbiamo le vestigia. Secondo altri Ecate doveva essere una Dea greca, i monumenti ad Ecate in Frigia e Caria sono in effetti numerosi ma di data tarda.

Poiché fu l'unico Titano che aiutò Zeus nella battaglia tra Dei e Titani, Ecate non fu bandita negli inferi dopo la loro sconfitta da parte degli Olimpi ma venne incorporata nel pantheon greco senza intaccare la posizione di Artemide. Le immagini di culto e gli altari di Ecate trimorfa venivano collocati agli incroci, davanti alle case private e alle porte delle città come Dea Trivia o "Dea delle tre vie" nella mitologia romana.

Nel VII secolo Sant'Eligio, nel suo Sermone proferito nelle Fiandre, mette in guardia i malati dal mettere "*incantesimi diabolici alle sorgenti o agli alberi o agli incroci*" perché "*Nessun cristiano dovrebbe fare o rendere alcuna devozione alle divinità del trivio, dove tre strade si incontrano...*".

Ma se era una falsa Dea di che si preoccupava? Nell'arte e nella letteratura Ecate è presente a forma di cane, o accompagnata da un cane, o è annunciata dall'ululato di un cane. Spesso le veniva sacrificato un cane, poi mangiato ritualmente. Successivamente il cane di Ecate venne considerato una manifestazione di anime inquiete o demoni, ma il suo significato originale era positivo e connesso alla nascita. Ad Atene sorgeva la statua di Ecate Triglatena, alla quale furono offerte in sacrificio le triglie.

Sia le triglie che la rana erano sacre a Ecate, ma pure l'albero del tasso. Ecate a tre teste ne ha spesso una o più di animali, tra cui mucca, cane, cinghiale, serpente e cavallo, sovente con la testa circondata da serpenti che si attorcigliano tra rami di quercia. Ma era anche associata alla conoscenza delle piante e alla preparazione di medicinali e veleni.

Venivano poste ghirlande di tasso attorno al collo dei tori neri che macellavano in suo onore e i rami di tasso venivano bruciati su pire funebri. L'albero del tasso le era sacro, detto anche albero della morte per le sue foglie velenose. Sembra che Ecate gradisse molto le offerte di aglio, ma è anche associata al cipresso, simbolo della morte e degli inferi, che però era sacro anche a Venere e usato nei cimiteri.

Le Sacerdotesse

Dea della notte che raccogli i sospiri degli uomini
e il timore dei cupi fantasmi nei cimiteri
ove i mortali si recano di giorno affinché i morti
regnino solo dentro e non fuori di essi.
Tu fosti la Triplice, foriera di vita, morte e rinascita,
camuffata dal Dio unico in premi e castighi ultraterreni,
affinché gli uomini obbediscano e tremino,
ma non colgano il frutto prezioso dell'albero della vita.
Tu madre, tu nutrice, tu morte,
insegni agli uomini di buona volontà
che l'esistenza è un viaggio continuo,
tu accompagni gli esseri dalla nascita agli inferi,
e dagli inferi alla nascita, nel ciclo infinito della vita.
Venite a noi Figli della Terra
perché vi renderemo viaggiatori tra i mondi.

Venisti chiamata:

- Chtonia. la Dea del mondo sotterraneo
- Antaia, Colei che viene incontro a chi la cerca
- Apotropaia, Colei che protegge
- Enodia, la Dea che appare sulla via

- Kourotrophos, la Nutrice di fanciulli
- Propylaia, Colei che sta davanti alla porta, la Guardiana
- Propolos, Colei che prontamente interviene
- Phosphoros, la Portatrice di luce
- Soteira, la Sapiente
- Triodia, Colei che frequenta i crocicchi
- Klêidouchos, Colei che detiene le chiavi dei regni (ricorda qualcuno?
Un certo S. Pietro...)
- Trimorphe, La Triplice o la Trina (ricorda qualcosa? La Trinità...)
- L'Onnisciente, Colei che conosce passato, presente e futuro.

Ma per noi fosti l'aspetto oscuro della morte, destino di ogni vivente,
ma pure della rinascita, nel perpetuo divenire delle creature senzienti.

"Nella tana del lupo venni uccisa e rinacqui"

L'INCONTRO COL DIAVOLO

Ricordo i sogni in cui invecchiavo, vagavo per il mondo e non trovavo
nulla, sempre più avvilita.
*"Sognai infine di entrare in una grotta dove c'era il diavolo, non un
demone, ma proprio il diavolo, quello cattolico, con corna, barbetta,
coda e zoccoletti regolamentari. Mi disse che se lo avessi adorato mi
avrebbe protetto".*

L'ansia era finita ma ero profondamente triste, quasi depressa. Gli dissi
di raccontarne un'altra. Sapevo ormai che il diavolo è l'istinto che la
Chiesa Cattolica ha demonizzato e stravolto, in fondo è un essere tra
uomo e capro, tra umano e animale, e non siamo animali anche noi
umani?

Io ero lui e lui era me, non potevo averne paura perché nel percorso
interiore ci scopriamo animali, abbandoniamo le manie di grandezza e
l'idea che il mondo sia fatto per noi. *"Così sopraffatta dalla tristezza lo
abbracciai, e fummo tutt'uno"*: lui capì che non poteva più spaventarmi
ed io che avevo smesso di combattere me stessa.

Ora eravamo disoccupati entrambi, ovvero la mente era disoccupata ed
io potevo essere o meglio incarnare ciò che sentivo. Non avevo più il
grillo parlante nella testa che mi bloccava le emozioni, ora percepivo
appieno il mondo intorno a me.

SORELLA MORTE

Sogno

"Una notte sognai che in cielo c'erano nuovamente due comete, una rossa e una blu che stavano per precipitare sulla Terra, era la fine del mondo".

Quelle comete, simili a quelle che si trovano nei presepi dove annunciano una nascita, le vidi in diversi sogni, dove però annunciavano la morte. Ancora i due colori fondamentali, mente e istinto cadevano sulla terra, ovvero toccavano terra determinando la fine della mente condizionata.

La forma a stella e la coda, mi fece presupporre l'avvento di una nascita, come per Gesù, invece era la caduta di una favola, ovvero del mito della mente, portatrice di illusioni. Compresi che tutte le false cadute del mondo a cominciare da Gesù Cristo che l'annunciò per la generazione a lui successiva, e a finire con San Giovanni che andò in delirio psichiatrico nell'Apocalisse, erano frutto della caduta della propria mente, che però non resisteva alla caduta degli schemi e passava al delirio.

Quindi la mente stava per cadere per il crollo dei condizionamenti, avvenuti e digeriti piano piano, ma la mente non si rassegnava a cadere perché una parte di me non l'accettava, i condizionamenti sono pesanti ma rassicurano. La mente condizionata, con l'A,N. di mezzo, fa del tutto per evitare la sua caduta, cioè la morte, per cui spesso inventa scappatoie fondate sull'io illuso del proprio valore e della propria immortalità.

Sogno

"Nel sogno avevo un figlio piccolo e me lo portavo appresso in mezzo a una folla che scappava e urlava terrorizzata. A un tratto il bambino mi lasciò la mano ed entrò in una chiesa, non potevo obbligarlo a restare con me, poteva fare ciò che voleva. Era un bambino con una parte adulta che non si lasciava condizionare dagli altri, e lo lasciavo fare rispettando i suoi desideri.

Temetti volesse rimanere là, per un un rigurgito religioso, oppure per un distacco finale dalla religione, non lo sapevo, attesi pazientemente

fuori della chiesa e lui ne uscì di lì a poco, mi dette la manina e
andammo a cercare un angolino solitario in cui morire abbracciati".

Nulla più poteva trattenere la mia mente condizionata. Lei stava
morendo e il mio mondo moriva con lei. Ricordo che leggendo un brano
dell'Eneide mi venne da piangere alla morte di Turno, il re dei Rutuli:
"Turno muore Ardea cade con lui, città fiorente finché visse il suo re.
Morto Turno, il fuoco dei Troiani la invade e le sue torri brucia e le
dorate travi " Altrettanto accadeva dentro di me. Piansi al mio
risveglio.

L'ASSEDIO

A questo punto l'A.N. mi assediò letteralmente, nei sogni e nella realtà,
gente che mi aggrediva per strada che io calmavo con un fare cortese e
distaccato, ma pure tentativi di corruzione e di seduzione. Incontravo
zingare che volevano a tutti i costi leggermi la mano e mi assicuravano
che non volevano soldi.

Non ho mai incontrato tante zingare in vita mia, io non mostravo la mia
mano ma loro facevano ugualmente predizioni, una mi disse che avevo
un futuro speciale, un'altra che poteva salvarmi da un imminente
pericolo, un'altra ancora che stavo per fare la scelta più importante della
mia vita. Mi dicevano queste cose senza che io avessi mostrato la mano
o dato soldi, sembravano ansiose di svelarmi il futuro.

Le respingevo tutte, ormai sicura, come era già avvenuto, che volessero
ingannarmi per risvegliare il mio ego quasi distrutto. Addirittura mi
facevano trovare delle pubblicità allusive, ne ricordo una dove era
scritto: *"Dovrai usare il potere degli occhi"*. La notte crollavo dal sonno
e la mattina ero stanca per gli attacchi notturni.

Capivo che erano nella mia testa, ma sapevo di non essere pazza. Infatti
fuori apparivo a tutti normale, non suscitai mai dubbi in nessuno, non
facevo trapelare le mie scoperte. Una volta, mentre stavo in casa a
leggere un libro udii un potente ruggito dietro la porta di casa, come
venisse da un animale gigantesco. Dietro la porta di casa doveva esserci
un mostro spaventoso.

Di solito appuravo la verità andando a guardare, per dimostrare a me
stessa che era solo un'illusione dell'A.N.. Quella volta non ne ebbi la
forza, quel ruggito così forte e vicino era molto inquietante. Non aprii la

porta ma i miei cani erano tranquilli, cercai di guardare da una finestra e non scorsi nessuno.

CAPITOLO XI

ROMA ETERNA

"Gli uomini ingegnosi creano cose grandi
finché ne giungono di inetti che le distruggono
e cancellano, con rabbia e ostinazione.
Anche per questo mi è cara Roma,
distrutta e cancellata dai nemici della bellezza,
finché qualcuno si tolse la benda dagli occhi
e iniziò a scavare. Roma salvò qualcosa di sé
perché fu coperta di terra come una bara,
e sulla terra piantarono le vigne
perché il vino aiuta a dimenticare.

Amo Roma, perché sradicando un albero vecchio
per piantarne uno nuovo scorgo i cocci romani
che ammiccano nel suolo rovesciato,
ricordi lontani d'un mondo che fu.
Fu Dea, regina e sovrana,
ora è sommersa dai nuovi credenti,
che evitano la terra e sognano il cielo,
perché non capiscono i tesori della terra,
e perché il cielo è vuoto,
senza dolore e senza emozioni."

L'astrale tentò ancora di spaventarmi, lo tentò e ci riuscì, mi stava crollando il mondo, vedevo ciò che gli altri non vedevano. Chiesi alla mia amica di provare con la scrittura automatica, ma rifiutò, non si fidava di se stessa, e fece bene. Pensai fosse troppo paurosa poi capii che aveva ragione, non potevamo fidarci ambedue di noi stesse.

Non possiamo fidarci perché siamo condizionati dai nostri traumi profondi, la cui cancellazione ha tolto gran parte del dolore, lasciando solo un'angoscia diffusa. La nostra salvezza ma pure il malessere della nostra vita sono opera della rimozione. Chi può dire che non abbia più cose traumatiche nel proprio passato? Solo chi è giunto a stare bene facendo passare paure ed ansia.

LA RIMOZIONE

Siano benedette tutte le emozioni e benedetta la rimozione che fa dimenticare ai bambini le loro sofferenze e i lati bui dei loro genitori, di modo che possano crescere illudendosi sulla propria infanzia, come molti si illudono. Ciò consente di crescere invece di abbattersi e disperare, per diventare grandi e magari liberarsi. Tutti cancellano ma pochi ricercano il passato.

Ci insegnano da bambini che se siamo bravi e buoni andrà tutto bene ma la pratica dimostra il contrario. Molte persone mi chiedono come mai affermo che tutti operiamo rimozioni. Loro ricordano tutto, come posso affermare il contrario? La vera domanda sarebbe: *"Come mai, pur ricordando delle cose spiacevoli della mia infanzia tu affermi che non le ricordo? Pensi forse ce ne siano altre?"*

Sicuramente ci sono, altrimenti non ci preoccuperemmo. Se stiamo bene non pensiamo di dover scoprire cose spiacevoli, se non stiamo bene abbiamo paura di scoprirne e spesso, anzi quasi sempre, non vogliamo scoprirne. Insomma rimuoviamo tutti, ovvero abbiamo una memoria che viene in parte occultata dalla mente, quella che avvertiamo dietro la fronte, il nostro cervello, che ci fa ricordare o dimenticare le cose.

Le dimenticanze, vere e proprie cancellazioni, possono riguardare episodi o periodi della nostra vita, ho visto persone che non ricordavano i primi otto anni di vita, ma pure i primi dieci anni e pure i dodici o i sedici. Se vivere è stato molto pesante, cancelliamo il periodo per intero, per non ricordarci l'infelicità dell'epoca.

La mente è ciò che ci mette in contatto col mondo esterno, che impariamo a decodificare attraverso i cinque sensi ma è la mente che traduce ciò che i sensi le trasmettono. La mente riconosce gli stimoli esterni, li associa a sensazioni piacevoli, spiacevoli o neutre e altrettanto giudica le persone: gradevoli, sgradevoli e neutre.

La mente nei sogni è la parte maschile di noi, un uomo più o meno della nostra età, quando non compare come oggetto e in tal caso è un contenitore: un baule, una valigia, una borsa, una pentola, un'automobile, un portafoglio, una scatola, un cassetto, un vaso ecc. ecc. La mente ci separa parzialmente dalle emozioni, dal passato e dalle persone, così soffriamo meno ma capiamo meno noi stessi e gli altri.

La mente è la nostra difesa e la nostra decodificazione dell'esterno che avviene con le prime esperienze di vita e con ciò che gli umani ci trasmettono. Se i primi eventi sono negativi percepiamo un mondo negativo di cui cancelliamo i ricordi peggiori, poi ci raccontano che il mondo è positivo e ci crediamo, così siamo infelici ma pensiamo che il resto del mondo sia felice e che noi siamo infelici per colpa nostra.

La mente classifica cose e persone tramite i propri schemi, tipo: quella persona è ben vestita, mi posso fidare, oppure è lacera o è tatuata e ha i piercing e quindi non mi posso fidare, il che naturalmente è falso. La mente costruisce categorie che aiutano a decodificare, magari in modo arbitrario, perché ce le costruiscono gli altri. Dio è buono, i genitori sono buoni e pure se mi fanno cose cattive lo fanno per il bene dei figli. Oppure se faccio il bravo e l'obbediente tutto andrà bene, se faccio il cattivo e il disobbediente verrò punito.

Questi sono schemi, false decodificazioni che non corrispondono alla realtà. A volte la regola del buono e bravo, cioè obbediente, vale in famiglia quando vi è un regime severo per evitare le punizioni, ma non nella vita. Se guardo cinque pecore e mi accorgo che appartengono ad un'unica razza avrò creato la categoria "pecore" che mi aiuterà a decodificare immediatamente uno di questi simpatici animali senza pensarci su.

In questo caso lo schema semplifica la decodificazione e non condiziona, ma i nostri schemi sono ben altro e ci condizionano tutta la vita. Naturalmente ci sono varie cose che portano a ricordare il passato. Cominciare a raccontare la propria vita con ciò che si ricorda stimola ricordi ulteriori, oppure scrivere i ricordi su un quaderno, perché le emozioni sono le stesse di allora, o narrare episodi del presente è come attingere l'acqua da un pozzo, non c'è una fine.

I SOGNI

Per comprendere il passato occorre ricordarlo e la via maestra sono i sogni. L'umanità sogna tutte le notti scene che da sveglio ricorda o non ricorda, ma ne ignora il significato e ciò appare normale. Facciamo in genere cinque sogni per notte ma quasi sempre non li ricordiamo. Del sogno rammentiamo semmai una parte, chi sogna emette particolari onde cerebrali e si individua perché muove i bulbi oculari come stesse guardando una scena. Niente movimenti oculari niente sogni.

Ci sono persone che raramente ricordano i sogni a meno che siano incubi o molto vividi. Altri non li ricordano mai, molto staccati dal loro mondo interiore, altri sognano in bianco e nero. I colori sono dell'anima e danno emozioni, pertanto li hanno banditi, la mente cancella le emozioni troppo forti, cioè le più dolorose.

Comunque i sogni appaiono strani e indecifrabili, per comprenderli occorre una guida. I sogni si servono soprattutto di simboli che però non sono uguali in tutti i sogni, o, almeno solo pochi lo sono. Ad esempio:

SIMBOLI NEI SOGNI

- L'Automobile - è simbolo della mente, ci permette di camminare per il mondo e incontrare gli altri proteggendoci dalle emozioni. Infatti gli automobilisti si fanno a volte brutti gesti tra loro perché si sentono protetti dall'auto.

- L'Automobile aperta sopra o sfondata sopra - è una mente condizionata che sta perdendo i suoi condizionamenti.

- Le Automobili molto grandi e i Camion - sono simboli di forte mentalismo.

- Il Treno - rappresenta il viaggio della vita incanalato nei soliti binari.

- L'Autobus - rappresenta lo stare con gli altri nel viaggio della vita ma sempre guidati da altri.

- L'Aereo .- è il viaggio che ci stacca da terra ovvero dalla realtà.

- Volare - è simbolo di mente staccata dalla realtà.

- La Bicicletta - è simbolo di aderenza alla realtà. Quando siamo in bicicletta sentiamo la fatica, il suolo, l'aria, insomma siamo nell'ambiente, cosa che non avviene nell'automobile, cioè nella mente.

- Gli Scii - sono la mente che scivola sulla neve, cioè che non sta coi piedi per terra. Non sente né il corpo né il suolo.

- I Pattini - sono la mente che scivola sul suolo, cioè che non sta coi piedi per terra. Non sente né il corpo né il suolo.

- La Borsa - è simbolo della mente. La sognano le donne, è un contenitore degli effetti personali che dice chi siamo, in realtà chi crediamo di essere. Spesso sogniamo di scordarla da qualche parte.

- Un Portafogli - è simbolo della mente, talvolta è un contenitore di energie perché contiene i soldi che simboleggiano le energie.

- La Valigia - è simbolo della mente, un po' come la borsa, in effetti è un contenitore, e la mente è il contenitore delle nostre emozioni e sensazioni.

- Il Baule - è simbolo della mente. Per contenere le emozioni occorre una mente sana, se le emozioni sono violentissime la mente si rompe, come un vaso di coccio.

- Il Vaso - è un simbolo della mente.

- Un cassetto - è un simbolo della mente, in quanto contenitore.

- Una Pentola - può essere un simbolo della nostra mente.

- Una Scatola - può essere un simbolo della nostra mente.

- Le Bestie Feroci come pantere, tigri, leopardi, ma pure tori, rinoceronti ecc. - sono simboli di aggressività, in genere la nostra.

- Il Serpente - è quasi sempre un simbolo di istinto arcaico, primitivo, intoccabile e intoccato. Incontrarlo è la salvezza, ma è pure dolore perché toglie le illusioni della mente, per questo a volte, anzi spesso, nel sogno ci morde, perché il suo contatto è all'inizio un risveglio doloroso. Poi diventa una grande forza.

- L'Elefante - è il simbolo della Terra, ovvero dell'istinto primitivo.

- La Rana o il Rospo - sono in genere simboli di cambiamento in atto, quindi non del tutto compiuto.

- I Topi - sono il simbolo della profondità, qualcosa di inquietante che dall'inconscio sta risalendo alla coscienza.

- I Lupi - sono segno di istinto selvatico, quindi ancora non riconosciuto come nostro, pertanto ci fa paura. Spesso però si trasformano in cani nei sogni successivi.

- I Cani - sono simboli del nostro istinto.

- Le Volpi - sono simboli di istinto selvaggio non contaminato.

- I Gatti . sono simboli dell'istinto di indipendenza.

- Una Piovra - può simboleggiare una madre invasiva.

- Un Pescecane - può simboleggiare un contenuto devastante dell'inconscio se viene ricordato.

- I Pesci - rappresentano i contenuti emotivi dell'inconscio.

- Un Pesce - può essere un simbolo del pene.

- Il Cavallo - è simbolo dell'istinto libero.

- Gli Uccelli - sono simboli dell'istinto libero.

- Un Uccello - può essere il simbolo del pene.

- Le Tartarughe - sono simboli di difesa.

- I nugoli di Insetti o gli Scarafaggi - sono contenuti dell'inconscio che facciamo fatica a controllare.

- Un Ragno - può essere un simbolo della madre distruttiva ma talvolta dell'Astrale Nero.

- Una Farfalla - è un simbolo dell'anima. A volte è simbolo dei morti con cui siamo in comunicazione.

- Una Mantide - è un simbolo di pericolo.

- Il Drago - può essere l'equivalente del serpente, a volte indica una grande presa di coscienza ma a volte indica un pericoloso distacco dalla realtà.

- Il Pane e la Pizza - sono simboli di affetto sincero, spesso materno.

- I Dolci, ma pure altro cibo - sono simboli di affettività, il più delle volte è l'affettività materna.

- Una Zucchina, un Cetriolo, una Carota, un Salame, - possono essere simboli sessuali maschili.

- Il Caffè - è simbolo di risveglio.

- Il Latte - è simbolo materno ma se è in bottiglia può essere sperma.

- La mente - è spesso simboleggiata da un Uomo e l'anima da una Donna a volte nuda.

. Una Bambola - è una parte bambina che non è a coscienza.

- La Casa - può essere un simbolo del nostro io o della nostra mente. Ha diversi significati se è vuota, se è arredata o se è zeppa di mobili.

- I Mobili - sono simboli di sentimenti.

- Le Unghie e i Denti - sono simboli dell'istinto di difesa ovvero di aggressività naturale. Se nei sogni cadono significa che stiamo coprendo la nostra aggressività. Ciò provoca debolezza e depressione.

- I Peli esagerati - sono simbolo di un istinto poco controllato.

- Il Fuoco - è simbolo di distruzione trasformativa.

- La Notte - è simbolo della scarsa capacità di vedere dentro di noi.

- Il Letto - è un simbolo di protezione in genere della madre.

- Il Divano - è un simbolo di protezione in genere della madre.

- Una Sedia è in genere simbolo di protezione, spesso la madre.

- Le Ferite ai Piedi o l'essere senza piedi - sono il simbolo della difficoltà di camminare, di andare per il mondo, e andare per il mondo è incontrare gli altri. Viviamo nell'ambiente con gli altri, la maggior parte delle nostre difficoltà hanno a che vedere col rapporto con gli altri.

- Le Ferite alle Gambe - sono il simbolo della difficoltà di camminare, di andare per il mondo, e andare per il mondo è incontrare gli altri.

- Le Ferite alle Mani - sono il simbolo dell'avere difficoltà a prendere decisioni nel mondo esterno, insomma difficoltà a prendere decisioni e ad agire.

- Le Ferite all'Inguine - spesso sono ferite arrecate alla nostra sessualità.

- Il Diavolo - è simbolo dell'istinto ribelle. Da piccoli spesso genera incubi, per la paura del bambino della punizione che può ricevere se si ribella. Pertanto lui stesso ha paura del suo spirito ribelle che vede nefasto.

- La Suora - è simbolo del condizionamento cattolico. Quindi il dover essere buoni, altruisti e soprattutto sacrificali. Il genere la sognano le donne ma a volte la sognano anche gli uomini.

- Il Prete - invece spesso è il padre, anche per le paternali che fa.

- Il Cristo - è la figura sacrificale per eccellenza, è colui o colei che si sacrifica totalmente per i principi dei propri genitori. Di solito lo sognano gli uomini.

- Il Papa, il medico e il capoufficio - sono spesso simboli paterni.

- La Chiesa - spesso è la madre, o il moralismo familiare.

- Il Medico - è simbolo del padre.

- Un Uomo col cappello o con i baffi - in genere è simbolo del padre.

- Il Sangue - è simbolo di dolore ma se è sangue mestruale è simbolo di emozioni.

- Il Volto o il Corpo Bruciacchiati o sfigurati - sono simboli della nostra immagine che i nostri genitori hanno leso.

- Le Scarpe - simboleggiano la mente ragionante che usiamo per muoverci nel mondo. Se siamo a piedi nudi significa che la mente in quel momento non ci sorregge. Rarissimo il sogno di essere a piedi nudi sull'erba o sulla spiaggia, in tal caso simbolo di libertà.

- La Droga - come l'Alcool è simbolo di inconsapevolezza.

- Un Grande Albero - può simboleggiare l'albero della vita.

- Un Albero Tagliato - simboleggia un tipo di vita in cui non si crede più, magari perché non si crede più in una persona molto importante nella nostra vita.

- Una Bara - può significare una parte apparentemente morta di noi.

- Essere Seminudi o Nudi (nudi più raro) - è il simbolo del sentirsi indifesi e in balia degli altri.

- Uscire con Abiti da Casa o in Pantofole - significa sentirsi inadeguati nell'ambiente esterno.

- Il Castello - simboleggia la mente condizionata, perché è una struttura difensiva e alta rispetto al suolo, che ci stacca dalla realtà per difenderci, in realtà ci imprigiona.

- La Torre - simboleggia la mente condizionata, perché è una struttura difensiva e alta rispetto al suolo, che ci stacca dalla realtà per difenderci, in realtà ci imprigiona.

- Una Cantina - è un simbolo dell'inconscio.

- Un Sotterraneo - è un simbolo dell'inconscio.

- Un Garage - è un simbolo dell'inconscio.

- Un Piano Alto - è simbolo della mente.

- Un Tetto - è simbolo della mente.

- Scendere a piano terra - è tornare nella realtà.

- Un Neonato - è una nuova parte di noi che sta emergendo. Il sogno del neonato è sempre positivo, perché ci fa conoscere parti di noi che prima erano sconosciute.

- Un Vecchio - può simboleggiare una forte esperienza o una seria devitalizzazione.

- Una Vecchia - può simboleggiare antiche emozioni o una seria devitalizzazione.

- Il Seno femminile - è simbolo di sensibilità.

- Una Donna Incinta o Essere Incinte - è sempre un simbolo di nuovo contenuto che sta per uscire fuori. Le donne sognano di essere incinte o una donna incinta, gli uomini quasi sempre sognano una donna incinta, quasi mai di essere loro stessi incinti.

- Un Deserto - è simbolo della nostra anima inaridita. Quando è caduta la mente condizionata in genere sogniamo il deserto perché sono cadute tutte le emozioni legate alla mente condizionata.

- I Palazzi - sono simboli della mente condizionata in quanto sono costruiti dall'uomo. Guardare una città è simbolo del vedere la mente condizionata, accorgerci che c'è.

- La Campagna . è simbolo dell'anima in quanto è la Natura, cioè che è naturale e non costruito. Ciò che veramente siamo.

- Il Bosco - è simbolo dell'inconscio in quanto è pieno di vita, ma pure di luci ed ombre, e di animali anche pericolosi.

- L'Oro - è simbolo di coscienza vera, inalterabile. Abbiamo coscienza vera di ciò che abbiamo sentito, esperito dentro e fuori di noi. La mente condizionata è una falsa coscienza.

- La Bigiotteria - è simbolo di falsa coscienza, perché non è preziosa, non è un valore permanente e autentico.

- L'Argento - è simbolo di sentimenti. Per questo alcuni amano l'argento e non loro, in quanto sono in un periodo in cui stanno scoprendo i sentimenti.

- Le Pietre Preziose - sono simboli di sentimenti.

- I Fiori - sono simboli di sentimento.

- I Profumi - sono simboli di sentimento.

- Il Tetto di una casa - è simbolo della mente condizionata. Se si sfascia, se cade o va a fuoco è un segno positivo.
- Il tetto di una macchina - è simbolo della mente condizionata. Se si sfascia, se cade o va a fuoco è un segno positivo.

- Il Coperchio di una scatola - è simbolo della mente condizionata. Se si sfascia, se cade o va a fuoco è un segno positivo.

- Il Coperchio di una pentola - è simbolo della mente condizionata. Se si sfascia, se cade o va a fuoco è un segno positivo.

- Un Profumo - di quelli che si vendono in profumeria è simbolo di sentimenti.

- Ballare o Cantare - sono simboli di sentimenti.

- Sentire un Citofono che Squilla - che in realtà non ha squillato è simbolo di risveglio.

- I Defunti - nei sogni possono rappresentare altre persone, o parte di noi stessi, o i nostri defunti che i sogni ci fanno vedere come erano realmente, oppure i nostri veri defunti che si fanno vedere per farci capire che ci sono e che cercano di aiutarci.

- Sognare di Scendere una Scala - significa scendere nell'inconscio.

- Un Buco nel terreno - simboleggia l'Inconscio

- Salire una Scala - significa risalire alla coscienza o nella mente condizionata.

- Scendere le Scale per andare nella metropolitana - è in genere scendere nell'inconscio.

- Un Pozzo - rappresenta l'entrata nell'inconscio.

- La Metropolitana - simboleggia l'inconscio.

- Cercare di Urlare e non Riuscirci - significa non essere mai stati ascoltati da nessuno nelle nostre sofferenze.

- Cercare di Correre e non Riuscirvi - qualcosa che è accaduto nell'infanzia da cui scappiamo senza successo perché è già accaduto.

- La Luna - è simbolo di sentimenti, di magia, ma soprattutto della madre.

- Il Sole - è simbolo di coscienza che però non può essere guardata perché fa troppo male, ovvero fanno male i contenuti dell'inconscio che ci può mostrare.

- Un Ponte - è simbolo di un importante passaggio nella nostra vita, da un tipo di vita a un'altra, da un modo di vede a un altro, o andare incontro a qualcosa che fino ad allora era stato rifiutato.

- Una Porta Chiusa - è una parte di noi ovvero di un ricordo lontano che fino ad ora era a noi sconosciuto, una parte che vogliamo o non vogliamo vedere ma che ora sappiamo che c'è.

- Una Strada Asfaltata - simboleggia un percorso che la mente conosce in modo condizionato, ovvero il solito percorso della mente.

- Una Strada Sterrata - è un percorso naturale che viene da dentro di noi e non è condizionato dalla nostra mente.

- Un Tavolo, specie se è grande - è simbolo della famiglia, cioè della nostra famiglia di origine.

- A volte il tavolo Rettangolare è simbolo della mente condizionata.

- A volte se il tavolo è Tondo è simbolo della nostra anima.

- La Sedia - a volte è simbolo materno, a volte significa luogo dove ci si può lasciare andare in tranquillità.

- Una sigaretta- può essere simbolo di nervosismo

- L'Ombrello - simboleggia il riparo dalle forti emozioni.

- L'Acqua - è simbolo di sentimenti ed emozioni. può essere mare, o fiume, o piscina, o vasca da bagno, o pioggia, o acqua da bere in una bottiglia o in un bicchiere d'acqua.

- L'Acqua che scende da un soffitto - fa pensare a emozioni sgradire che stanno per toccare terra e quindi per essere riconosciute.

- La Pioggia - è segno di emozioni piuttosto forti.

- Il Mare - simboleggia il mondo delle emozioni.

- Il Mare in tempesta - significa tempesta di emozioni.

- Il Mare calmo - significa emozioni ben contenute -

- Essere in alto mare - significa essere in balia delle emozioni.

- La Piscina - simboleggia emozioni contenute -

- Riuscire a nuotare - significa reggere bene le emozioni.

- Bere Acqua - significa assimilare emozioni -

- Farsi una Doccia - è spesso simbolo del fare l'analisi del profondo.

- La Lavatrice che Lava i Panni - è simbolo del fare l'analisi del profondo.

- Orinare o Defecare - è spesso simbolo dell'aggressività che comincia a uscire fuori. Se il bagno è sporco di orina o di feci significa che non si è in grado di controllare questa aggressività.

- La Barca, o la Nave - è il mezzo per restare a galla su un mare di emozioni. A volte simboleggia la madre protettrice.

- Il Panorama coperto di Neve - indica un congelamento dei sentimenti.

- Sciare - è simbolo di scivolare sul suolo senza attrito perché si è un po staccati dalla realtà.

- Un Vento forte - sono forti emozioni che ci scompigliano.

- Il Terremoto - è segnale di emozioni destabilizzanti.

- L'Eruzione di un Vulcano - è segno di emozioni destabilizzanti.

- Un Cimitero - è il luogo nascosto dei nostri ricordi oppure la possibilità (molto rara e fattibile dopo un lungo percorso) di comprendere qualcosa del dopo-morte, cioè del mondo dei defunti.

- I Capelli. più lunghi e folti che nella realtà - simboleggiano un ritorno di energie positive.

- I Soldi - simboleggiano energie, perché come i soldi sono i mezzi per produrre qualsiasi attività, da un viaggio a una cura di bellezza, dalla beneficenza all'acquisto di armi, dalla costruzione di una casa all'acquisto di un vestito o alla visita in un museo. Ma pure di eseguire un lavoro, affrontare la gente, fare una calata, cucinare un pranzo o vivere un'avventura.

- I Libri e le Biblioteche - sono di solito immagini della mente condizionata.

- Un Orologio - di solito indica il presente, una realtà che ancora persiste.

- Un Telefono - è simbolo di una possibilità di comunicare con gli altri, talvolta allude a una comunicazione mentale.

- Una Strada sbarrata - indica che in quel momento il sognatore non ce la fa a superare l'ostacolo della mente perché conoscere il passato farebbe troppo male.

- Una Strada Lastricata - indica la presenza della mente.

- Una Strada Sterrata - indica il sentiero percorso con l'istinto.

- Una Fonte di Luce - è simbolo di comprensione di qualcosa che prima era oscuro.

Se qualcuno ci interpreta i sogni pian piano impariamo a capirli anche noi. I sogni ci raccontano come stiamo, cosa è successo nel nostro passato che ci ha condizionato, come sono realmente i nostri genitori e come sono stati con noi, se ci hanno fatto del bene o del male.

Ci dicono pure come sta la nostra parte bambina che ancora esiste da qualche parte, se davvero è affidabile la persona con cui abbiamo stretto un legame, e se la nostra analisi va bene o va male, a volte precisando se è il terapeuta che non sa fare terapia o è il paziente che non collabora.

I sogni sono l'espressione di una nostra parte a cui non abbiamo normalmente accesso, una parte intoccata dagli eventi della nostra infanzia che viene in nostro aiuto per restituirci la personalità originaria, di per sé sana e vivace.

IL LINGUAGGIO DEI SOGNI

Freud osservò che il linguaggio dei sogni non segue le regole del linguaggio diurno perché cerca di evadere la censura della mente condizionata, quella che Freud chiamava Superio. Jung disse invece che i sogni parlavano un certo linguaggio perché quello sapevano usare. Credo che i sogni cerchino di evadere la censura della mente e che parlino un linguaggio un po' arcaico.

Naturalmente apprezziamo un linguaggio chiaro e articolato e consideriamo inferiore qualsiasi altro non lo sia, però è possibile che quel linguaggio risalga al periodo in cui l'uomo era meno capace di parlare, ma immaginava e sentiva. Oggi sappiamo parlare ma percepiamo meno noi stessi e gli altri.

L'area del linguaggio, nell'emisfero sinistro (area di Broca), si è molto sviluppata durante l'evoluzione dell'uomo consentendo una notevole comunicazione di dati e comunità estremamente allargate, ma non ci ha reso migliori né più sereni. La mancanza del linguaggio non comporta necessariamente un grado di inferiorità perché quegli esseri erano capaci di sentirsi tra loro senza tante specificazioni.

Il linguaggio ha permesso di comunicare molte nozioni perdendo però il contatto con la natura. Il linguaggio ha favorito la tecnologia e il mentalismo ma ha impoverito l'anima. Amo la tecnologia usata per vivere meglio e divertirsi, non per aggredire o sfruttare o condizionare gli altri.

Comunque i sogni presentano personaggi che spesso sono parti di noi per rivelarci dei nostri aspetti che non abbiamo ancora portato a coscienza, oppure rappresentano personaggi a noi molto vicini per rivelarci dei loro aspetti che non abbiamo ancora portato a coscienza o che non vogliamo portare a coscienza per mantenere un'illusione.

Praticamente sono quasi sempre figure di copertura, che coprono perciò personaggi per noi più importanti, come ad esempio un nostro genitore. Ovviamente la figura di copertura sarà sempre meno importante di quella a cui allude. Se si sogna invece un genitore che ha un comportamento distruttivo con noi è ovvio che non è una figura di copertura.

Meno male che Freud ha saputo orientare il linguaggio alla comprensione dell'anima, perché la mente cerca solo di comprendere l'ambiente, come sfruttare a proprio vantaggio le risorse in base ai bisogni. La mente divide e l'anima accomuna. Spesso oggi si dice che Freud è superato, perché all'istinto sostituiamo il comportamento, quindi la mente, ma questa ci copre il passato e l'imprinting che ci portiamo tutta la vita come un fardello.

Molti dei nostri ricordi ed emozioni dell'infanzia filtrano attraverso i sogni con un linguaggio che difficilmente decifriamo. Come per una lingua straniera occorre tempo e pazienza per imparare. Passiamo un terzo della vita a dormire e a sognare ma fingiamo che non sia importante.

Alcuni animali vanno in letargo d'inverno e si svegliano in primavera, noi umani siamo letargici di notte spaziando in dimensioni diverse nei sogni e ci svegliamo di giorno. Le dimensioni diverse non le ricordiamo quasi mai, i sogni li ricordiamo di più, ma non gli prestiamo attenzione, anche se sono il contatto più diretto con la nostra anima.

Ci sentiremo apprezzati o disprezzati dagli altri come i nostri genitori ci apprezzarono o disprezzarono, ci sentiremo stimati se i nostri genitori ci stimavano, amati se i genitori ci amavano, ed esclusi dalla società se ci escludevano. Se vogliamo comprendere il mondo dobbiamo comprendere noi stessi, per comprendere noi stessi dobbiamo capire la realtà dei nostri genitori.

In quanto ai sogni, sono inviati da una parte arcaica e staccata da noi, una parte istintuale non condizionata che cerca di reintegrarci di tutte le parti perdute durante l'infanzia. I metalli dell'Opera vanno tutti bene, nessuno di essi va scartato, ma vanno rimessi al loro posto. Significa che rabbia, dolore, paura ecc, devono essere abbinati alla vera sorgente.

La consapevolezza riassesta i metalli nel modo giusto, e il ricordo della nostra infanzia ci fa capire sentimenti ed emozioni. Ciò fa chiarezza sui nostri genitori e il nostro ambiente, su di noi, sugli altri e sul funzionamento della nostra vita, ma pure sulla morte e dopo-morte.

CAPITOLO XII

IL CROLLO DELLA MENTE CONDIZIONATA

Persi la mente condizionata una vita fa, dopo aver ripercorso la dolorosa infanzia, di maltrattamenti e violenze fisiche e morali, prepotenze, umiliazioni, derisioni e disprezzo. Scoprii la violenza degli uomini, accecati dalla mente che parla, e poi la violenza della natura, che basa l'esistenza degli esseri sul divoramento reciproco, con dolore e sangue.

Dio non era buono ma almeno non esisteva, nemmeno la natura era buona però esisteva, basata sul nutrimento, sul dilaniamento. sull'uccisione e lo sfruttamento delle creature viventi una sull'altra. La natura aveva il suo Genio, ma nemmeno quello era buono, ovvero era buono il Genio di una razza per la sua razza, ma non il Genio delle varie razze, e neppure per i componenti della sua razza è buono, basta guardare la vita che fanno le formiche.

Il Genio della Natura in genere se ne infischiava delle varie razze, preoccupandosi al massimo di quando una delle razze rischiava l'estinzione, solo allora interveniva con estreme difese in favore della razza in pericolo.

Smisi di invidiare i ricchi e i potenti e sorrisi alle creature più umili, dai bambini agli animali, ai vecchietti e ai menomati. Amavo chi aveva di meno o chi aveva buon cuore. Prima li temevo come potessero rievocarmi la mia fragilità e il mio essere bisognosa.

Sogno

"*Sognai di trovare due bambini abbandonati, vivevo con un'amica in una casa piccolissima, avrei voluto tenere i bambini ma non avevo spazio. Decisi di mettere un lettino in mezzo alle scale (l'appartamentino era piccolo e arrampicato su due piani), su un piccolo pianerottolo che a mala pena l'avrebbe contenuto, e l'altro in cucina, in uno spazio ristretto. Però li avrei tenuti.*"

Erano parti di me, infantili e non mentali, i miei sentimenti e i miei istinti che avevo cercato disperatamente di addossare ad altri perché li proteggessero, ma che ora volevo tenere con me, anche se mi preoccupava come si trattasse di allevare due bambini reali. Non ero più al centro dell'attenzione, né mia né degli altri.

Non pensavo più che gli altri mi giudicassero, o almeno non me ne preoccupavo, non mi interrogavo più su come ero, su come mi presentavo, se mi ero comportata bene o male, se avevo fatto buona o cattiva figura. Non me ne importava nulla.

Sogno

"Avevo due bimbi piccoli, dall'aspetto di 6-7 anni, li tenevo in braccio ma il maschietto scende e mi dice che loro ormai sono grandi e non li devo più tenere in braccio, sanno fare da soli, scende anche la femminuccia."

I due miei bambini interiori non hanno bisogno che io ancora li protegga. Il maschio, non ha più mente ma istinto che parla, sa difendersi da solo, e pure la femmina, la mia anima. Posso abbassare la guardia, non devo avere paura di essere aggredita, perché sono in grado di difendermi. Pertanto non c'è bisogno che stia sempre in allerta.

Avevo smesso di guardarmi con gli occhi degli altri, o nel modo in cui pensavo mi guardassero gli altri. La mente non parlava, avevo smesso di farmi domande e mi ero accorta che la gente ne sapeva meno di me. Non mi inorgogliva perché anche io sapevo poco, e perché la mente non faceva paragoni tra me e gli altri, non eravamo uguali, eravamo diversi, ma "tutti" diversi, ognuno con un suo vissuto e un suo mondo per cui i paragoni non funzionavano.

I sogni cambiarono ancora, tetti che si incendiavano o che crollavano, sognai un antico uomo precolombiano con la faccia piena di segni colorati che recitava parole magiche sollevando le braccia verso il soffitto del tempio, e il soffitto crollava. Era la mia mente che cadeva. *"Turno muore. Ardea cade con lui, città fiorente finché visse il suo re. Morto Turno, il fuoco dei Troiani la invade e le sue torri brucia e le dorate travi. "*

Ero cambiata, e sentivo un grande dolore, ma un dolore diverso, non vedevo me, ma me con gli altri, e non avrei voluto un mondo così sofferente né così malvagio, ora che avevo sentito l'amore verso gli esseri, ora che non potevo uccidere una mosca, ora che mi identificavo in tutti quelli che soffrivano o che cercavano pace.

Non mi identificavo nelle persone crudeli e malvagie ma capii quanto è sottile il confine tra cattiveria e generosità, capii che, anche se mi ripugnava e mi incolleriva, la crudeltà faceva parte della mia razza, e magari in altre vite ero stata crudele. Essere crudeli o generosi dipende dalla consapevolezza.

Sogno

"Così abbandonai tutto, perché non avevo più nulla in cui credere, e in un sogno mi sdraiai sul fondo di una barca lasciandomi portare dal fiume alla mia morte. Un fiume mi portava, al mare o in baratro, non lo sapevo, e non potevo farci nulla. Una voce mi sussurrò che sarei giunta al mare tra cento anni. Io stavo morendo.
"Turno muore. Ardea cade con lui... e le sue torri brucia e le dorate travi... "

Sogno

"Sognai anche di stare seduta dentro un albero cavo e sull'apertura colava una resina ambrata che pian piano chiudeva l'albero con me dentro. Io pian piano mi addormentavo, sopraffatta da una specie di nichilismo. La solita voce disse che ne sarei uscita dopo 100 anni" ma un'eco ripeteva: *"Turno muore. Ardea cade con lui..*
"

Ricordo che nella scuola di psicoterapia mi chiesero, a me come agli altri, come vedessi il silenzio. Risposi: *"Come un pulviscolo dorato che scende lentissimo con minuscoli scintillii".*
"E che effetto ti fa?"
"Una sorpresa, un scoperta positiva".
Rimase perplesso perché il silenzio aveva fatto paura a tutti. Forse faceva paura anche a lui.

LA VITA CHE SCORRE

Dalla finestra della mia camera scorgo un lembo di cielo dove le nuvole corrono veloci, come a dire: "*Presto, non c'è tempo, non c'è tempo*". La vita corre e scorre, e se corriamo con lei siamo attanagliati dall'ansia. Ma la mia mente non parla più e le nuvole sono portate dal vento. Sotto il cielo grigio scorgo un palazzo umbertino, dove sopra le finestre si alternano archi e triangoli spezzati, pallido ricordo di magnifici edifici romani, ricchi di decori e di marmi.

Comprendo Byron e il suo malessere al cospetto delle rovine romane, e quello di Sigmund Freud che non riuscì nemmeno ad entrare a Roma. Il gigante caduto ha proliferato dei nani che si affannano a cercare forme nuove nei laboratori asettici, e non riescono a riprodurre forme ardite ed eleganti come sapeva fare un comune generale romano, avvezzo solo alle battaglie.

Roma segreta emerge dall'asfalto per rammentare la sua vita sotterranea e il suo passato grandioso, e così il nostro inconscio, pieno di dolore e sconfitte, ma dalle origini luminose. Non siamo figli dei genitori, siamo figli della Terra, questo nel matriarcato lo sapevano, oggi l'abbiamo sepolto nell'inconscio, parliamo tanto di origini e di radici, ma nasciamo dalla Terra e l'abbiamo dimenticato.

Roma fu la parte più evoluta in un mondo involuto, dove i padri avevano potestà di vita e di morte su mogli e figli, ma sui maschi finché non fossero in grado di combattere, perché contavano solo i guerrieri. Roma iniziò con barbari costumi ma si evolvè, perché frutto di un coacervo di comunità, e la diversità apre la mente. I razzisti hanno la mente pericolosamente chiusa.

La Terra è nostra madre e nostra nutrice, ed è pure la nostra morte, perché terminato il nostro ciclo si riprede la vita che ci ha prestato e torniamo nel suo grembo da cui un giorno saremo di nuovo partoriti. Non lo scoprii da sola, ma nemmeno con l'analista: quando cominciai a parlare di mondi paralleli si schermì infastidito, non poteva condividere ciò che lui non aveva raggiunto.

Lo ringraziai e me ne andai, lui era come gli altri, senza la forza e la curiosità di scendere all'inferno, dovevo fare da sola ancora una volta. Per questo scrivo questo libro, perché qualcuno che faccia questo percorso si senta meno solo. Nella vita possiamo tradire chiunque ma non la nostra anima, io non potevo lasciare la partita, perché avrei tradito l'anima mia.

Ora la mente era muta, non parlava più. Tutto era silenzio. Nessuno mi redarguiva, mi osservava o mi suggeriva.

Sogno

I miei sogni cambiarono e dopo aver vagato in una specie di deserto senza fine vidi una ragazza di colore che con un tubo innaffiava un orto con un modestissimo getto d'acqua. Capii che le emozioni stavano tornando, poco alla volta".

La ragazza di colore era una parte istintuale di me, i neri son più istintuali dei bianchi, e stava innaffiando la mia terra, cioè la mia anima.

Il fatto che i neri siano istintuali non significa che abbiano l'istinto intelligente, come del resto non lo abbiamo noi, però lo hanno più di noi bianchi.

Sogno

"Sognai una fila di dinosauri che camminavano sullo sfondo di una caverna", erano gli antichissimi rappresentanti del mio istinto lontano, che risaliva alla mia nascita, un istinto non inquinato. Quello era l'istinto sano, ereditato dalla natura, l'equivalente del serpente sacro. Fu a quel punto che compresi il Complesso di Edipo nella sua amara realtà.

IL COMPLESSO DI EDIPO

Freud accenna alla figura di Edipo in una lettera scritta ne1897 al medico Fliess, suo amico e confidente. Ascoltando i discorsi, le fantasie e soprattutto i sogni dei suoi pazienti (soprattutto delle sue pazienti, andare in analisi per un uomo era un'eccezione), formulò la sua *Teoria della seduzione*.

Freud pensò che i suoi pazienti avessero rimosso il trauma di un abuso sessuale infantile a causa di un inconscio meccanismo di difesa. Tutti i capi si scatenarono contro di lui minacciando di cacciarlo dalla sua professione di neurologo in ospedale e di fargli chiudere la sua attività psicoanalitica, a meno che non ritrattasse tutto.

Scandalizzò ammettere l'abuso sessuale di cui l'infanzia è ovunque oggetto da parte degli adulti, oggi come ieri, soprattutto dai genitori, nei paesi poveri e nei paesi progrediti, nelle classi sociali derelitte come nelle classi sociali più colte ed abbienti.

Alcuni hanno scritto che Freud si ricredette a proposito del trauma sessuale, sostenendo si trattasse solo di *"fantasie di seduzione e su questo avesse elaborato il Complesso di Edipo"*. In realtà non si ricredette ma finse di farlo per evitare di perdere il lavoro e questo lo scrisse all'amico medico Fliess, ma questa lettera non è stata mai pubblicata dalla società psicoanalitica che ne è in possesso, nonostante la società junghiana l'avesse più volte pressata a farlo.

La società junghiana aveva a suo tempo pubblicato la storia d'amore tra Jung e Sabina, una paziente di Jung che in questa storia non ci fece un'ottima figura, diciamo che se fosse accaduto oggi lui sarebbe stato

radiato dall'albo. Su questa storia si fece anche un film intitolato
"Prendimi l'anima".

Come la società junghiana ebbe il coraggio di mostrare il lato meno
dignitoso di Jung, ci si aspettava che la società freudiana avesse trovato
il coraggio di mostrare il lato meno dignitoso di Freud, cosa che fino ad
oggi non è mai avvenuta, nonostante la pressione della società
junghiana.

LO SCANDALO MASSON

Durante i primi anni del 1980 Jeffrey Moussaieff Masson, direttore
dei "Freud Archives", «*basandosi sull'esame di documenti riservati ai
quali solo lui aveva accesso* (soprattutto le famose lettere tra Freud e
Fliess mai pubblicate), *sostenne che l'abbandono della teoria della
seduzione dovesse essere ricercata in una reale seduzione sessuale del
bambino da parte di un genitore e fu un grave errore, fatale per lo
sviluppo e la fecondità della psicoanalisi.*»

Freud avrebbe abbandonato questa teoria non con un atto di coraggio,
ma perché gli era difficile sostenerla di fronte al mondo accademico di
allora. Molti psicologi apprezzarono il gesto di Freud giudicandolo
autentico, ma secondo Masson sarebbe vero il contrario. L'abbandono
della teoria della seduzione segnerebbe la fine della psicoanalisi, non la
sua nascita, perché avrebbe travisato la realtà.

Masson ebbe ragione, fu una disfatta per la psicoanalisi, ma non
comprese che un uomo con moglie e figli non poteva morire di fame
insieme alla sua famiglia per onor di verità. Anche perché a tutt'oggi
quella verità non la accetta nessuno, tranne i pazienti che lo scoprono in
analisi attraverso i sogni prima e i ricordi poi: ma sono comunque pochi
perché pochi sono i terapeuti capaci di farlo scoprire.

L'incidenza dell'abuso sessuale sui bambini è ancora oggi un tabù,
quando lo scoprii tentai di divulgarlo a mia volta nel campo della
psicologia, ma trovai tutte le porte chiuse, in parte perché non ci
credevano, in parte perché temevano ripercussioni su di loro se lo
divulgavano.

Quando domando alle persone analizzate cosa hanno scoperto in analisi,
danno risposte vaghe e stanno male spesso come prima, magari hanno
risolto diversi sintomi però gli resta l'ansia di fondo, perché pochi

analisti hanno la forza di guardarsi in fondo e scoprire la storia reale dei pazienti.

LA PEDOFILIA

« La Suprema Corte fa maggiore luce sull'obbligo di protezione, affermando non solo che la posizione di "garanzia" del genitore impone a quest'ultimo di porre in essere tutti gli interventi idonei a far cessare l'attività delittuosa, ma anche che l'obbligo di protezione dei figli richiesto dall'ordinamento al genitore non coincide necessariamente con quello di denuncia del coniuge responsabile degli abusi sessuali, ma comprende ogni condotta comunque idonea ad impedire o far cessare la violenza, come potrebbe essere, ad esempio, nel caso di specie, l'allontanamento del figlio vittima di violenza sessuale dall'abitazione familiare. »

Dunque la legge italiana non obbliga la madre a denunciare il padre (o il padre a denunciare la madre) abusatore sessuale del figlio purché tolga il figlio dalle sue grinfie: il crimine può essere taciuto. Ho sentito più di una volta di figli messi in collegio per sottrarli agli abusi dei padri (passando talvolta all'abuso dei preti).

Così invece di cacciare il genitore si caccia di casa il figlio colpevole di essersi fatto abusare. Questo crimine c'è sempre stato, la violenza sessuale contro i minori non è un fenomeno nuovo, neanche in senso legislativo. L'abuso venne contemplato come reato già nell'antico codice di Hammurabi, 4000 anni fa, il quale prevedeva pene severe per gli abusatori.

Le donne Sabine, quelle rapite dai romani (Ratto delle Sabine), i quali volevano sposarsi ma venivano respinti dalle famiglie in quanto avventurieri e poco di buono, per conciliarsi coi loro rapitori dettarono delle leggi che questi dovettero adottare.

Le Sabine venivano da una società matrilineare dove le donne si facevano rispettare, non a caso fecero giurare agli uomini che avrebbero sempre ceduto loro il passo per strada, che non avrebbero mai chiesto loro di fare lavori pesanti e che dovevano vestire i bimbi con la toga praetexta, quella dei magistrati, la famosa toga bianca con due strisce purpuree che correvano dal collo ai piedi.

Era la toga dell'inviolabilità, per cui chi faceva male a un bambino, ora inviolabile come un magistrato, veniva messo a morte. Tale toga veniva poi deposta nell'adolescenza. Si sapeva benissimo quale fosse il rischio che correvano i bambini, o almeno le Sabine lo sapevano ed erano decise ad evitarlo, forse una regola del genere dovrebbe essere emessa anche oggi.

Quando Gesù Cristo dice che chi dà scandalo ai bambini sarebbe stato meglio mettergli una pietra al collo e affogarlo, non alludeva a uno scandalo di società, ma a un atto di pedofilia che, dopo il matriarcato, ha infestato tutta l'epoca del patriarcato.

Oggi l'abuso sessuale è condannato più o meno ovunque, ma fino a qualche tempo fa costituiva solo una vergogna e il denunciarlo era un tradimento nei confronti della famiglia, per cui era tenuto segreto. E con tutto ciò ancora oggi la denuncia viene favorita a parole ma scoraggiata nei fatti.

LE ASPETTATIVE SUI FIGLI

Con tutti questi pericoli ciò che conta per i genitori è invece che i figli siano obbedienti e vadano bene a scuola, in modo che crescano, trovino un buon lavoro, si mettano da parte i soldi, si facciano una famiglia e si comprino una casa. Che c'è di male? Togliamo l'infanzia ai nostri figli costringendoli a studiare molte ore al giorno, per imparare cose che dimenticheranno all'80%, per il solo gusto di sacrificarli, e ce ne infischiamo della pedofilia.

Si dice che lo studio liberi dall'ignoranza, ma da una parte libera e dall'altra crea condizionamenti. Non a caso si studiano il Corano, il Talmud, la Bibbia ecc. proprio a scuola. La scuola insegna il patriarcato, addomestica al potere del padre e combatterlo sulle piazze non cambia nulla, perché per abbatterlo occorrerebbe una coscienza collettiva che non c'è.

La scuola ci parla del nostro passato in modo patriarcale, trasmettendo non solo dati ma opinioni inconfutabili:
- che essere bianchi indica civiltà (peccato che i bianchi non abbino trasmesso le stesse leggi alla gente di colore che ha schiavizzato),
- che la religione dei bianchi è vera mentre quella della gente di colore è falsa, predicando la bontà ma rendendoli schiavi e costringendoli a credere con la violenza.

Così ai ragazzi dopo averli condizionati attraverso lo studio gli sottraggono la maggior parte della vita (che è di breve durata per tutti) con un lavoro quasi sempre cervellotico e ripetitivo o peggio che gli massacra il fisico e l'anima. Quando gli abbiamo impedito di riflettere obbligandoli a lavorare per la maggior parte del giorno è opportuno che si sposino e facciano figli, ai quali daranno per educazione la stessa che hanno dato loro i propri genitori, commettendo pertanto gli stessi errori.

Questo quando va bene, perché se va male non si trova il lavoro e la gente soffre la fame e non ha una casa dove ripararsi. Perché quel cristianesimo che avrebbe dovuto cambiare il mondo non ha sfiorato l'anima della nostra popolazione attuale per la quale si può vedere la gente morire in strada senza dargli la minima importanza.

Cosa c'è di sbagliato nella tanto sbandierata famiglia? C'è che in genere i genitori non amano i figli. Non perché i genitori siano cattivi ma perché sono condizionati e i figli non li vedono. Avendo cancellato tutti gli errori che i genitori hanno fatto con loro, i figli non acquisiscono senso critico sull'educazione subita e la ripropongono ai figli.

Pertanto noi ci formiamo una mente condizionata trasmessaci dai nostri genitori, che l'hanno ricevuta dai loro genitori, che trasferiamo pari pari ai nostri figli e alle nuove generazioni. Insomma la mente condizionata ce la fornisce la famiglia di origine, che pochi mettono in discussione.

- Così, se sono stati picchiati, i genitori picchiano i figli.
- Così, avendo schiacciato la ribellione dentro di loro, la schiacciano ai figli.
- Così per paura della ribellione, tormentano i figli con infinite regole inutili.
- Così se sono stati abusati spesso (non sempre) abusano dei figli.
- Così li allontanano come sono stati allontanati.
- Così sono freddi con loro come hanno fatto i loro genitori.
- Così i figli crescono con tante regole e poco discernimento, ma con grande paura e dolore.
- Così i genitori hanno il terrore che i figli si droghino,
- o che diventino omosessuali,
- che facciano sesso troppo presto o troppo tardi,
- che dicano bugie (soprattutto a loro, ai genitori si dice sempre la verità, peccato che i genitori non dicono sempre la verità ai figli),
- che fumino canne o sigarette,
- che vadano male a scuola,

- o che dicano parolacce,
- o temono che i figli siano ladri e truffatori, ma se rubano avendo una carica pubblica importante li approvano e ne sono orgogliosi,
- o hanno paura che si masturbino ma siccome la nuova psicologia gli ha detto che è normale, in contrasto con le Chiesa che gli ha detto che è anormale, cercano di evitare l'argomento.

La famosa educazione sessuale nelle scuole italiane non è mai avvenuta; sul sesso c'è, nelle famiglie e nella scuola, un'omertà mafiosa per cui il sesso non esiste e non si nomina.

- Così continuano a sperare che le figlie femmine lo facciano il più tardi possibile, i maschi quando vogliono ma se lo fanno prima è meglio così i genitori sono certi che non siano gay.

Così spesso i genitori bullizzano i figli che loro hanno reso depressi e incapaci, ovvero li insultano, li picchiano, li umiliano, gli manifestano il loro disprezzo, facendogli fosche previsioni sul loro futuro. Per amare occorre essere liberi, per essere liberi occorre essere stati amati, se non si è liberi non si è capaci di amare. La maggior parte dell'umanità non sa amare.

CHI VIENE BULLIZZATO BULLIZZERA'

A loro volta i figli, non riuscendo a vedere nella squallida e dolorosa realtà i loro genitori, quando saranno adulti, bullizzeranno a loro volta i figli, spezzandone l'anima in una parte che idealizza e in un'altra nascosta che odia i propri genitori, in modo che in parte idealizzeranno i loro partner e in parte li odieranno.

Chi ha spezzato l'immagine del proprio genitore spezzerà l'immagine del proprio partner, è la legge. Così la moglie che viene picchiata dal marito in parte lo vedrà come il carnefice e in parte come il salvatore, per cui non ne potrà fare a meno. Naturalmente quelli che non capiscono ma sono pronti a giudicare diranno che quella moglie è scema, ignorando l'imprinting che ha ricevuto da piccola, perché gli ignoranti hanno il giudizio facile.

Non a caso gli angeli divennero demoni a causa della rivolta contro il Padre Celeste, celeste si fa per dire, perché sembra piuttosto oscuro nell'azione e negli insegnamenti. Pertanto spesso i genitori si pentono di aver fatto dei figli ma cambiano idea in vecchiaia cominciando a pensare di averne bisogno. Da anziani molti genitori iniziano ad essere dolci e i figli ci cascano, pensando che si siano ricreduti su di loro e che ora li amino, in realtà ne hanno solo bisogno per essere accuditi.

A volte gli stessi genitori cambiano idea quando i figli li accudiscono da anziani e magari gli chiedono scusa per non averli capiti, ma se non avessero avuto bisogno di loro non avrebbero cambiato idea. A volte dunque i genitori sembrano ravvedersi sui figli, ma non la penserebbero così se non avessero ora bisogno dei figli. I figli non si amano perché sono utili, i figli si amano se si sa amare e stop.

Dunque non essere d'accordo col padre, avere idee proprie è nefasto, è il peggiore dei delitti, sinonimo di desiderare il potere del Padre e quindi di spodestarlo, fa testo la mitologia greca con colpi di stato a raffica sul Dio Padre, dove Urano viene cacciato da Saturno e Saturno da Giove, a sua volta attentato da giganti e ciclopi.

Questi padri non sono eccelsi, non solo perché non condividono il trono, perché Saturno addirittura i figli se li mangia, e la moglie può solo fregarlo sostituendogli il figlio con una pietra. Saturno divorava i figli perché temeva che un giorno potessero spodestarlo. E' sempre la stessa storia, i padri temono il potere dei figli, nei miti e nella realtà.

Per non parlare del potere terreno dove i genitori regnanti uccidono figli e fratelli, i fratelli uccidono i genitori e i figli, e tutti uccidono tutti i parenti che potrebbero desiderare di spodestarli dal trono.

LA LEGGE

« *Chiunque abusa dei mezzi di correzione o di disciplina in danno di una persona sottoposta alla sua autorità, o a lui affidata per ragione di educazione, istruzione, cura, vigilanza o custodia, ovvero per l'esercizio di una professione o di un'arte, è punito, se dal fatto deriva il pericolo di una malattia nel corpo o nella mente, con la reclusione fino a sei mesi* ».* Questa la norma e molti genitori lamentarono di non poter più dare uno schiaffo ai loro figli.

Naturalmente la legge non riguarda lo schiaffo eccezionale (che comunque non dovrebbe esistere) ma le percosse continuate che molti genitori danno, spaventati dall'idea che i loro figli possano ribellarsi. Viene da chiedersi però quali siano i mezzi di correzione o di disciplina consentiti dalla legge che per non compromettersi non li specifica.

In effetti il bambino, figlio di genitori severi e poco sensibili, fa grande fatica a cancellare dentro di sé la ribellione e l'odio, perché non è conciliabile il bisogno di essere protetti con l'odio distruttivo nei confronti dei genitori. Così il piccolo non solo cancella i ricordi ma pure i sentimenti, ma non può eliminare la paura dei genitori o la paura che il suo odio venga percepito dai genitori con relative ritorsioni.

Se la legge degli uomini proibisce il maltrattamento dei figli non proibisce le normali pene corporali, tipo schiaffi, sculacciate e pizzicotti, convinti che siano mali trascurabili. Naturalmente i genitori hanno cancellato la propria infanzia altrimenti ricorderebbero il dolore, l'umiliazione e la rabbia di dover subire maltrattamenti fisici e morali. Chi colpisce un bambino non ricorda cosa provò quando venne fatto a lui, e soprattutto che l'adulto lo fece perché era grande e l'altro piccolo.

Di solito si smette di picchiare un figlio quando ha una certa età; perché ormai l'educazione è fatta, dicono, in verità smettono perché il figlio ora si ribella e potrebbe picchiare a sua volta. Per capire cosa soffrano i figli immaginate che il vostro capo sul lavoro vi desse uno schiaffo quando sbagliate, immaginate l'offesa, l'umiliazione e la rabbia.

Questo viene fatto dai genitori ai figli, che a loro volta lo fanno ai figli, un'eredità dolorosa che si perpetua finché qualcuno non rompe la catena delle violenze. Ma i bambini operano le "rimozioni" dimenticando dolore e umiliazioni per mantenere adamantina l'immagine dei genitori e dicono: *"Ebbene i miei genitori mi hanno picchiato ma non sono morto, e hanno fatto bene"*. Così picchiano i loro figli, a cuor leggero, creando nuovi infelici.

Io invece non mi illudevo sui miei, pensavo che sia i miei genitori che i miei fratelli fossero ostili però mi ingegnavo di non far sentire il mio risentimento a mio padre che nonostante fosse sadico e crudele sbandierava con grande candore i suoi generosi sentimenti.

L'ASTRALE BIANCO

Avevo capito che esisteva l'A.N., me l'avevano detto e l'avevo visto in azione, ma l'A.B. dove stava? All'epoca aveva salvato la mia amica dalla catastrofe e non era una situazione facile. Ma ora che faceva? Intorno a me sentivo solo presenze negative.

Liliana aveva ripreso a scrivere, ma poco, una frase ogni tanto. Una di queste fu che anche io ero protetta da loro (A.B.) e che potevo invocarli se ne avevo bisogno. Ma io non invocavo nessuno e non mi fidavo di nessuno, soprattutto non credevo che l'A.B. si interessasse a me, doveva essere un'aggiunta della mia amica o un loro parlare proforma.

Che qualcuno si preoccupasse di me appariva strano, nessuno l'aveva fatto nella mia vita, né genitori, né parenti, né fratelli né amici, così restavo da sola con tutto il mio carico d'ansia. Di me le entità scrissero a Liliana che dovevo capire ciò che studiavo, mentre Liliana non aveva bisogno di studiare, perché capiva per istinto. Ma che dovevo capire, come funzionava il mondo? Non avevo tanta presunzione.

Ne dedussi che mi ritenessero scema, né più né meno come i miei genitori e i miei fratelli, niente di nuovo. Ma la frase non mi convinceva, i miei studi esoterici mi sembravano poco seri, non pensavo di doverli capire, ma di dover cercare scritti più semplici, non così enfatici e cervellotici.

In quanto a Liliana mi sembrava che avesse un vero culto per la sua amica, che a me invece convinceva poco. Era una brava persona, anzi bravissima e di cuore, ma molto ingenua. Poi scoprii che si può essere ingenui ma avere incredibili capacità o protezioni che fossero. Il mondo era tutto da scoprire.

L'ASTRALE BIANCO IN AZIONE

Facevo fatica a vedere l'A.B. in azione perché non mi aspettavo niente di buono dall'esterno. Un giorno stavo ferma ad una stazione di servizio e facevo la fila per fare benzina. Davanti a me un'anziana signora con una piccola macchina vecchia e malandata aveva fatto benzina ma non se ne andava perché chiacchierava col benzinaio.

Avevo fretta ed ero inquieta ma la signora venne da me e mi regalò un santino, io feci per aprire la borsa onde darle denaro ma lei mi fermò: - *Non voglio soldi* – mi disse – *voglio solo dirle che se è così ansiosa le forze del bene non riescono ad arrivare fino a lei.* - Rimasi di stucco, era lei o una voce dell'universo che mi parlava? Poi capii che era vero, se la mente è in azione le entità benevole non riescono a superare il muro. Bella fregatura.

Sogno

"Una notte sognai Maria coi capelli circonfusi di luce e io esclamavo nel sogno: "Ma allora è vero!" come ad ammettere che fosse una creatura illuminata".

Lo narrai a Liliana che ne fu contenta e mi invitò a raccontarlo a Maria. Lo raccontai più che altro per capire come Maria avrebbe preso la cosa e lei si schernì con un:

"Ma no, figuriamoci!" come avesse temuto di potersi montare la testa o che me la montassi io. Mi sembrò una creatura fragile, però poi dovetti fare i conti col fatto che il sogno era mio, ma io non la sentivo come una illuminata. Non seppi spiegarmelo.

Per Liliana invece il significato era scontato. In realtà dovevo ravvedermi sulle doti o facoltà paranormali degli altri, Maria era una brava persona convinta che il voler bene agli altri fosse la panacea di tutti mali. Disse che bisognava arrivare ad amare anche il singolo granello di polvere, io non amavo nemmeno le persone che facevano male agli indifesi, anzi se avessi potuto eliminarli spingendo un bottone l'avrei fatto volentieri, non capivo questa mania di amare a tutti i costi.

Liliana annunciò un giorno di volersi disfare di una sua vecchia cucina a mio avviso molto bella, e cioè di un pensile a due sportelli e un altro a tre. Era una vecchia cucina in legno, molto pesante e ben fatta. Maria volle il mobile più lungo e io mi aggiudicai l'altro per il cucinino del mio studio nel centro di Roma: Maria disse di non preoccuparci per il trasporto perché chiunque facesse qualcosa per lei sarebbe stato aiutato.

Mi sembrò un'affermazione azzardata, ma Liliana ci credeva ciecamente. Comunque quello che stavamo facendo in parte era per Maria, in parte per Liliana ma in parte era anche per me, pertanto pensai che io me la sarei presa nel secchio. Ma le cose andavano affrontate al momento, e non ci pensai oltre.

A casa di Liliana prelevammo i due mobili, li trascinammo e li infilammo nell'ascensore che era molto vicino alla porta di casa, poi li avremmo portati giù, Dio sa come, attraverso la scalinata che dall'ascensore portava al portone di casa. Sfilammo i due pensili dall'ascensore ed io andai a recuperare la macchina dal parcheggio per lasciarla sotto al portone, anzi sotto il marciapiedi che stava di fronte al portone. Quando tornai con la macchina Liliana era già lì con i due mobili sul marciapiede.

"Sono scesi due ragazzi e mi hanno chiesto se potevano aiutarmi" così le avevano sfilato i mobili dall'ascensore e glieli avevano posti sul marciapiede, poi si mosse il portiere, inusitatamente gentile, infilando il mobile più lungo nel sedile posteriore della macchina e quello più corto nel portabagagli. *"Di solito è tanto ignorante!"* aveva osservato Liliana. *"Non mi ha fatto mai una cortesia da che lo conosco."*

Andammo prima a casa di Maria fermando la macchina in strada con la speranza che non sopraggiungesse nessuno perché la strada era stretta e non consentiva il passaggio a due auto. Tentammo di scaricare il mobile lungo che stava nel sedile posteriore ma giunse un camion e per non intralciargli il cammino cercammo di reintrodurre il pensile che avevamo iniziato a tirar fuori per pochi centimetri.

Dovevamo spostarci perché bloccavamo il passaggio invece il camionista scese e ci chiese cosa dovessimo fare, poi ci fece scansare, chiamò l'altro autista e insieme scaricarono il mobile davanti al portone di Maria. Io andai a depositare la macchina in un parcheggio e lei, come poi mi raccontò, venne aiutata a portare il mobile fino all'appartamento della sua amica. Non aveva domandato nulla a nessuno ma erano scesi due giovani e le avevano chiesto se avesse bisogno di aiuto.

Raccontammo il tutto a Maria che non si meravigliò. *"Ora dobbiamo portare l'altro mobile nello studio di Gabriella, "* osservò Liliana *"capirai, sono quattro piani di scale ripide senza ascensore."*
Maria disse che l'A.B. poteva aiutare anche direttamente, senza bisogno di ausili esterni, mi sembrarono parole strane e pensai che tutto era accaduto per caso e che Maria, non sperando in nuovi miracoli volesse giustificarne la mancanza.

Però le casualità erano davvero troppe. Io avevo uno studio in un vicolo nei pressi di Piazza Navona, in un palazzo del '600 con i travi di legno e quattro piani di scale con gradini stretti e ripidi in peperino che toglievano il fiato. Il secondo mobile era un po' più piccolo e maneggevole, ma pur sempre pesante. Andai sotto al portone del mio studio e lo scaricammo a terra, quindi lasciai Liliana e andai a parcheggiare.

Avremmo dovuto tirarlo su per le scale per quattro ripidi piani con ripidi gradini. La vedevo dura e difficile. Lasciai la macchina alla vicina piazza S. Agostino e tornai al portone. Avevo pensato che un piano alla volta, avremmo trascinato il mobile sulle scale, e pian piano ce l'avremmo fatta.

QUANDO L'ASTRALE OPERA DA SOLO

La scala era ripida e trascinare il mobile, ammesso che ci fossimo riuscite, significava scorticarne un lato, pazienza, l'avrei riverniciato in qualche modo, ma quando tornai al portone la mia amica non c'era. Chi poteva averla aiutata? Nel palazzo c'erano quattro appartamenti su quattro piani, deserti tutto il giorno fino a sera, oltre al mio dove lavoravo.

Salii i quattro piani che di per sé facevano venire il fiato corto (figuriamoci con un peso del genere) e trovai la mia amica sul ballatoio dell'ultimo piano, davanti alla porta dello studio, che fumava tranquillamente una sigaretta. Liliana era parecchio più grande di me, stava sulla cinquantina e in più era una fumatrice accanita. Ero sconcertata dal come avesse fatto ad arrivare lassù.

Rispose che non lo sapeva ma che aveva visto due lucine verdi precederla sulle scale mentre trasportava il mobile che non le pesava affatto. Insomma non l'aveva nemmeno trascinato, se l'era caricato sulle spalle, per giunta ci aveva salito quattro piani, un trasporto faticoso anche per un uomo allenato. Come aveva detto Maria, l'astrale aveva agito da solo, senza bisogno di aiuti esterni.

Ogni volta che aveva bisogno di aiuto le entità non solo aiutavano lei ma pure quelli che per lei si adoperavano. Era una facoltà di Maria, ovvero una facoltà che l'astrale accordava a Maria, perché a Maria si e ad altri no? Ovvero perché proprio a Maria che non non aveva una saggezza particolare. Era una brava persona ma senza grandi doti samaritane.

Poi riflettei sul fatto che la stavo aiutando, in effetti stavo usando la mia macchina per il trasporto dei pensili, però avevano aiutato anche Liliana quando aveva portato il pensile destinato a me, in definitiva aiutando Liliana avevano aiutato anche me. Ma né io né Liliana eravamo delle benemerite in fatto di amore per gli altri.

Liliana aveva raccontato a Maria che si rifiutava di fare l'elemosina per strada, in effetti avevo notato che a volte era un tantino tirata, ma Maria le aveva risposto che non le serviva perché aveva fatto molta carità nella precedente reincarnazione. Mi sembrò una risposta del cavolo ma capii che voleva toglierle i sensi di colpa. A volte Maria sembrava acuta e saggia, a volte molto sprovveduta, ma sicuramente molto protetta, anche in cose poco importanti.

Le era concesso questo aiuto, inutile negarlo, però c'erano cose in Maria che non mi convincevano, per esempio era sempre a contatto con i parenti defunti che l'aiutavano in ogni situazione ma non c'era mai sua madre, perché, a sua detta, in vita aveva fatto anche troppo per lei. Ma non c'era neppure suo padre, l'aveva perduto da piccola ma a maggior ragione avrebbe dovuto proteggerla.

Non era credibile, una madre che ama non pensa mai di aver fatto troppo per un figlio. Intuii che Maria non avesse avuto un buon rapporto con la madre, che l'aveva rimosso e pertanto le aveva trovato una scusa. Inoltre non pensava bene neppure di suo padre. Non le dissi nulla in proposito.

CAPITOLO XIII

LA MEDICINA PER MARIA

Dovetti arrendermi all'evidenza, se si doveva fare qualcosa per lei si veniva aiutati, ovvero aiutavano gli altri che aiutavano lei. Ricordo che una sera mi pregò di acquistarle per la mattina dopo una medicina, Liliana era fuori in ferie e poteva chiederlo solo a me. Acconsentii con piacere avvertendo però che ci avrei messo parecchio dato lo sciopero delle farmacie per cui quelle comunali, le uniche aperte, avevano sicuramente file interminabili.

Disse che non dovevo preoccuparmi perché mi avrebbero aiutata. Feci affidamento solo su di me e per evitare le file andai alla farmacia comunale di Marino, un paese vicino Roma, vi arrivai dieci minuti prima dell'apertura pensando di dover fare la fila già sul marciapiede, invece la farmacia era già aperta e trovai solo tre persone prima di me. Avevo avuto una buona idea, acquistai il medicinale, uscii e qui accadde l'incredibile.

Dai lati della piazza dove si apriva la farmacia cominciò ad affluire un fiume di gente, in un attimo la farmacia si riempì e la fila si allungò occupando tutto il marciapiede. Ancora oggi non so spiegarmelo, ero arrivava dieci minuti prima dell'apertura e mi aspettavo le persone già in fila per strada ma la farmacia era già aperta, possibile che avevamo pensato solo in tre ad arrivare poco prima dell'apertura?

Anche se avesse aperto all'orario preciso sicuramente avrebbero fatto la fila sul marciapiede per assicurarsi una precedenza. Quando le raccontai la cosa Maria non si meravigliò affatto. Chiesi come avessero potuto trattenere tutti gli altri, rispose che potevano fare cose che non potevamo immaginare. Mi sembrò un'esagerazione. O ero io che avevo paura di crederci?

Dunque anche l'A.B. aveva un potere notevole, ma avevo l'impressione che l'A.N. ne avesse di più. Non si spiegavano altrimenti le guerre, la povertà, lo sfruttamento e le crudeltà umane verso i più deboli, dagli umani agli animali e alle piante.

Qualcuno mi ha chiesto se l'A.N. fosse una specie di diavolo cattolico. Direi di no, il diavolo vuol provocare la disobbedienza al Dio Padre che di conseguenza lascia il diavolo tormentare l'uomo come vuole (se no dove le trova le scuse per punirlo?), l'A.N. invece non ha Dei, mira solo a impedire che gli umani divengano consapevoli perché in tal caso gli sfuggono.

Sogno

"Sognai un uomo nero e incappucciato che stava sulla terra e mi impediva di toccare la riva lasciandomi a nuotare nel mare".

Era l'A.N. che mi subissava di emozioni negative per farmi andare fuori di testa. Esso forma una rete che acchiappa chiunque esca dalla porta della vita, per impedirgli di entrare nella nuova vita, perché la morte, infine lo capii, è solo una porta. L'A.N. si ciba di false coscienze, come dire che è alimentato dalla Matrix e a sua volta la alimenta. Era quello che faceva a tutti. La differenza era che io ora lo sapevo e altri no.

L'A.N. aveva formato una Matrix, una matrice degli schemi che la popolazione doveva adottare e farla propria in modo che la mente con i suoi condizionamenti astrali fosse sempre in attività. Spesso nei sogni la Matrix appare come una rete, o come una tela di ragno o come ragno.

LA MATRIX

La Matrix è la Matrice, la Matrice delle Forme Pensiero e alludo anche al film Matrix che illustrò egregiamente la cosa, consapevolmente o meno. Noi umani siamo schiavi della Matrix Umana, la generatrice di pensieri artefatti ad uso e consumo della stessa matrice, ovvero la Matrix. un'entità derivata dall'uomo, senza Dei e senza diavoli.

L'uomo, formato da corpo, anima e mente, ha pian piano privilegiato la sua mente a discapito della sua anima. La mente è la sua parte ragionante, che deduce, organizza, pone in schemi analoghi e ne trae regole di comportamento legate all'ambiente e alla sfera umana, mentre la sua anima è la parte che avverte i sentimenti suoi e degli altri, sa ciò che gli altri provano e ciò che lei prova di conseguenza, o fa provare di conseguenza agli altri.

La mente è dunque rivolta soprattutto all'esterno (sarà S. Freud a pensare genialmente di rivolgerla all'interno) ed è intesa come parte maschile, mentre l'anima è la parte più legata all'interno e intesa come parte femminile. Ma la mente è anche la memoria che ricorda gli avvenimenti per farne un'esperienza, positiva se i primi anni sono positivi, oppure negativa.

I primi anni sono il fulcro dell'esperienza attraverso cui ci formiamo un'idea sul mondo esterno, negativa o positiva a seconda di come sono stati i genitori con noi. Percepiamo noi stessi mediante l'ambiente, ci sperimentiamo mediante l'ambiente e comprendiamo gli altri tramite noi stessi, quando, se tutto va bene, riusciamo a identificarci in loro. Oppure non comprendiamo l'ambiente in quanto non comprendiamo noi stessi, in quanto non abbiamo compreso (perché non ricordato) i nostri genitori.

Sentire e identificarsi sono le basi della conoscenza, scoprire l'ambiente è capire passato, presente e futuro. Se ci limitiamo alle congetture mentali generiamo nevrosi e psicosi. La Psicosi è una grande Ossessione, prodotta dalla mente staccata dall'anima.

Dobbiamo fondere l'esterno con l'interno, la mente con l'anima, il maschile col femminile, se uno dei due prevale sull'altro c'è uno squilibrio che provoca malessere e ci rende miopi se non ciechi rispetto all'esterno. Da millenni l'uomo ha fatto prevalere la mente sull'anima, a danno del sentire e delle sue emozioni.

Non è un caso che gli antichi avessero case piene di decori e di colori, perché immagini e colori dettano emozioni, mentre noi moderni al massimo attacchiamo dei quadri, ma decoriamo pochissimo e senza colori. L'architettura è minimalista e priva di colori, come del resto l'arredamento delle case. Segno del distacco dalle emozioni e pertanto dall'anima.

L'avanzare della mente a discapito dell'anima ha consentito di formare gruppi enormi regolamentandoli con mille codici, ma ne hanno sofferto i sentimenti. Infatti i gruppi umani non si amano, anzi si sfidano, si combattono e spesso si assoggettano l'un l'altro, o si sterminano tra loro, vedi le guerre che in ogni tempo non sono mancate.

Nell'umanità c'è competizione tra gruppo e gruppo, tra gruppo e individuo e tra individuo e individuo. Ciò crea dolore, rabbia, infelicità. L'individuo vuole prevalere sull'individuo e sul gruppo, e il gruppo sull'individuo e sugli altri gruppi, con le buone o con le cattive. La selezione della specie non c'entra più nulla, ormai si tratta della follia dell'uomo che uccide e procrea a dismisura.

Fra le formiche questo non accade, la regina mette al mondo operaie o combattenti secondo necessità, e comunicano tra loro condividendo notizie su pericoli, nuove strade, nuovo cibo e sul da farsi, tutto per il benessere del formicaio. Tutti pronti a dare la vita per il bene comune, ma pure a lavorare per allevare vegetali ed animali finalizzati al nutrimento della comunità.

Noi umani non sappiamo farlo, perché il formicaio è uno nella mente e invece noi siamo tante menti. Già una famiglia è formata da diversi esseri con menti e anime diverse. Il formicaio ha un'anima e una mente, è un tutt'uno. Lo specializzarsi dei membri della razza li allontana l'uno dall'altro, non esiste più il benessere di un condominio, di un paese, di una città.

Ma comunque anche il formicaio non è il massimo perché tutti lavorano o combattono in continuazione, e la loro regina procrea in continuazione, per non parlare dei maschi che servono solo per fecondare la regina dopo di che perdono le ali e muoiono. Pertanto la difesa della razza non tiene conto dei singoli.

Nella razza umana sembra che i defunti intervengano per proteggere o colpire gli umani, e altrettanto fra gli animali, non saprei dire se le piante facciano altrettanto, ma penso vi siano delle similarità fra tutti gli esseri viventi.

I DEFUNTI

Maria sosteneva che i defunti aiutavano i parenti vivi, e che addirittura nell'altra dimensione si consultassero tra loro per valersi delle competenze di altri e aiutare così i vivi a seconda dei bisogni. Raccontava inoltre che abitassero in una dimensione diversa dove ognuno poteva costruirsi la casa o l'ambiente che credeva.

Ma ogni tanto venivano a contattare le persone care che avevano lasciato sulla terra, compito non gravoso per loro, visto che non dovevano lavorare e occupavano il loro tempo come preferivano. Le feci notare che essi dovevano poi reincarnarsi perdendo il contatto con le persone care.

Maria spiegò che i defunti non abbandonavano le persone care per cui non si reincarnavano prima di averle accolte e aiutate nel nuovo mondo oltre la vita. Desiderando aiutare i vivi, i defunti non hanno fretta di reincarnarsi, tanto più che sono sereni nella loro dimensione sempre che siano state anime positive.

Sembra che quelli che hanno amato aspettino i figli e pure i nipoti per poi andarsene altrove a conoscere nuove dimensioni. In genere però subentrano ai nonni i genitori per proteggere i loro figli, anche perché c'è la voglia nei vecchi di avere un corpo nuovo e quindi di reincarnarsi. Comunque ci sono defunti che trascorrono anche dei secoli prima di entrare in un nuovo corpo.

Penso sia vero, non ho mai desiderato un contatto con i defunti perché non ne ricordo uno benevolo nei miei confronti, tuttavia sognai tre volte una mia amica morta tempo prima, molto più grande di me, in genere i miei amici avevano diversi anni più di me, persona molto stravagante e piacevole. La sognai nel suo mondo, accompagnata da uno stuolo di gatti come quando era viva.

Nel sogno vidi la casa che si era costruita, ed era lei a mostrarmela, aveva un gusto raffinato, e portava su una specie di seggiolone una gatta con problemi fisici, cosa usuale perché a volte raccoglieva gatti menomati. Lei era serena e sorridente come non l'avevo vista nella realtà, dove era piuttosto spiritosa ma molto ansiosa. Sembra strano che nel mondo ultraterreno esistano animali menomati, ma con la mia amica poteva essere, ovvero poteva essere talmente pazza da fantasticare di salvare i gatti come faceva perennemente in vita.

Sembra che i vecchi sentano di meno la voglia di reincarnarsi che invece è più forte nei giovanissimi e soprattutto nei bambini che hanno desiderio di crescere, di conoscere l'età adulta che non hanno vissuto in terra, ovvero nella passata reincarnazione. I morti tentano sovente di far capire la loro presenza ai propri cari, ma spesso non ci riescono, perché questi sono spesso soverchiati dalla loro mente e non percepiscono aldilà di essa.

Gli antichi romani organizzavano per il defunto (se era persona importante) una processione: davanti al feretro un gruppo di uomini in toga da parata con le maschere, che rappresentavano gli antenati del defunto. Ogni famiglia conservava nei tabernacoli posti negli atri delle case le maschere o le statuine degli antenati.

Si pensava che gli spiriti dei morti, che mantenevano la loro individualità, potessero tornare alle dimore dei viventi e andassero onorati con vari rituali per tenerseli buoni, non tanto perché temuti ma perché si ritenevano protettori dei loro discendenti. Poi tutto questo venne distrutto dal cristianesimo.

GLI ANIMALI DEFUNTI

Di solito pensiamo che gli animali siano poco intelligenti, non abbiano un'ulteriore vita come noi, nonostante perfino Giovanni Paolo II enunciò che anche gli animali avevano il soffio divino, cioè l'anima. Diciamo che siamo tutti animali per cui l'anima o ce l'abbiamo tutti o nessuno, del resto il nome "animale" viene da anima. Una donna che aveva amato molto la sua cagnetta la sognava spesso perché essendosi scambiate molto affetto erano ambedue rimaste legate.

Ciò che ci lega non è la razza, ma l'affetto che ci scambiamo. Animali umani e animali non umani possono rincontrarsi in dimensioni diverse, l'unica possibilità di unione è il grande amore. Un ragazzo aveva perso il suo adorato cane e si sentiva in imbarazzo a prendere un nuovo cane dal canile che gli aveva già fatto le feste. Temeva di tradire il cane defunto ma questo gli apparve in sogno mentre leccava il nuovo cane. Il ragazzo capì e prese il nuovo amico.

IL DEFUNTO IN SOGNO

Un giorno una mia amica mi inviò una sua vecchia conoscenza, un uomo che era stato una specie di eroe con sprezzo del pericolo, aveva fatto i lavori più ardui e assurdi, dal pilota acrobatico di aerei alle più pericolose arti marziali alla spia in un paese straniero. Apparteneva a una dinastia di eroi che non morivano quasi mai nel loro letto e tra questi suo padre ucciso nelle Fosse Ardeatine.

Aveva ancora un fisico in forma ma il suo sguardo era spento come chi è assuefatto all'uso di droghe o stupefacenti e sovente, senza un perché apparente, aveva voglia di suicidarsi. Improvvisamente entrò in coma ed io andai a trovarlo in ospedale per due volte, pensai di passare per una parente ma stranamente mi fecero entrare senza domande.

Era in coma ma io gli parlai e quando gli dissi che comprendevo il suo dolore perché lui sentiva tutto ma nessuno se ne rendeva conto, gli uscì una lacrima. Al secondo giorno lo incitai a lasciare questo mondo, qui non aveva più nessuno, io non sarei più venuta a trovarlo, era assolutamente solo. Gli dissi che era come partire con un aereo, uno dei tanti che aveva già guidato, e sarebbe andato a ricongiungersi coi suoi. Morì quella sera stessa e dopo diverso tempo lo sognai.

Sogno

"Dopo essere stato sepolto in una fossa riempita di pietre secondo un antico rituale, il suo corpo viene riesumato perché si erano accorti che con lui era stato sepolto per sbaglio un prezioso diamante che doveva essere recuperato. Nel sogno le pietre che vengono tolte dalla fossa si trasformano in pani che vengono donati al popolo.

Poi la scena cambia, io guido la mia macchina e lui la sua e c'incrociamo andando in direzioni opposte. Ci fermiamo e scendiamo dalle auto, per la prima volta lo vedo con lo sguardo vivace e non spento come sempre. Gli chiedo come sta e e risponde che per la prima volta in vita sua sta bene: - Sto molto bene sia fisicamente che nello stato d'animo, però so che tutti i problemi che non ho affrontato nelle altre vite dovrò affrontarli nella prossima. - "

Nel sogno sono consapevole della sua morte e del nostro incontro in un'altra dimensione, anzi una voce mi spiega che lui è apparso a me perché non ha nessun altro al mondo. A suo tempo avevo fatto vedere il suo piano astrale, che lui stesso mi aveva portato per ragioni non chiare, ad un'amica sensitiva che mi disse tra l'altro che non c'era nessuno con lui e che comunicava solo con una persona il cui nome iniziava con la G, ero io.

Non fu facile capire il sogno, per esempio come mai le pietre che chiudevano la sua tomba una volta tolte diventavano energie (pani) per l'umanità, ma capii che in fondo era un uomo buono, che qualcosa di positivo aveva lasciato. Noi tutti lasciamo uno strascico nel mondo. Ma c'è pure il diamante dimenticato, penso alla sua parte consapevole, il cosiddetto seme d'oro, quello che consente di mantenere dei ricordi e poi di reincarnarsi.

Che andassimo in due direzioni diverse era ovvio, io andavo verso la fine di questa dimensione lui verso l'inizio dell'altra. In quanto ai problemi non risolti doveva alludere allo stadio di consapevolezza ottenuto in questa vita, perché da quello si iniziava la vita nuova.

ROMA ETERNA

"Ti amo Roma e porto il tuo eterno lutto
per la bellezza spezzata e sepolta.
Oggi la città è trasandata e distratta.

Roma è una bella donna
un po' sciatta e un po' indolente,
il vento le scompiglia i capelli e lei ride,
il sole le abbronza la pelle
e la pioggia le lava il volto in un rito sacro.

Lei se ne infischia dei temporali e del fango,
delle chiome cadute degli alberi
e del vento che fischia nei vicoli bui,
perché lei è temporale e fango,
chioma caduta e vicolo buio,
ma denso di segreti
perduti nel mistero del sottosuolo.

Roma fosti Signora della guerra,
Dea e madre dei popoli,
foriera di arti e di scienze,
di invenzioni e di giustizia.
Roma è profonda come l'inconscio,
se scavi scopri un passato spesso doloroso,
ma compare un faro di luce
che si espande su uomini e cose,
per terre, per monti e per mari.

Sogno

Col dolore escono i ricordi e la consapevolezza, esce la storia di Roma.
Ricordo che lo sognai.   *"Dei pirati venuti dal mare*
avevano dato alle fiamme l'albergo in cui mi trovavo con altra gente.
Ora ero per strada e non avevo più nulla, avevo perso tutte le cose che
avevo in albergo, dove tenevo tutto ciò che possedevo"
in realtà avevo perduto la mente condizionata.

"Il pirata mi raccontò che loro venivano dal mare e che avrebbero
riscritto la storia di Roma"   e invece
riscrissero la mia, mi svelarono la mia storia, compresa quella più
horror che non era uscita fuori con l'analisi. Scrisse Freud che gli
psicanalisti sono appassionati di storia antica perché cercano la loro
storia personale e ci credo, risalire alle origini riguarda sempre noi
stessi, tutto ciò che pensiamo, scriviamo, dipingiamo o scolpiamo è
sempre autobiografico.

E' sempre la storia personale che ci chiama, spesso ci tappiamo le orecchie per non sentirla, e accettiamo una storia molto più dolorosa inventata dai peggiori degli uomini. Così per evitare i dolori della vita evitiamo la vita.

Sogno

"Anni prima avevo sognato un vecchio sepolcro di pietra pieno di buchi da cui uscivano delle vecchie vestite di nero che chiedevano la carità e io avevo dato loro dei soldi, un po' titubante perché forse ne avevo dati troppi".

Erano parti di me vecchie perché devitalizzate e sepolte che chiedevano energie per venire a coscienza, e io, sia pure con titubanza, le avevo accontentate. In mezzo c'erano pure le torture della follia di mio padre, una persona integerrima di grande onestà, riverita da tutti per i suoi alti valori morali. Finalmente quella coscienza era arrivata, insieme al ricordo della sua crudele follia.

MATRIX PERSONALE E MATRIX DI RAZZA

Abbiamo una matrice personale, cioè una mente condizionata che ci guida, basata su una Matrix della razza umana, che ci governa e schiavizza. Vale a dire che lo spirito della razza, o Genio della Razza, che governa in natura l'armento o i greggi guidati dai capobranco che li proteggono per istinto (saggezza ereditata dalla razza), è diventato nella razza umana una Matrix dittatoriale e crudele ben lontana dal Genio della specie.

La Matrix o matrice umana è condizionante e distorta, ormai disfunzionale all'uomo e alla natura. Invece di seguire il Genio della nostra specie seguiamo una Mente prepotente e giudicante che ci maltratta e sacrifica. L'essere umano obbedisce ai sacerdoti che gli raccontano di questo Dio e dei suoi voleri a cui gli uomini devono obbedire senza pensare. Già adorare qualcuno è una distorsione mentale, noi possiamo riconoscere un valore e seguirlo ma non adorare o venerare perché è sudditanza.

L'usanza di piegarsi o inginocchiarsi di fronte agli Dei o ai potenti è orientale, perché in oriente l'individuo non conta nulla, mentre in occidente conta poco ma qualcosa conta. Gli antichi romani non si inchinavano, non si inginocchiavano e non si prostravano, né all'imperatore né agli Dei. Il Medioevo fu tutto un inchino, perché era finito l'Impero Romano. E' stato l'ebraismo a portare tramite il cristianesimo questo annichilimento della dignità umana. Ancora oggi noi curviamo la schiena alla divinità che ci vuole succubi, che non ci ama e non ci rispetta.

Pertanto spesso gli uomini non amano i loro figli e non li rispettano. La nostra Matrix è la Mente Condizionata Collettiva, che ci rende schiavi, ci tormenta e ci fa tormentare gli altri. Questo è il famoso Inconscio Collettivo, una Matrice che ci schiavizza, che non vediamo e di cui non siamo coscienti, così come non siamo coscienti della Matrix personale. Sorridiamo dei Giapponesi che si inchinano continuamente di fronte a chiunque, abituati a farlo fin da piccoli ai genitori, ma noi ci prostriamo allo stesso modo al nostro Dio, senza alcuna dignità.

Ci inchiniamo a un Dio che vuole essere amato e temuto ma, esattamente come i nostri genitori, non possiamo amare visto che lo temiamo. E' come la moglie che si fa in quattro per servire il marito che non ama, e che riceve rancore da parte del marito che non si sente amato e pertanto esige ulteriori servigi. Chi ama non si fa servitore, perché sa di fornire già un dono prezioso attraverso il suo amore.

Jung parlava di Inconscio Collettivo formato dagli archetipi, cioè dalle forme pensiero sviluppate dai nostri antenati, come a dire che siamo condizionati dal mondo in cui siamo vissuti oltre a quello in cui viviamo. Ad esempio La Grande Madre sarebbe un archetipo che esiste nell'uomo per cui l'ha riprodotto nella Madonna. Non si tratta di archetipi ma della ricerca della madre. Ma la vera madre è la Natura, che non è proprio buona perché si preoccupa solo della sopravvivenza delle razze.

Se nella famiglia il padre è insensibile e la madre è più accogliente è logico che gli uomini invochino una madre che li salvi dal padre-padrone, altro che archetipi. Quando ero bambina le processioni erano quasi sempre rivolte alla Madonna che è la Mamma Mammosa (il nome dice tutto) dell'antichità. Anche il concetto di Dio è un'idea molto lontana trasmessa dalla nostra civiltà, ma non per questo è vera, e il concetto più arcaico è quello della Grande Madre, ovvero della Natura che è Madre di tutti.

A chi lo tacciava di essere un credente Jung rispondeva che lui aveva solo notato che in tutte le epoche gli umani avevano creduto in un Dio, ma questo non ne fa una verità bensì un condizionamento.

Successivamente in una famosa intervista della BBC fu chiesto a Jung se credeva in Dio. La sua risposta, *"Adesso lo so. Non ho bisogno di credere"*, perché non avrebbe mai potuto "credere", la sua mente scientifica aveva bisogno di fatti e di prove. Lui conosceva Dio per esperienza personale, esperienza non verificabile o confutabile scientificamente.

Molti dicono infatti di aver conosciuto Dio e di aver parlato con Gesù Cristo o con Krishna, o con Maometto, o con Parvati o con Bel-Zebub. Il fatto è che la nostra mente condizionata personale dipende da quella collettiva che ci circonda, che ci nutre attraverso i suoi condizionamenti e si nutre attraverso la nostra anima.

Pertanto la Matrix risucchia la nostra anima alimentando la nostra mente con gli schemi. Ci inchiniamo a un Dio che somiglia a un padre anaffettivo, egoista, autoritario, crudele e disumano. Il Dio che invochiamo non è il Dio della Consapevolezza, ma il Dio delle Regole e dell'Obbedienza, pertanto adoriamo il Dio della Mente Condizionata, il Grande Distruttore della Consapevolezza, cioè della Conoscenza.

Adoriamo il Dio che proibisce la Consapevolezza, l'Albero della Conoscenza è proibito e averne assaggiato il frutto è già un reato. Narra la Bibbia che dopo aver maledetto e cacciato Adamo ed Eva il Dio Buono pose un angelo dalla spada fiammeggiante a guardia dell'Albero della Vita, un altro albero proibito dell'Eden: *"Affinché non mangino anche di quel frutto e non divengano come Noi anche nell'Immortalità."* Forse ora è più chiaro; il Dio a cui ci inchiniamo è l'Astrale Nero.

LA SOLIDARIETÀ' MALEFICA

L'apostolo Paolo nella Lettera ai Romani, sottolinea nella Genesi la solidarietà malefica tra gli esseri umani (tutti gli uomini sono colpevoli in quanto tutti cattivi), ma comunica la buona novella, arriva Gesù che salva tutti, *"l'agnus Dei qui tollit peccata mundi"*, dove il male originato da Adamo è vinto da Cristo per cui chi è solidale con Cristo (e si sacrifica come lui) vince per sempre il male, e pertanto la collera di Dio. La solidarietà col Cristo fa paura, dobbiamo immolarci pure noi?

L'A.N. ne sarebbe felicissimo, vuoi vedere che è lui l'ideatore di tanto masochismo? E poi, non c'è un'incongruenza sospetta tra questo Dio e Cristo? Possibile che uno sia inflessibile e punitivo e un altro amorevole e sensibile? Viene da pensare a uno sdoppiamento di personalità, uno stermina l'umanità perché non gli piace come lui stesso l'ha creata, l'altro si fa mettere in croce per placarlo.

ROMA ETERNA

"Ti amo Roma e porto il tuo eterno lutto
per la bellezza spezzata e sepolta,
per i ricordi calpestati e dimenticati.

Roma ha un volto sotterraneo per lo più sconosciuto, non si scava se non si è costretti, come dentro di noi, a chi va di andare a riguardare i propri genitori a meno che non stia tanto male? Eppure la nostra vita dipende da loro, dipende da loro se abbiamo o no stima di noi stessi, se pensiamo di piacere o non piacere agli altri, se ci facciamo o non ci facciamo rispettare dagli altri, ma pure la qualità e la quantità del cibo che mangiamo, come ci vestiamo e le aspirazioni che abbiamo.

Loro sono i nostri Dei, ma non lo sappiamo. I nostri genitori sono simili a Dio che è a sua volta a immagine dei nostri genitori. Le persone in genere non vogliono guardarsi dentro perché temono di scoprire che i loro genitori non siano come immaginano e che non li abbiano amati come credono. La sentenza è: *"Non sono stato amato perché non valgo"*.

Che non si è stati amati perché i genitori non sapevano amare non passa, non va giù, i genitori sono indiscutibili. Perché se non si può credere ai propri genitori allora non si può credere alla Chiesa, alla scuola, ai partiti, alla morale e alle opinioni comuni. E' come sfilare una carta alla base di un castello di carte, si sfascia tutto, crolla tutto in terra.

Se i genitori non sanno amare allora non c'è un Dio, non c'è premio né castigo, non c'è protezione né punizione, non c'è un aldilà e tutti siamo vivi per caso, anzi siamo un caso e una necessità. Dopo "L'origine delle specie" di Darwin che dette un duro colpo agli antropocentristi e ai religiosi, Monod con "Il caso e la necessità" dimostrò che le forme di vita sono associate a un caso e alle necessità dell'ambiente.

Dunque l'universo funziona per tentativi ed errori, ma più precisamente per dei casi e delle necessità, perché il Genio del pianeta Terra è creativo e si esprime come può. Qualcuno ne ha dedotto che non c'è un Dio, ma c'è la Natura, che non ha bisogno di essere pregata e supplicata perché non fa miracoli (se non per una specie in pericolo, come intelligentemente intuito nel film Avatar).

Noi vediamo l'uomo, Dio e la tecnologia, non c'è nient'altro. Manca totalmente la Natura, che viene vista inanimata. Vediamo reale un Dio solo immaginato ma non vediamo la Natura viva e vegeta, intelligente e in continua trasformazione. Però la Natura non è vuota, ma è ricolma di esseri affini ad altri esseri, e tra questi ce ne sono che cercano di aiutare gli umani. Se siete sopraffatti dalla paura, gli "esseri" non riescono a giungere fino a voi perché vengono esclusi dalla mente condizionata, per cui è necessario riesumare i traumi del passato.

Il nostro karma sono i genitori, o li capiamo o ci perseguitano a vita. Non tanto quelli esteriori quanto quelli interiori che si sovrappongono alle persone con cui ci rapportiamo. La chiamiamo paura dell'autorità, timidezza, paura del giudizio, inadeguatezza, sensi di colpa, sono sempre i nostri genitori, tutto nasce da lì. Tutto perché i genitori sono ossessionati dall'educazione dei figli.

L'EDUCAZIONE DEI FIGLI

L'educazione dei figli è un mostro sacro, molti si chiedono se sapranno educare i loro figli, si chiedono meno se li sapranno amare. Sembra che dobbiamo addestrare delle belve in gabbia. E' una fissazione, il mondo va male perché i figli non vengono educati, invece il mondo va male perché i figli non vengono amati. I nonni in genere funzionano meglio dei genitori, perché non hanno il problema dell'educazione, i nipoti li accettano e basta.

Molto spesso le persone che vanno in analisi ricordano i genitori come un incubo e i nonni come una salvezza. Eppure quei nonni sono stati i genitori dei loro genitori, se fossero stati così buoni i loro figli sarebbero stati più umani con i loro stessi figli. La realtà è che i cattivi genitori possono diventare ottimi nonni perché non hanno più l'obbligo di educare i figli, per cui sono liberi di amarli e basta. Ma è esattamente quel che dovremmo fare coi figli, amarli e basta.

C'è la paura del figlio viziato che potrebbe diventare un fiume incontrollato di richieste. In realtà il figlio viziato è il figlio non amato e pertanto richiedente in modo esagerato. Lui non sa perché richiede, sente che qualcosa non va, sente un'infelicità e pertanto richiede qualcosa che copra tristezza e rabbia. Il figlio non amato è infelice e rabbioso, ma non sa perché. Allora chiede cose e il genitore accorda sperando che questo lo tenga lontano da richieste affettive. Il genitore preferisce la richiesta di oggetti, almeno con la consegna dell'oggetto la cosa finisce.

Non è che i genitori siano mostri e i figli santi, è che i genitori quando erano figli non sono stati amati, è un'eredità lunga e pesante che segue generazioni su generazioni, se pensate non sia così chiedete quali siano le tristezze e i dolori dei vostri figli. Glielo avete mai chiesto? No, perché secondo voi loro non hanno diritto di stare male, perché hanno tutto quel che gli serve, soprattutto perché magari hanno avuto più di quanto abbiate avuto voi da piccoli.

Appunto, invece di "vedere" i nostri figli, noi li immaginiamo, noi sappiamo tutto si di loro ma in realtà non sappiamo nulla. Così l'infelicità si perpetua di generazione in generazione, fino a che non si desti un'eroe che interrompa la funesta sequela, qualcuno che abbia il coraggio di entrare nella tana del lupo e ritrovare le ombre terrifiche del suo passato.

Costui, o costei, mette fine alla sofferenza dei suoi discendenti, anche perché, cosa curiosa, spesso non desidera discendenti. Il fatto è che avendo eseguito il viaggio interiore, ora vede il mondo com'è, e ne vede tutto il dolore per cui ha remore a immettere una creatura in tale mondo. Di solito la gente non vede la sofferenza degli altri. Chi ha fatto il viaggio interiore lo vede.

I FIGLI MAI AMATI

I genitori non vedono la sofferenza dei figli trascurati, non amati e maltrattati, dei poveri, degli sfruttati, dei senza tetto, degli immigrati, delle razze oggetto di razzismo, delle donne oggetto di maschilismo. Per molti secoli i figli di famiglie abbienti vedevano il padre e la madre in poche circostanze, in genere allevati dalle varie tate e si usavano le balie perché alle madri non piaceva allattare i figli rovinandosi il seno.

Vero è che ai mariti, piuttosto scarsi in paternità, che le donne non allattassero piaceva molto, gelosi da sempre dei loro figli, considerati spesso come rivali nell'affetto della moglie-madre. Un tempo i figli venivano fasciati come mummie, basta guardare il bambino dell'Ara Coeli, fasciato strettamente che non può muovere né braccia né gambe, gli si atrofizzava il corpo e il cervello. Inoltre non venivano cambiati spesso (con tutte quelle fasce..) per cui la tenera pelle si cuoceva nell'orina e nelle feci.

Ci si chiede come mai i figli aprivano gli occhi dopo giorni, ci credo, gli toglievano ogni forma di sensibilità. La scusa era che gli evitavano le gambe storte, è come legare uno a un palo per fargli venire la schiena dritta. I cuccioli umani sono stati allevati così per secoli e secoli, i miei genitori da piccoli erano fasciati lasciando però le braccia libere, che grande concessione.

Come si può pensare che fossero amati se li imprigionavano così crudelmente? Inoltre le vecchie porte fino ai primi novecento avevano le maniglie poste in alto, di modo che i bambini non potessero arrivarci, se scoppiava un incendio non avevano via d'uscita.

I genitori non vedono le sofferenze dei figli, fanno domande per capire come sono andati a scuola, ma nessuno chiede loro come si sentono, se sono allegri o tristi, preoccupati o sereni, o se hanno problemi, se si sentono protetti e amati, se si inseriscono con i compagni, perché i problemi dei piccoli non contano, contano solo quelli dei grandi perché solo i grandi contano.

Un tizio intervistato sulla possibilità dei gay di adottare figli, sosteneva che non potevano perché i figli avevano bisogno per crescere dello schiaffo del padre e della carezza della madre. Forse i gay non sapevano dare schiaffi o non sapevano dare carezze, o li davano come capitava, non era chiaro, però i figli dovevano aver chiaro che il genitore delinquente era il padre e quello amoroso la madre.

I genitori non vedono le sofferenze degli altri come non vedono le proprie, per cui dopo non le vedono nei figli, che diventano genitori a loro volta, diciamo che quasi nessuno vede la sofferenza degli altri.

Le cose ce le raccontano così:

- il figlio maggiore è il più sofferente, perché a lui vanno addossate tutte le responsabilità e deve spesso badare ai fratelli più piccoli. ccc

- oppure il figlio maggiore è il privilegiato perché comanda sui fratelli minori e decide per loro.

- oppure il figlio medio è il più sofferente perché non ha l'autorità del figlio maggiore e non è viziato e protetto come il figlio minore.

- oppure il figlio medio è il privilegiato perché è meno visto e pertanto meno caricato di aspettative del figlio maggiore e del figlio minore.

- oppure il figlio minore è il più sofferente perché tutti comandano su di lui.

- oppure il figlio minore è privilegiato in quanto è il più coccolato perché è il più piccolo.

- oppure il figlio unico è il più sofferente perché non ha fratelli con cui giocare.

- oppure il figlio unico è privilegiato perché ha le attenzioni e i beni tutti per lui.

Ogni psicologo si inventa le sue regole e parecchi gli credono, in realtà ognuno sta più o meno bene, o più o meno male, non a seconda che sia il primogenito, il mediano o l'ultimogenito, ma a seconda di come i genitori si sono comportati con lui e con i fratelli. Non esistono altre regole a riguardo. I fratelli litigano perché non si sentono amati dai genitori, ma lo fanno anche da adulti.

Se in un'azienda qualcuno viene scelto per mansioni migliori spesso viene odiato dai compagni di lavoro. Dovrebbero prendersela coi capi che hanno fatto la scelta, se a loro appare ingiusta, invece se la prendono con il loro pari. E' il cocco di mamma, il cocco della maestra e il cocco del capoufficio, spesso biasimato al posto della mamma, della maestra e del capoufficio.

I fratelli litigano tra loro perché si sentono poco amati dai genitori, ma non osano dirselo, né tra loro né a loro stessi. I genitori non si toccano. Questo perché i genitori non devono rispondere dinanzi ai figli: nei Dieci comandamenti è scritto *"onora tuo padre e tua madre"*, e non è scritto *"onora i tuoi figli"*. Eppure i più deboli sono i figli perché sono cuccioli e perché dipendono dai genitori.

Nel matriarcato era privilegiato il figlio minore perché da proteggere, nel patriarcato era privilegiato il fratello maggiore al punto che i suoi fratelli minori venivano estromessi dalla casata andando a fare i preti o i figli cadetti, i cosiddetti cavalieri di ventura se non di sventura che combattevano per soldi quando andava bene, o facevano il cantore vagabondo quando andava meno bene, oppure facevano proprio la fame.

Nel matriarcato era privilegiato il più piccolo, o il più debole, o il più disagiato perché aveva più bisogno di protezione; nel patriarcato il maschio primogenito perché doveva ereditare tutto il potere del padre, senza doverlo dividere coi fratelli o con le sorelle, che spesso venivano avviati alla vita ecclesiastica senza vocazione facendone delle perenni infelici.

ALLEVARE I FIGLI

Allevare figli per i genitori significa anzitutto trasmettergli i propri schemi mentali, quelli ereditati dai genitori che a loro volta li hanno ereditati dai propri genitori e così via. Insegniamo ai figli anzitutto la religione trasmettendogli le preghiere da recitare obbligatoriamente al mattino e alla sera.

I più accaniti immettono i ringraziamenti a Dio per il cibo che Egli ha dato loro, e i figli devono crederci pur sapendo che quel cibo non viene da Dio ma dai genitori che hanno lavorato per i soldi con cui acquistarlo. E se il cibo è poco o non è buono bisogna ringraziare lo stesso, o Dio si arrabbia e va anche peggio.

Una storiella narra di un contadino che raccontava al prete quanto avesse faticato per costruirsi una casetta, dissodare la terra arida, convogliarci un ramo del ruscello delle vicinanze, seminare, piantare e raccogliere. Il prete annuiva commentando ripetutamente: *"Certo figliolo, con l'aiuto di Dio"* il commento però non piacque al contadino che alla fine esclamò: *"Certo padre, con l'aiuto di Dio, ma sapeste come era il terreno quando Dio ci lavorava da solo!"*

Comunque se va male mai lamentarsi, ma rifarsi alla proverbiale pazienza di Giobbe. *"Giobbe non sapeva che da Dio non può mai venire nessuna forma di tentazione o alcuna forma di male (Giacomo 1:12,13,17). Ma come ogni fedele di allora, egli pensava che Dio mandasse sia il bene sia il male (Giobbe 5:17,18)."* Giobbe sbagliava, ma se Dio manda solo il bene, il male chi lo manda? Il diavolo certamente, chi altri se no?

Ma gli tsunami, i terremoti, le alluvioni, le siccità, le glaciazioni, le eruzioni vulcaniche, i maremoti, le voragini, gli asteroidi sulla Terra, le infezioni delle piante, le malattie dell'uomo, gli incidenti stradali, le epidemie degli animali, l'invasione delle cavallette, li crea tutti il diavolo? Se è così abbiamo sbagliato il Dio da pregare..

A casa mia non usava ringraziare Dio a tavola, ma nei film talvolta accadeva, e non mi spiegavo perché non si facesse per il resto, per esempio per comprarsi un vestito, o la macchina, o il biglietto del cinema. Ma forse Dio passava solo il cibo.

Poi capii che ringraziare Dio era un modo per non farlo arrabbiare, se non ringraziavamo eravamo ingrati, era il genitore che diceva: "*Dopo tutto quello che ho fatto per te!*", dimentico del colera, dei tumori, delle malattie endemiche e non, delle bufere, alluvioni, terremoti, tornadi, uragani, siccità, freddi glaciali o estati torride e invasioni di topi, di vespe calabro e di zanzare malariche.

Insomma questo Dio voleva gratitudine e preghiere, ma pure sacrifici ed espiazioni, senza fare assolutamente nulla, a tutt'oggi perennemente deluso dagli uomini, perché, nonostante li abbia creati Lui, non gli sono piaciuti. Si è sbagliato, non li ha fatti bene e ciò lo inquieta parecchio, come quelli che sbagliano a scrivere al computer e prendono a sberle il computer devastandolo. Insomma Dio è sotto stress. Figurarsi quanto lui ha deluso noi, solo che non abbiamo l'animo di dirglielo.

CAPITOLO XIV

LA DEPRESSIONE

Cancellare i ricordi è la base del funzionamento psichico umano, anche se tanti giurano di ricordare tutto della loro vita, nonostante abbiano cancellato parecchi episodi dolorosi, o diversi anni dell'infanzia, ma pensano non sia doveroso ricordare. Sigmund Freud la chiamava "Rimozione", un meccanismo di difesa che impedisce i ricordi spiacevoli dell'infanzia, ma che ci fa riviverne parte di quegli stati d'animo nel presente.

Oggi il termine è desueto, usato solo per "rapire" le automobili quando "danno fastidio" alla circolazione, perché non tutte danno fastidio, quando stavo al centro di Roma le macchine dei politici parcheggiate per metà sul marciapiede e metà sulla strada non davano fastidio, o almeno non lo davano ai vigili. Invece la rimozione freudiana è democratica, investe tutti, nessuno escluso, purché si tratti di emozioni insopportabili per un bambino.

Il processo psicanalitico di Freud è ricordare e rielaborare il dolore passato per non riviverlo sempre nel presente. Molti nuovi psicologi però pensano che il passato non conti, che vada superato e si va avanti. Non sanno che viviamo sempre tra passato e presente e che solo se ricordiamo il passato possiamo riconoscerlo, distinguerlo dal presente e superarlo davvero, imparando a vivere nel mondo attuale, a patto che sia un minimo decente. Si vive nel presente quando la mente smette di parlare, finché parla siamo per metà nel passato.

Per giunta una forte rimozione porta la depressione. Le tracce del passato stanno nelle nostre sensazioni, nella paura dell'esterno, di essere rifiutati o di valere poco, o nella nostra apatia e pigrizia tanto vituperata dai genitori. Essi pensano che i loro figli sono svogliati, come se far niente sia una sorta di piacere, in realtà chi sta bene si dà da fare perché ha bisogno di cose nuove ed ha energie da spendere.

Chi è pigro ha poche energie, è depresso, e ne ha buoni motivi, non li conosce ma li ha. Parliamo di depressione, giustamente Freud disse che il malessere mentale è una questione di quantità e non di qualità, se il disturbo è lieve siamo sani (si fa per dire), se è più consistente siamo nevrotici, se è grave siamo psicotici.

I sintomi però sono più o meno intensi, pertanto se non capiamo noi stessi non capiamo gli altri e per contro se non capiamo gli altri non capiamo noi stessi. Ciò che hanno gli altri lo abbiamo per un minimo anche noi, e se non capiamo noi stessi non capiamo nulla del mondo circostante. Per giunta quando non capiamo gli altri diventiamo molto giudicanti e pertanto antipatici.

Dunque la depressione è mancanza di energie e la causa risiede nella rimozione, cioè nella cancellazione dei ricordi dolorosi, più abbiamo cancellato e più parti di noi mancano all'appello, e queste parti sono formate da energie che quindi vengono a mancare.

Se la cancellazione è vasta non abbiamo sufficienti energie da spendere, mentalmente e fisicamente, perché le energie sorreggono pensiero, emozioni e corpo fisico. Se vostro figlio sta tutto il giorno sul divano a guardare la Tv o sul pc significa che ha poche energie e cerca di non sentire il dolore interiore.

Forse invece di rimproverarlo bisognerebbe capirlo. Ricordare il dolore significa pure ricordare la rabbia per il maltrattamento subito, verbale o fisico che sia. Pertanto chi ricorda si arrabbia, liberando parti energetiche, poi la rabbia passa ma le energie restano.

D'altronde i figli sono stati sempre trattati male, i bambini che andavano a scuola, in genere malvolentieri, venivano esposti alle bacchettate sulle mani, al ludibrio dell'aula mettendogli delle orecchie d'asino, o inginocchiati sui ceci, e poi con la faccia al muro dietro la lavagna, esposti al disprezzo e lo scherno dei compagni.

Oggi queste cose non si fanno più ma molti alunni vengono terrorizzati dagli insegnanti a cui non si fa un test psicologico prima di affidargli bambini e ragazzi. Molti alunni vengono presi di mira per antipatie a causa di proiezioni degli insegnanti che reagiscono con rabbia se l'altro non studia.

Diversi alunni sono così terrorizzati che pur avendo studiato fanno scena muta alle interrogazioni e ancora oggi gli insegnanti non lo capiscono e non cercano di metterli a loro agio. E' vero che gli studenti odiano gli insegnanti ma è perché gli insegnanti odiano gli alunni.

SCUOLE COME GALERE

Sembra normale che le scuole dei nostri figli somiglino alle galere, tanto è vero che i bambini e i ragazzi non ci vanno volentieri e i genitori li rimproverano per questo invece di solidarizzare con loro. Stanno per ore ed ore chiusi nelle aule, costretti a immobilizzarsi nei banchi, vengono inzeppati di nozioni da imparare a pappagallo che non gli serviranno a nulla impedendogli di avere una visione di insieme dei tempi, dei luoghi, dei costumi, delle guerre e delle leggi dei popoli.

Molti insegnanti (non tutti fortunatamente) non amano gli alunni, e in passato li picchiavano e li esponevano al ludibrio degli altri alunni con grande crudeltà. Ma ancora oggi spesso considerano un'offesa nei loro confronti un alunno che non studia, senza capire nulla delle sue difficoltà. Gli alunni non studiano per varie ragioni:

- Perché di ciò che leggono non gli importa nulla e vorrebbero altro.

- Perché hanno cose molto più serie a cui pensare, come il non essere accettati in famiglia.

- Perché hanno cose molto più serie a cui pensare, come subire percosse in famiglia.

- Perché sentono l'astio degli insegnanti e provano astio di conseguenza contro di loro.

- Perché vengono bullizzati in famiglia e in classe. Diversi insegnanti delle bullizzazioni in classe se ne disinteressano, altrimenti non accadrebbero.

- Perché sono discriminati come emigrati o di razza diversa.

- Perché sono poveri e poco acculturati.

Nella serie televisiva "Diario di un maestro" trasmisero la storia di un insegnante della periferia di Roma che cercò di trasmettere ai suoi alunni rispetto, comprensione, calore umano e cultura. Inviato in una scuola elementare a Tiburtino III, all'epoca poco fuori Roma, il nuovo maestro viene avvisato dalla segretaria che avrà una classe di elementi difficili. Molti studenti erano assenti poiché costretti a lavorare, e quelli presenti erano disinteressati.

Egli va a ripescare i ragazzi dagli sfasciacarrozze o dai mercati, cercando di riportarli in classe e di motivarli con i problemi reali del loro ambiente. Il maestro sarà costretto a intraprendere, anche contro il volere dei colleghi e del direttore, uno stile d'insegnamento che possa interessare i ragazzi. Il Provveditorato agli studi raccomandò poi di ispirarsi all'insegnamento del "Diario di un maestro" ma rimase inascoltato perché lo stesso Provveditorato sobbarcherà gli insegnanti di programmi di studi da portare a termine con infinite nozioni ma nessun senso critico.

Come del resto in Francia si presentò un nuovo procedimento di parto in cui il neonato non urlava terrorizzato e non veniva staccato dalla madre né appeso per i piedi e sculacciato per farlo piangere, Anche qui dopo brevi entusiasmi venne cancellato. Perché mai non si dovrebbe traumatizzare un neonato?

LE RELIGIONI

Nulla di che stupirsi, tutte le religioni narrano fatti paradossali che se non fossero di stampo religioso grideremmo all'assurdità, all'incoerenza, alla contraffazione e pure alla mancanza di pudore per la qualità delle invenzioni.

Nelle altre religioni monoteiste non c'è differenza, c'è sempre un padre-padrone che ci vuole asserviti totalmente, senza curiosità e senza domande, noi dobbiamo obbedire anche a imposizioni assurde, anzi più sono assurde e più c'è merito a obbedire. Dobbiamo amarlo, servirlo, pronti a morire per lui e per i suoi desideri, noi non contiamo niente, noi siamo niente e lui è tutto.

Più ci asteniamo dai piaceri, e più ci puniamo e umiliamo in suo nome, più questo Padre Divino è contento, verrebbe da pensare che ci odia, ma guai a dirlo, perché Lui è Amore Infinito. Cos'è accaduto all'uomo che lo ha trasformato in un essere influenzabile, credulo e condizionato? L'uomo nel mondo si è inventato circa 25000 religioni di cui abbiamo notizia, più quelle perse nella notte dei tempi.

All'inizio l'essere umano seguiva una religione animistica, cioè pensava che ogni creatura o essere del pianeta avesse una sua anima, una sua essenza intelligente. Pensava, o meglio sentiva, che ogni fiume, ogni albero, ogni animale, ma pure ogni bosco, ogni collina, ogni roccia avesse un'anima.

Oggi l'essere umano immagina di essere il solo detentore dell'anima, perché lui sa di dover morire e nessun altro animale ne è consapevole, e ciò lo individua come superiore. Ma la gazzella non corre inseguita dal leone per evitare la propria morte? Se non sapesse di morire non scapperebbe.

"Eh no, quella non è consapevolezza è istinto!"

"E che significa?"

"Che lo fa per l'istinto non perché lo ha capito, solo l'uomo è intelligente!"

L'uomo vive nel passato o nel futuro, raramente nel presente, al contrario degli animali che vivono soprattutto nel presente. Noi viviamo nei ricordi e ne facciamo esperienza, o cerchiamo di farne esperienza, o ci illudiamo di farne esperienza. Per esempio, se un ragazzino va in un'altra città e lì subisce un incidente, si convincerà che cambiare città è pericoloso, e magari che è pericoloso cambiare quartiere o cambiare casa.

Il bambino pensa che il genitore provveda a tutto, a nutrirlo, pulirlo, coprirlo e difenderlo. Se il genitore è carente l'uomo-bambino si fabbrica un Dio, che però non è meglio del genitore. Il bambino fantastica che se lui sarà buono, capace e obbediente il genitore lo amerà, così si dà da fare per diventarlo con gran dispendio di forze e di tempo e grandi sacrifici, se non ci riesce si abbandona alla disperazione, ma in modo inconsapevole, per cui diventa depresso, non esce, scambia la notte col giorno e così via.

Se fallisce col genitore può fare lo stesso gioco con Dio, se pregherà molto, rinuncerà ai piacerei e obbedirà a ogni regola Dio lo salverà e lo manderà in paradiso, che è un luogo di noia mortale, però sempre meglio che bruciare all'inferno. In definitiva facciamo carriera o tentiamo di farlo solo per compiacere nostro padre che desidera il potere per sé ma pure per i propri figli, perché se i figli sono potenti può vantarsene cogli altri: in fondo se il figlio è potente è perché lui lo ha allevato bene, ha saputo educarlo e raddrizzargli la schiena.

ROMA ETERNA

"Ti amo Roma e porto il tuo eterno lutto
per la bellezza spezzata e sepolta,
per i ricordi calpestati e dimenticati.

Roma ha un volto sotterraneo per lo più sconosciuto, non si scava se non si è costretti, come dentro di noi, a chi va di andare a riguardare i propri genitori a meno che non stia tanto male? Eppure la nostra vita dipende da loro, dipende da loro se abbiamo o no stima di noi stessi, se pensiamo di piacere o non piacere agli altri, se ci facciamo o non ci facciamo rispettare dagli altri, ma pure la qualità e la quantità del cibo che mangiamo, come ci vestiamo e le aspirazioni che abbiamo.

L'ANIMA DEL CANE

Papa Waitiwa un bel giorno dichiarò che anche gli animali avevano un'anima, cosa inaudita per il credo cattolico, per cui l'anima è appannaggio unico dell'uomo. Pensai che qualcuno gli avesse dato un cane e poco dopo lo lessi su un giornale.

Giovanni Paolo II nel 1990 aveva dichiarato: *"Non solo l'uomo ma anche gli animali hanno il soffio divino."* Gli ci era voluta la presenza di un cane per capirlo. Per i filosofi greci l'anima era il motore delle cose, per la chiesa non si sa bene, è immortale in quanto soffio divino, ma questo soffio non l'hanno spiegato, in genere si soffia quando scotta la minestra.

Avendo un cane il papa si era accorto che l'animale aveva intelligenza e sentimenti, felice o infelice a seconda di come veniva trattato, con chiare espressioni del suo stato d'animo. Prima vedeva il cane nella sezione "animali = esseri inferiori all'uomo", è quello che ci insegnano: i più deficienti sono le piante, poi gli animali e poi l'uomo, il più intelligente.

L'uomo è intelligente perché sa parlare, peccato che imparando il linguaggio si è staccato dal "sentire", cosa che gli animali sanno fare. Forse perché col linguaggio si sono trasmesse un mare di opinioni mentali spacciate per certezze, per cui non si distinsero più le esperienze dalle "verità inculcate".

Ma non solo i cani sono intelligenti, pure i gatti, e i leoni, e i serpenti e gli uccelli, e i gechi e le tartarughe, le meduse e i pesci, e pure gli insetti: se l'uomo non fosse cieco lo vedrebbe. Si ritiene l'unico animale intelligente perché ha il linguaggio e la tecnologia, ma ha devastato il pianeta e fa soffrire la fame a metà della popolazione mondiale. Non sentendo la sua anima non sente quella degli altri.

L'antropocentrismo ha fatto dell'uomo l'unica creatura che conta, tanto è vero che il Dio malato di sessuofobia se ne infischia di come fanno l'amore le scimmie, o i polli o i ricci, a lui interessa solo cosa fa l'uomo sotto le lenzuola. Soprattutto sta attento a che la donna non sia libera sessualmente, perché l'idea lo devasta. Prova ne sia che la Madonna non solo era vergine, ma concepì da vergine e partorì da vergine, con un imene d'acciaio a prova di bomba.

Dal che si deduce:

- che l'uomo ha paura di essere tradito dalla donna,

- pertanto se lei è esigente sessualmente non è adatta al matrimonio in cui dovrebbe fare sesso solo per partorire: *"non lo fo per piacer mio ma per dare figli a Dio"*.

- che per la chiesa essere casti è la perfezione, per cui i preti sono i migliori in assoluto, a seguire le monache che però essendo donne stanno parecchi passi indietro,

- che il figlio maschio ha la fissa per la madre e più è maschilista più rimpiange la madre della serie *"tutte le donne sono meretrici meno quella santa donna di mia madre"*,

- che per non dipendere dalla moglie-madre l'uomo s'è inventato la poligamia, il concubinaggio e le amanti annesse.

Tutto questo per negare la morte, da cui la santa donna di nostra madre ci protegge, è vero che c'è anche il padre, che però dalla morte non ci protegge perché fa le guerre e ci manda pure in guerra, cosa che le madri non fanno. Infatti se scopriamo che si muore cade ogni gioco, nulla più conta, nulla e nessuno ci salvano. La rivelazione della morte fa cadere ogni schema e ogni illusione.

Da ragazzina speravo di morire nel sonno, più tardi capii che non sarebbe successo ma mi consolavo con l'idea che potevo suicidarmi, invece da giovane avevo una paura fregata di morire, quando speravo che l'amore di un uomo mi avrebbe salvata, paura che oggi è scomparsa. La caduta della mente condizionata l'ha fatta cessare per sempre.

Si dice che fare figli sia un modo per non essere passati inutilmente sul pianeta, lasciare qualcosa di noi che ci sopravvive, ma i figli non siamo noi e non sono nostri, e dovremmo aspettarci che non somiglino a noi nel carattere e nelle scelte. I figli sono diversi da noi, noi non li conosciamo, dovremmo capirlo e pertanto dovremmo cercare di conoscerli.

IL TEMPO SPRECATO

Noi sprechiamo la nostra vita, dovremmo trascorrere il tempo a chiacchierare, a giocare, a ballare, a passeggiare, a leggere, a mangiare invitandoci l'un l'altro, a fare sesso, a divertirci o a curarci. Ci vorremmo più bene e non ci sentiremmo soli, né annoiati, né infelici. Ma siamo entrati in vortici mentali allucinanti, dove la gente deve dimostrare di essere più potente di altri, più capace di altri, più bella di altri, più brava di altri, più importante di altri per un fine che ignora.

Questo per non sentire l'ineluttabilità della morte, *"se divento potente sono qualcuno e non uno dei tanti. Se sono qualcuno e non uno dei tanti forse non muoio.".* A causa della nostra follia non formuliamo il pensiero della morte, non ci pensiamo, e se qualcuno ce lo rammenta allontaniamo il pensiero rimandandolo all'infinito. Parlare di morte non è educato, soprattutto a tavola, se ne può parlare ai funerali, ma non più di tanto. Il pensiero nascosto dei funerali è *"Meglio lui che io".*

E' pensiero comune che Dio abbia bisogno di tot morti: *"perché Dio si è preso mio marito che era tanto buono, non poteva prendersi tanta gente che è cattiva?"* oppure se si è in vena di sacrifici: *"Signore prendi me!"* Insomma questo Dio non fa sconti, qualcuno deve colpire.

Per evitare il pensiero della morte mettiamo una coltre sugli occhi e sul nostro cervello, così non vediamo il mondo che ci circonda. L'ho passato anch'io, quando cadde la mente scorsi tante cose che prima non vedevo, mentalmente e letteralmente. Scoprii quanto fossero belli i cornicioni dei tetti al centro di Roma, non li avevo mai guardati, o li avevo guardati ma non li avevo visti.

Finalmente capii perché amavo tanto animali e piante, per cui venivo presa in giro, ora sapevo che sono come noi inquilini della Terra e hanno diritto di esistere tanto quanto noi, perché: *"Noi siamo Uno sotto le stelle"*

ROMA COSMOPOLITA

"Ti amo Roma e porto il tuo eterno lutto
per la bellezza spezzata e sepolta.
Oggi la gente guarda con diffidenza
gli immigrati che circolano per le strade

vociando in lingue sconosciute,
e non sempre sono affidabili,
come non lo furono tanti emigranti italiani
che portarono la mafia in America,
o la loro miseria e ignoranza per il mondo.

Roma è una bella donna
un po' sciatta e un po' indolente,
il vento le scompiglia i capelli e lei ride,
il sole le abbronza la pelle
e la pioggia le lava il volto in un rito sacro.
Lei se ne infischia del presente
perché ricorda il suo passato,
quando Roma la potente
era un rigoglio di religioni e di razze.

A Roma il 75% dei suoi abitanti erano stranieri, per questo inventò la civiltà. Lei, più che essere, fu, e scoprirlo è scoperchiare un abisso profondo, ma lei ha un volto segreto, come la luna, e gli uomini non sanno nemmeno che lei ci sia, o si affannano a dimenticarlo. Porto il tuo lutto come un trofeo Roma, la più bella, la più glorificata e la più calpestata delle città.

Quando le voci sono tante e diverse non puoi avere certezze, così la mente cerca di afferrare un concetto ma è assalita da mille dubbi, e senza certezze diventa intelligente. Roma ha un passato luminoso, ma nel sottosuolo ci sono sempre gli Inferi.

Sogno

"Sono in piedi sulle nuvole che però stanno in basso, dove dovrebbe esserci la terra, e in cielo invece c'era la terra con i suoi alberi e i suoi prati".
Avevo invertito cielo e terra, non capii il significato ma ricordai ciò che è scritto nella Porta magica di Piazza Vittorio a Roma:
« *Se farai volare la terra al di sopra della tua testa con le sue penne tramuterai in pietra le acque dei torrenti* »

Non era ancora chiaro: avevo scambiato la terra col cielo, perché vedevo lo spirito nella terra e la mente nel cielo. Però non facevo miracoli e non ero un'illuminata, oppure lo ero nel senso che da cieca ero diventata una vedente, molto miope e molto presbite ma vedente.

Del resto tutti facciamo così, scambiamo lo spirito o per una specie di esaltazione o per un'assenza di emozioni, pertanto ciò che chiamiamo spirito è solo frutto della mente condizionata. Infatti gli alchimisti raccomandavano di *"corporificare lo spirito e spiritualizzare il corpo"* Ora era più chiaro.

Cosa c'è nella tana del Lupo? C'è il lupo, feroce coi nemici e predatore con gli animali da cibo, ma tenerissimo nella maternità e nell'attaccamento al suo branco. Noi umani abbiamo conservato solo la parte di predatori e a causa di 4 canini su 32 denti, ci nutriamo accanitamente di animali, per lo più dopo averli catturati, imprigionati, vessati e infine macellati.

Se non comprendiamo gli animali essendo noi stessi animali, siamo condannati alla cecità assoluta, siamo il branco più esteso e ossessionato della Terra, convinti di non essere animali ma esseri privilegiati e superiori per tutta l'immensità dei pianeti, delle stelle, dei sistemi solari, delle galassie e di tutte le dimensioni possibili.

- Mi addolora che non si arriverà mai a un'insurrezione degli animali contro di noi, degli animali pazienti, delle vacche, delle pecore, di tutto il bestiame che è nelle nostre mani e non ci può sfuggire. Già sarebbe un sollievo per me vedere un unico toro che mettesse in fuga questi eroi, i toreri, e in più un'intera arena assetata di sangue. -

(Elias Canetti, La provincia dell'uomo, 1973)

- Ritengo che sia un limite della nostra cultura il fatto di avere un'opinione così elevata di noi stessi. Ci riteniamo infatti a torto più simili agli Dei anziché alle scimmie. -

(Guido Ceronetti, Pensieri del tè, 1987)

- Per me la vita di un agnello non è meno preziosa di quella di un essere umano. Sarei restio ad ammazzare un agnello per sostenere il corpo umano. Trovo che più una creatura è indifesa, più ha il diritto ad essere protetta dall'uomo dalla crudeltà degli altri uomini. Ma colui che non è degno di tale opera non può offrire protezione... Per riuscire a vedere faccia a faccia lo Spirito della Verità, universale e onnipresente, bisogna riuscire ad amare la più modesta creatura quanto noi stessi.

(Enil Cioran)

*- Sono convinto che gli uomini arriveranno veramente a non uccidersi
tra di loro, quando arriveranno a non uccidere più gli animali. Finora
si è considerato il campo animale come un campo libero dove uno
potesse portare stragi; la nonviolenza inizia il piano di un accordo col
campo animale, che potrà arrivare molto lontano -*

(Aldo Capitini, Religione aperta, 1955)

- Il tempo trascorso con un gatto non è mai tempo perduto. -
(Sigmund Freud)

*- La grazia sia sul principe Asoka per gli editti sulla colonna,
specialmente il quinto, che proclamano i diritti degli animali invece
dell'orribile signoria indiscriminata dell'uomo,
su William Hogarth per The Four Stages of Crudelty,
su Jonathan Swift per aver fatto governare gli uomini dai cavalli,
su Giovenale per aver avuto compassione dei cavalli di Seiano,
su Emil Zola per Pologne, Trompette e Bataille, le bestie dolorose di
Germinal,
su André Abegg per la fotografia dell'agnello tra i macellai della
Villette -*

(Guido Ceronetti, Pensieri del tè, 1987)

- Quando Aśoka abbracciò il Buddhismo determinò significativi
cambiamenti come la protezione alla fauna, e abbandonò perfino la
caccia reale. Fu forse il primo sovrano della storia a perorare misure di
conservazione per la natura, come risulta dagli editti:

*« Ventisei anni dopo la mia incoronazione vari animali furono
dichiarati da proteggere;
- pappagalli,
- oche rosse,
- anatre selvatiche,
- pipistrelli,
- formiche regine,
- tartarughe d'acqua dolce e di mare,
- porcospini,
- scoiattoli,
- cervi,
- tori,
- asini selvatici,*

- piccioni selvatici e domestici.
- tutte le creature a quattro zampe che non sono né utili né commestibili.
- Quelle capre, pecore e scrofe che hanno dei piccoli o danno latte ai loro piccoli sono protette, e anche quelle con meno di sei mesi.
- I galli non devono essere trasformati in capponi,

- le stoppie che nascondono esseri viventi non devono essere bruciate e neanche le foreste devono essere bruciate senza ragione o per uccidere delle creature.

- Un animale non deve essere nutrito con un altro. »
 (Principe Asoka - Editto sul 5° Pilastro)

- I prodotti farmaceutici per cani e gatti dovrebbero essere prima sperimentati sull'uomo, tenuto in appositi stabulari.

- Per quanto nobile possa essere una ricerca di medicina, la sperimentazione su esseri viventi ne farà sempre una figlia della maledizione. -

- Per quanta giustizia possa esserci in una città, basterà la presenza del mattatoio a farne una figlia della maledizione.- Tutte le torture, i patimenti, i terrori (per Némesis, imperdonabili) inflitti agli animali appartengono legittimamente al dolore infinito della storia e ne modificano il senso, se ne abbia uno.

- Subito all'inizio della Genesi è scritto che Dio creò l'uomo per affidargli il dominio sugli uccelli, i pesci e gli animali. Ma la Genesi è stata redatta da un uomo, non da un cavallo.

- Non esiste alcuna certezza che Dio abbia affidato davvero all'uomo il dominio sulle altre creature. È invece più probabile che l'uomo si sia inventato Dio per santificare il dominio che egli ha usurpato sulla mucca e sul cavallo.

- L'umanità sfrutta le mucche come il verme solitario sfrutta l'uomo: si è attaccata alle loro mammelle come una sanguisuga. L'uomo è un parassita della mucca; questa è probabilmente la definizione che un non-uomo darebbe dell'uomo nella sua zoologia.

- La vera bontà dell'uomo si può manifestare in tutta purezza e libertà solo nei confronti di chi non rappresenta alcuna forza. Il vero esame morale dell'umanità, l'esame fondamentale (posto così in profondità da

sfuggire al nostro sguardo) è il suo rapporto con coloro che sono alla sua mercé: gli animali. E qui sta il fondamentale fallimento dell'uomo, tanto fondamentale che da esso derivano tutti gli altri.

(Milan Kundera, L'insostenibile leggerezza dell'essere, 1984)

- Puoi conoscere il cuore di un uomo già dal modo in cui egli tratta le bestie.
(Immanuel Kant)

IO SONO

- Io sono il gattino scuoiato vivo per il divertimento degli umani,
- Io sono la mucca separata dal mio vitellino, spesso ucciso affinché gli umani abbiano più latte.
- Ma sono anche il vitellino condannato a vivere lontano dalla mamma, in una stalla buia, sporca e stretta.
- E sono il cane mantenuto dall'uomo che non mi consente di sviluppare le mie capacità, eterno cucciolo al suo servizio.
- E sono il cane costretto a vivere eternamente in catene per guardare i giocattoli di cui l'uomo vanta la proprietà.
- E sono il gatto costretto a vivere in un angusto appartamento dove cado in depressione e dormo tutto il giorno non avendo un ambiente esterno stimolante. Strano che se un umano dorme tutto il giorno si suppone sia depresso, ma se lo fa un animale viene giudicato pigro.
- E sono la gallina costretta nella strettissima gabbia con la luce sempre accesa affinché impazzita di dolore io possa ingrassare rapidamente per passare velocemente alla mia macellazione. -
- E sono l'animale selvatico costretto con la forza ad obbedire a un uomo crudele che mi costringe in un circo, per il divertimento degli umani, a esibirmi in comportamenti forzati attraverso bastone e carota, ormai inebetito e privo di stimoli.
- E sono l'insetto fastidioso che si schiaccia col piede perché ha osato penetrare in casa nostra.
- Io sono il dolore di tutti gli animali.

(Gabriella Tupini)

CAPITOLO XV

LA FINE

Alla fine dell'Opera al Nero l'istinto primigenio appare come un nemico. Ricordo una pubblicità in Tv su una console per videogames, mostrava una donna che partorendo espelleva un neonato che volava veloce nel cielo diventando bambino, giovane e poi scendeva velocemente invecchiando e ricadendo sulla terra dentro una bara che si richiudeva con un tonfo.

Una voce avvertiva: "*La vita è breve, gioca!*" Era una pubblicità breve e molto intensa, a mio parere fatta davvero bene, fu tolta immediatamente, nessuno voleva sapere della morte. Viviamo in un mondo limitato e non vogliamo sapere cosa c'è dopo. La nostra anima vive finché le diamo spazio, se la chiudiamo completamente muore, resta solo la mente e con la morte la mente senza l'anima muore.

Ma il distacco non avviene se ci sono affetti, perché se c'è stato un attaccamento ai vivi il defunto resta attaccato alla dimensione Terra. Cerca di star loro vicino e di far capire che c'è. Spesso attende la morte di coloro che ha lasciato per incontrarli e accoglierli nel suo mondo. Molti defunti hanno comunicato ai vivi di poter creare nell'altra dimensione un mondo da loro inventato, di qualsiasi epoca, grandezza, stile e paesaggio.

Ognuno si crea la propria casa come un appartamento, o un castello, o una baita, sul mare o in montagna o in una città, magari del futuro, o del passato. In genere trascorrono molto tempi in quella dimensione magari contattando o seguendo le persone care rimaste in vita, che cercano in qualche modo di aiutare.

Successivamente l'anima, formata da istinto e sentimenti consapevoli, va incontro a una seconda morte, ovvero a un secondo passaggio, e si reincarna, ma sembra che lo faccia per sua volontà e in genere lo fa nella terra dove si è vissuti e nella "gens" da cui siamo nati, vale a dire nella famiglia o nelle famiglie collaterali. Non è una cosa voluta, è un processo che avviene per attrazione, ma se quel mondo non lo attrae più si reincarna in una dimensione diversa.

Il mondo non lo attira più quando ha capito come funziona e desidera un mondo migliore per esperienze migliori. E' la consapevolezza che fa avanzare, ed è invece l'inconsapevolezza che può far arretrare anche in mondi peggiori. Possiamo reincarnarci in un maschio o in una femmina, a seconda di cosa ci attrae di più, ma non è l'attrazione mentale che determina la scelta, ma l'attrazione dell'anima.

Noi non scegliamo la nostra reincarnazione ma la subiamo. C'è un'antica legge che gli antichi conoscevano *"Ogni simile attira il suo simile"*, era il principio delle "simili nature" per cui non scegliamo ma veniamo scelti dalle nostre propensioni. Non è vero che si sceglie di soffrire per evolversi, perché la sofferenza costringe alcuni a guardarsi dentro, ma la maggior parte di coloro che soffrono chiudono la propria anima o si incattiviscono e peggiorano.

E' un po' come ci si sceglie sempre un coniuge negativo, accade perché è quel tipo di persona che ci attrae, e non ci attrae invece una brava persona che ci potrebbe offrire una vita serena e una gentile compagnia. E' la coazione a ripetere di Freud, cerchiamo qualcuno che ci ricordi il genitore che ci ha maltrattato, con la speranza che ora ci tratti bene. Così siamo attratti dal luogo dove siamo stati male sperando che stavolta vada meglio.

Pensiamo inoltre che per evolverci sia necessario soffrire perché condizionati da un cattolicesimo che esalta il sacrificio come foriero di bene in quanto gradito dal Dio sacrificante, ma dietro quel Dio c'è l'A.N.. Ci reincarniamo in genere per affrontare cose che ci sarebbe piaciuto affrontare nel mondo passato, per esempio per provare l'emozione di un grande amore, o per sperimentare il piacere di fare una particolare carriera, o di avere dei figli se non ne abbiamo avuti, o di fare un particolare lavoro, di diventare un artista, o di viaggiare per il mondo, di fare insomma ciò che ci sarebbe piaciuto fare in vita e che non siamo riusciti a fare.

ROMA ETERNA

"Ti amo Roma e porto un eterno lutto
per la tua bellezza spezzata e sepolta.
Oggi la città fuga la notte con un corteo di lampioni,
ma un tempo fu il Faro del mondo.
Non fu diverso scoprire le rovine nel mio inconscio
dove quasi tutto era stato distrutto."

Scoprii dopo che in quelle rovine c'era qualcosa di prezioso, era l'anello d'argento che non avevo consegnato al Mago Nero, e le pietre preziose che non avevo consegnato ai pirati che avevano distrutto tutto ciò che avevo. Qualcosa di prezioso c'era in me che potevo conservare.

"Roma è come una bella donna
un po' sciatta e un po' indolente,
il vento le scompiglia i capelli e lei ride,
il sole le abbronza la pelle
e la pioggia le lava il volto
come in un rito sacro. Lei se ne infischia
dei temporali e del fango,
delle chiome cadute degli alberi
e del vento che fischia nei vicoli bui,
perché lei è temporale e fango,
chioma caduta e vicolo buio,
ma denso di segreti che si perdono
nel mistero del sottosuolo."

IL MANTO ROSSO

Ero divenuta consapevole della mia morte, il concetto era passato dalla mente all'anima ed era diventato realtà. Dissi addio all'infanzia e all'adolescenza, non c'era nulla da salvare, tutto era avvolto nel terrore e nessuno mi aveva mostrato affetto. Ora nella mente predominava la morte, tutto poteva finire anche domani, era inevitabile lasciare il luogo in cui avevo abitato e vissuto.

La Terra è un albergo che si deve lasciare, e cosa c'era dopo la morte? Mentre prima pensavo ci fosse qualche altra forma di vita ora non ci credevo più. La mente era crollata portandosi via tutte le illusioni e tutte le speranze, pertanto la morte era la fine di tutto. In effetti prima speravo in qualcosa dopo la morte perché avevo paura, ma era una speranza della mente che vuole essere immortale. Ora che la mente condizionata era crollata vedevo la morte come una distruzione totale, e come tale dovevo accettarla.

Tuttavia cominciavo a sentire quell'affetto che nessuno mi aveva mai dato, ma ero io a provarlo, l'amore per gli animali, per i bambini, per la gente indifesa, per tutti i deboli del mondo. Io divenni madre, di me stessa, di me stessa bambina e degli altri.

Sogno

"Sognai una bimba avvolta in un mantello rosso che scendeva da una parete ripida nella valle deserta dove c'era un'antica locomotiva piena di ruggine che faceva un rumore assordante che si propagava per tutta la vallata. La bambina scese la scarpata, salì sulla locomotiva e con un gesto la spense per sempre".

La mia bambina interiore mi aveva salvato perché io avevo salvato lei, che era la portatrice del serpente, della natura, dell'eredità della mia razza, lei, come portatrice dell'istinto puro, era l'unica che poteva chiudere per sempre la mia mente condizionata. Io l'avevo capita e accettata, avevo accolto la sua fragilità, i suoi tentativi e i suoi errori di bambina, la riconobbi innocente, vittima e di grande valore.

L'accettai e metaforicamente me la presi in braccio, e lei si rifugiò in me, e non cercò più rifugi al di fuori di me. Capii che nessuno ci può salvare se non il nostro bambino interiore: lui, o lei. È il salvatore del mondo, ma del nostro mondo. Mi chiesi il perché del mantello rosso e capii, era il mantello degli antichi romani, il "paludamentum", il mantello usato dai generali e dai suoi ufficiali in guerra. Come gli antichi romani lei doveva portare la civiltà nel mondo della barbarie.

Qualcuno dirà, e con ragione, che l'Impero Romano fece conquiste attraverso la violenza, ma nella barbarie delle tribù c'era diritto di vita e di morte su moglie e figli e nessuna legge a cui appigliarsi. Roma fu un faro nel mondo, ricordiamoci Alesia, nella battaglia tra Giulio Cesare e Vercingetorige, dove i Galli posero fuori dalla porta della città le donne e i bambini lasciandoli morire di fame e di sete per poi arrendersi ai romani. Un romano non avrebbe potuto farlo, sarebbe stata un'onta e sarebbe stato processato in patria.

I SETTE ELEFANTINI

Capii allora l'antica leggenda degli elefantini narrata da un venditore indiano che aveva in vetrina sette elefantini di grandezza a scala. Narrò che una volta venne preso prigioniero dalla giungla un elefante indiano e lo incatenarono a un palo. L'animale non si rassegnava alla prigionia e faceva del tutto per liberare la zampa incatenata.

Nonostante l'immenso dolore alla zampa che iniziava a sanguinare l'elefante tirò e tirò finché una notte riuscì a strappare il paletto dal terreno e fuggì lontano nella foresta. Però gli era rimasta la catena che trascinava il paletto e che lo feriva a sangue. Se avesse continuato a sentire la catena che affondava nella carne viva sarebbe morto di dolore e di dissanguamento.

Ma dalla foresta sbucò non si sa come un piccolo elefante che l'aveva sentito piangere e s'era commosso a tanto dolore. Gli chiese la ragione dei suoi lamenti e l'elefante spiegò la sua ferita. L'altro disse: *"Per così poco?"* Toccò con la proboscide la catena che gli avvolgeva la zampa e quella cadde a terra spezzata. *"Da quel giorno"* narra la leggenda " *è sempre un piccolo elefante che salva l'elefante più grande."*

Nel mio studio alloggiano sette elefantini di legno a grandezza scalare, dipinti a vari colori, li acquistai molti anni fa in un negozio etnico, perché gli elefanti mi hanno sempre affascinato come simboli della Terra e di stabilità interiore, ma anche per il loro aspetto solido e arcaico.

DA MENTE AD ANIMA

- Cogito ergo sum - PENSO QUINDI SONO – (Cartesio)
- Sentio ergo sum - SENTO, QUINDI SONO – (l'Anima)

Fu lungo il periodo in cui camminai nelle "Terre desolate", cioè nel deserto dove era finita l'Opera al nero ma vagavo senza emozioni in una tristezza infinita. Il mondo non aveva senso, si nasceva, si cresceva, si moriva, nessuno ci giudicava o ci puniva ma a nessuno importava del nostro brevissimo e insulso passaggio sulla terra. La mia vita era stata una meteora colma di lacrime trattenute e di fiato sospeso, poi tutto era scomparso: la mente condizionata non parlava più, la paura era scomparsa ma aveva lasciato un vuoto incolmabile.

Sogno

"In quel silenzio privo di speranza sognai di vagare nel mondo alla ricerca di un ruscello ove dissetarmi e bagnarmi. All'esterno di un casale scorgo una vaschetta di pietra colma di acqua ghiacciata, prendo una pietra e ve la lancio dentro sperando di trovare acqua liquida, infatti sotto c'è acqua gelida e scorgo sul fondo una chiave che infine riesco ad afferrare. Stanca, spossata e con le mani intorpidite dal freddo mi corico in terra con la chiave poggiata sul mio ventre.

Il tempo passa, io vago sempre più affaticata, ormai vecchia e stanca, con i capelli bianchi e il corpo indebolito. D'improvviso scorgo un declivio continuo nel terreno, deve essere un ruscello o un fiume, con le ultime forze vado fino al greto del fiume, per scoprirne il fondo prosciugato, senza nemmeno una pozza.

Il fiume è in secca, il mio viaggio è finito, il mio viaggio è fallito. Mi accascio sull'orlo del fiume per lasciarmi morire. Scende la notte, l'aria fredda mi attraversa con un brivido e dagli occhi chiusi mi giunge una luce. Apro gli occhi, mi siedo e guardo il fiume totalmente illuminato. Sul suo fondo scorre un fiume incessante di diamanti luminosi tra i quali, lo so, c'è quello che a suo tempo gettai nel pozzo".

L'acqua ghiacciata sono i miei sentimenti congelati da cui però estraggo la chiave che deve aprire la porta successiva. Poggio la chiave sul ventre perché agisco di istinto, non di testa né di sentimenti cioè col cuore. Poi scopro il fiume che sembra prosciugato, ma è guardando nel buio che scopro dentro di me il fiume che dovrebbe dissetarmi.

E' il fiume della vita, scompare la sete e la stanchezza perché ora sono tutt'uno con lui. Ora sono nella natura tanto cercata da bambina, ora sono viaggiatrice tra i mondi, e gli altri possono pensare ciò che vogliono perché sono finalmente nella tana del lupo.

OLTRE LA PORTA

Una notte mi ero appena addormentata che udii una voce che mi disse qualcosa tipo:" *Hai fatto tutto quello che dovevi o che potevi, ora sei libera di andartene"*.
Immediatamente risposi che questo l'avrei deciso io, e cioè se volevo andarmene o meno, sapevo benissimo che non abbiamo nessun potere sulla nostra morte, però rifiutavo che qualcuno fuori di me potesse giudicare e se avevo fatto o meno ciò che dovevo in questa vita.

Dove sta scritto che abbiamo un compito nella nostra esistenza, e chi poteva stabilirlo, la prima parte della mia vita era stata un incubo, chi aveva stabilito per me questa crudele punizione facendomi vivere nel dolore e nel terrore? Pertanto rifiutai l'autorità di quella voce che mi spingeva ad andarmene (praticamente dal mondo), però quella voce aveva deciso per me (o ero io che in fondo lo desideravo?) perché subito dopo mi trovai in un paesaggio molto verde, con molti alberi e prati e mi trovai a camminare con altra gente. Non sapevo di dormire, ovvero dormivo per la mia dimensione, perché ero passata in una dimensione diversa dove ero perfettamente sveglia.

Devo ammettere che quei luoghi erano molto belli e intorno a me c'erano persone con cui ci si scambiava occhiate sorridendo, perché tutti sapevamo di andare in un mondo migliore, di cui già si intravedeva la bellezza. Scorsi anche dei giovani e capii che erano morti anzitempo però nessuno era triste perché pensava di passare in un mondo molto più sano e bello. Era tutto estremamente lucido, tangibile e reale.

D'un tratto mi riscossi: i miei figli, i mie pazienti, tutte le persone che dipendevano emotivamente da me! Non potevo assolutamente andarmene! D'un tratto volli tornare indietro e mi prese una fortissima paura di non poterlo fare.

Mi voltai e cominciai a correre nella direzione opposta disperatamente, ero terrorizzata dall'idea di aver già varcato il "Punto di non ritorno". Invece a un certo punto precipitai di colpo nel mio corpo sdraiato nel letto. Fu talmente forte il colpo che mi svegliai d'improvviso sobbalzando a sedere sul letto. Ce l'avevo fatta!

L'OPERA AL BIANCO

L'Opera al bianco secondo le tradizioni era governata dalla Luna ma non è facile da capire perché la Luna è l'astro dei sentimenti ma pure del buio e e della notte che col bianco hanno poco a che fare. Mi chiesi come mai le società matriarcali fossero adoratrici della luna e pure il loro calendario fosse lunare. Mi frenava tutta quella letteratura romantica che esaltava l'uomo primitivo come essere giusto e perfetto, in contrasto con certi costumi primitivi in cui si praticava il cannibalismo o si relegava la donna nei giorni del ciclo mestruale come fosse appestata.

Per capire meglio occorre spiegare cosa è l'anima, cosa è la mente e cosa è l'istinto. L'anima non è quella cattolica che non si sa dove sia, l'anima è la nostra parte senziente, la parte di noi che prova emozioni e sensazioni, tutto ciò che si agita dentro di noi e che viene percepito soprattutto nel petto, e a volte nello stomaco e nel ventre.

La mente è quella funzione che permette il ragionamento e l'immagazzinamento della memoria e che percepiamo dietro la fronte. Esistono due tipi di mente: una alla nascita e una successiva. Quella alla nascita è la capacità, in via di sviluppo, di acquisire una capacità di ragionamento, una capacità riflessiva, una capacità deduttiva e una capacità critica. Crescendo queste capacità vengono distorte dai condizionamenti dell'ambiente e la mente diventa appunto condizionata e non sa più discernere.

L'istinto, anch'esso appannaggio della nascita, è l'eredità dell'esperienza del Genio della specie e della Natura, che permette di percepire gli altri in modo intuitivo e non ragionato, riuscendo a comprendere i sentimenti degli altri come sanno fare gli animali.

Con i condizionamenti l'istinto, così come la mente, si trasformano e si distorcono, e solo un profondo cammino interiore può ridare all'individuo una mente e un istinto puro, cioè non condizionato dall'influenza che subisce da un ambiente già condizionato. Così cominciai a riguardare con nuovo intuito l'uomo primitivo, che non era un selvaggio deficiente perché al contrario di noi odierni possedeva una mente e un intuito sani.

Così ricominciai a riconsiderare il matriarcato, con un modo di leggere mutato, non mi immergevo più nella lettura come un tempo in cui dimenticavo me stessa e il mondo perché avevo bisogno di fuggire, ora "sentivo" ciò che leggevo, e sapevo se era un lavoro mentale o un'espressione dell'anima, o un'esperienza consapevole.

In questo modo capii cosa fosse il matriarcato, e capii non solo che era esistito, ma quale cultura fosse e quali principi avesse. Cominciai a leggere i libri di archeologia, di antropologia, di religioni e di miti, di magia, riconoscendo pian piano quelli originari e quelli modificati dal patriarcato; i primi miti avevano un senso e una grande profondità, i secondi erano assurdi e spesso violenti.

L'umanità patriarcale, cioè la nostra attuale, non conosce la morte, ovvero la conosce come una cognizione mentale, come sa che esistono Marte e Plutone, ma non intacca minimamente l'anima di nessuno perché non viene sentita emotivamente. Noi tutti ci sentiamo immortali ed evitiamo in modo quasi comico di parlare della morte, eppure per molti millenni l'abbiamo saputo e per molti millenni abbiamo creduto nella magia: oggi parlare di morte è diventata maleducazione e parlare di magia è diventata superstizione, se non addirittura peccato.

Il patriarcato rifiutava la magia, aveva paura che le donne penalizzate potessero far loro del male attraverso le arti magiche e misero la pena di morte sulla magia. Apuleio, il fecondo autore delle Metamorfosi e del "L'Asino d'oro" dovette difendersi da una simile accusa rischiando la morte.
Cominciai a capire perché le civiltà matriarcali praticassero la magia, perché la sentivano, chi più e chi meno, ma tutti la sentivano. C'è la sensazione di stare in una particolare dimensione, ma che non è l'unica, e così a volte in una specie di dormiveglia riusciamo ad entrare in dimensioni diverse.

Erano dimensioni simili a questa, con umani e non, ma c'era la sensazione di una maggiore libertà e minori pericoli, Noi viviamo in una dimensione dove ogni vita per vivere sottrae vita ad altri esseri. Sembra normale che sia così, solo perché non ci identifichiamo nelle altre creature. Alcuni pensano di potersi identificare negli altri esseri umani ma non negli animali o nelle piante. Ma l'identificazione si ha con il raggiungimento di una certa maturità, e la capacità di mettersi nei panni degli altri è una, se non c'è per uno non c'è nemmeno per l'altro.

Cominciai a vivere le sensazioni degli altri, ma stavolta senza modificare le mie. Sentire gli altri non mi travolgeva, però mi compenetrava, mi rendeva partecipe. Compresi che alcuni avevano la forza interiore di andare avanti e capire, altri non riuscivano a vedere nulla oltre se stessi. Capii che non nasciamo uguali e mi chiesi perché. Evidentemente ci sono esperienze diverse e modi di scelta diversi. Ma ne eravamo davvero responsabili?

Ognuno di noi nasce con una determinata personalità e viene accolta da una coppia di genitori che può riceverli ed aiutarli in modo positivo o negativo. Cosa ci può essere oltre l'innato e l'acquisito in una determinata famiglia? La magia della luna mi fece vedere un mondo dove esseri di altre dimensioni partecipavano talvolta alla nostra stessa dimensione, talvolta con buone intenzioni e talvolta con pessime intenzioni. Capii che la magia era il tentativo di avvicinare il più possibile le entità positive o negative con l'illusione di poterle dominare.

Compresi come dovevano sentirsi gli antichi, circondati da esseri visibili e invisibili con la paura che alcuni di questi potessero fargli del male, che fossero animali feroci o esseri oscuri che miravano a oscurare le loro coscienze. Allora si affidavano alle persone più generose e materne del gruppo, cioè alle donne, affinché li guidassero in quel labirinto di esistenze.

Le donne badavano alla salvezza della tribù ma soprattutto alla salvezza dei figli, la parte più preziosa del branco. Staccandosi un po' da sé per salvaguardare il branco vennero in contatto più stretto con le entità della natura e delle dimensioni vicine, come quelle dei loro defunti. Seppero come le varie entità cercavano di aiutare o di togliere la consapevolezza degli uomini, e impararono come avvicinare gli uni e allontanare il più possibile gli altri.

Inventarono gesti e rituali per evocare stati d'animo che potessero contenere le forze avverse, ma con la mentalizzazione che seguì nei secoli i gesti, le parole e i segni si staccarono sempre più dai loro contenuti animici ed emotivi. Infatti nella magia cerimoniale si assume concordemente un atteggiamento superiore e distaccato che appartiene solo alla mente.

La magia era l'espressione dell'anima di coloro che operavano per il bene di loro stessi e degli altri, ma pian piano divenne la magia della mente, finché la mente stessa non si staccò talmente dall'anima da cancellare anche il ricordo della magia. Il potere dell'anima divenne così il potere della parola, del Verbo, poggiata sulla parola e non sui sentimenti. Al potere dell'anima si sostituì il potere della ragione, illudendosi che la mente potesse ragionare staccata dall'anima. Tutto fu fatto dal Verbo:

"In principio era il Verbo, e il Verbo era presso Dio e il Verbo era Dio"
"1 - 2 - Egli era, in principio, presso Dio: 3 - tutto è stato fatto per mezzo di lui e senza di lui nulla è stato fatto di ciò che esiste.

(Vangelo di Giovanni, 1,1-14)

NASCITA E RINASCITA

Dunque l'Opera al Bianco fa scoprire prima la morte e poi la magia, che d'un tratto avvertiamo tutto intorno a noi, vedendo continuamente nascita, crescita e morte, e rinascita crescita e morte... e la magia nel mondo. Spesso la morte è la chiusura dell'Opera al Nero, per altri invece è l'inizio dell'Opera al Bianco, cioè affrontano la morte mentre già sentono le presenze del mondo animato.

Pian piano il mio mondo si popolò, capii che l'idolatrata intelligenza, ritenuta appannaggio esclusivo dell'uomo, l'avevano tutti: uomini, animali, piante e pure le pietre. Capii che la Natura e il Cosmo erano la stessa cosa e sognai di scendere in una antichissima caverna dove mi accolsero due giovani, un uomo e una donna, che mi aspettavano da tempo.

Sogno
"Dentro la grotta piacevolmente luminosa, in cui i due giovani vivevano, scorsi nel terreno una piccola conca naturale circondata di pietre e piena d'acqua cristallina che scendeva dolcemente dal soffitto. Le gocce scendevano creando cerchi e giochi d'acqua nella conca ma guardandola ancora mi accorsi che l'acqua della cavità, attraverso una risalita di gocce verso il soffitto, tornava in alto per poi ridiscendere."

Era la stessa energia che saliva e scendeva, per poi risalire e ridiscendere, in un ciclo infinito. Capii che l'essere Uno del cosmo non significava che c'era un tizio che lo governava, ma che tutto era unito con infiniti equilibri che si squilibravano per formare equilibri nuovi. L'Universo era un movimento continuo.

Tutto si distruggeva per ricostituirsi in altro modo, era un viaggio infinito. In definitiva, più che capire ciò che l'Universo era, capii ciò che non era. Tutte le filosofie e tutte le religioni si affannavano per capire il mondo, ma non riuscivano a capire una cosa minima come se stessi, perché per capire il cosmo potevano andarci con la mente, o almeno lo credevano, mentre per capire l'uomo doveva comprendere con l'anima, doveva aprirsi a se stesso, scendendo negli inferi personali.

LA LUCE DELLA LUNA

Finalmente qualcosa cambiò e mi si presentò con grande struggimento la luce della luna, quella che spesso i ragazzini sentono come nostalgia del mondo magico dimenticato. E' lo struggimento e la malinconia per un mondo morto e sepolto, che però inizia a risvegliarsi. Nell'incerto chiarore lunare inizio a percepire delle presenze e ne percepisco il bisbiglio ma in un ascolto che riguarda l'anima e il sentire. Alla fine capii: il matriarcato viveva nell'Opera al Bianco, conosceva la morte e la magia.

Il mondo attorno a me era cambiato, da vuoto che era divenne animato e all'inizio fu una continua commozione e un bisogno di piangere, ma un pianto liberatorio. *"Da grande vedrai la realtà del mondo e la finirai di sognare"* mi tuonava mia madre e ora cominciavo a vedere. Ora in effetti non sogno più ma vedo e sento. Sento l'anima degli altri, sento le loro mancanze e il loro dolore che tuttavia non confondo più con il mio dolore. Sento anche la loro gioia che mi riempie il cuore.

Mi resi conto che c'era vita ovunque. Tutto era pieno di presenze, alcune piacevoli e altre inquietanti, ed erano poco percettibili o percettibili a tratti, delle presenze leggere. Compresi perché gli antichi romani dipingevano amorini fauni e ninfe, perché ancora percepivano entità nel mondo della natura, che il monoteismo ha trasformato in sterile e morta.

Non sapevo chi fossero ma poi ne capii di più. Alcune presenze erano umane, forse di defunti, altre erano inerenti alla natura, altre più vaghe e irraggiungibili. Cominciai a capire perché l'Opera al Banco fosse associata alla luna, perché al suo chiarore si poteva scorgere la realtà fisica ma pure le entità immateriali, o almeno immateriali nella nostra dimensione.

Il sole illumina ma fuga le tenebre. La luna illumina la realtà ma pure le parti nascoste. La Luna risveglia le paure, gli animali notturni, i lupi mannari, i vampiri, i fantasmi e gli zombi, ma risveglia anche l'anima.

Ho scoperto che il mondo è magico e che la più grande maga è la Natura: lei si trasforma creando luoghi ed esseri e noi siamo parte di essa, basta lasciarsi andare per capirlo. Comincio a vedere questa vita come una parentesi di una vita più ampia. Mi accorsi dai sogni che talvolta andavo in dimensioni diverse dove ero impegnata a fare cose ma senza ansia, ero occupata ma non preoccupata.

La mente già silente non mi fa pensare al futuro, ovvero non c'è più la previsione catastrofica del futuro, anche se colgo alcuni andamenti sociali forse più chiaramente di altri. Non ho più personalismi per cui nessuno mi può ferire accusandomi di qualcosa e ho superato la prova del potere che mi è stato offerto dall'A.N. in varie forme. Ho compreso quanto sia facile caderne preda, per essere considerati quando non lo siamo stati, per difenderci dalle avversità della vita o dei nemici in vita.

Per il matriarcato la Luna era l'astro femminile, il sole quello maschile, la luna interna guidava l'anima, il sole esterno guidava la percezione dell'ambiente visibile. I fantasmi non si vedono col sole ma con la luna, ma pure le creature benevole si vedono con la luna, ovvero non si vedono, se non in rari casi ma si sentono.

Oggi i rituali al Dio Padre si fanno di giorno, al massimo e in via eccezionale ai vespri, nel matriarcato si facevano anche di notte. Di notte il mondo può fare paura, perché nel buio ci sono in agguato i lupi e i fantasmi. Ma "Homo homini lupus" l'animale che l'uomo deve temere di più è l'uomo stesso. Ma questo è inerente al patriarcato, il matriarcato fu un mondo diverso.

Ora è come se il silenzio che ho intorno sia un silenzio abitato. All'inizio guardavo sottecchi come se potessi così sorprendere la presenza di qualcuno, magari di sfuggita. Poi mi abituai e non cercai più di vedere, anzi quasi non ci feci più caso. Credo che il bisogno di vedere il mondo delle entità sia dettato dalla paura di essere in balia di forze negative che spesso sono invece le persone che ci hanno fatto del male nell'infanzia. Il mondo animato mi piace e mi rendo conto che prima vivevo in un mondo morto.

L'Opera al Bianco è iniziata con un grande silenzio che liberando la mia mente mi ha permesso di percepire ciò che la mente parlante mi impediva. La mente condizionata forma una specie di coltre in noi che impedisce di percepire altre presenze o altre dimensioni.

Mi rendo conto di avere delle entità benevole che ogni tanto mi accompagnano ma non ho mai saputo chi siano. Forse defunti come sosteneva Maria, sicuramente non quelli che ho conosciuto in vita perché erano tutt'altro che benevoli. La mia sensibilità si è acuita, mi immedesimo molto in chi soffre, che sia animale umano o animale non umano, in effetti la differenza tra umani e cosiddetti animali si è molto affievolita.

Non vivo nell'estasi di questa nuova percezione. Vedo tanto dolore e tanta inconsapevolezza negli uomini che provoca spesso insensibilità verso il dolore altrui. Conosco anche la malvagità umana che spesso si scaglia sui bambini o sugli animali, colpevoli di non essere mentali come gli adulti.

Mi identifico pure in chi sta bene e godo di ogni gioia degli altri partecipandone come fosse mia. Ma nella solitudine sono serena e sorridente, di un sorriso interiore. So che tanti credono in Dio e nel suo amore, un po' come un fidanzato è certo di essere amato dalla sua ragazza, ma è una stratificazione della mente data dal fatto che ci è stato insegnato così.

Per certi adulti la perfezione sta nel mentalismo assoluto privo di tenerezza che secondo loro rende fragili. Gli uomini malvagi odiano chi è fragile. Oggi sogno raramente, almeno nel senso che, dopo anni e anni in cui ho cercato di ricordare i miei sogni, oggi non li ricordo più, e se ne ricordo uno stralcio è molto fuggevole e riguarda sempre dimensioni diverse in cui mi sono affacciata.

In questo periodo mi sono accorta di essermi ammalata di maculopatia, una malattia che porta alla cecità o quasi. Ma siccome non ho futuro non mi preoccupo di ciò che accadrà dopo, non lo cerco perché sto nel presente e perché non prevedo il futuro. Faccio fatica a leggere perché tutto ondeggia e un po' si cancella, ma ancora ci riesco, per cui va bene.

L'ASTRALE NERO SEMPRE IN AGGUATO

Quando l'astrale nero mollò la presa pensai che non si sarebbe mai più presentato, ma non fu così. Nel 2020 dominava il covid delta molto pericoloso soprattutto per gli anziani per cui seppure con riluttanza feci i due primi vaccini. Ebbi alcuni disturbi al primo vaccino ma i medici mi assicurarono che non dipendevano da quello, al secondo vaccino ebbi un ictus, fortunatamente affrontato in tempo perché ebbi la netta sensazione che stesse accadendomi qualcosa di grave e chiamai l'autoambulanza prima che accadesse.

In realtà sentii come una voce nel cervello che mi ripetè per tre volte la parola "ambulanza". Capisco che l'astrale positivo cercò di salvarmi, ma siccome non avevo e non ho alcuna sottomissione religiosa nei loro confronti mi chiesi perché non avessero invece sventato il mio ictus. Credo che queste entità abbiano possibilità limitate, e facciano ciò che possono. Più credibile di un Dio che può tutto e non fa quasi niente. Infatti nel trasporto svenni e rinvenuta non riuscivo a parlare e avevo metà del corpo destro paralizzato.

Avevo l'ictus all'emisfero sinistro, nell'area del linguaggio, il più penalizzante, giunta in ospedale mi chiesero di potermi operare e fui d'accordo. Capii che rischiavo di morire o di restare menomata ma la mia mente non parlava più, per cui pensai a cosa poter fare di positivo e l'unica cosa era seguire l'operazione. Dovevo stare ad occhi chiusi e immobile però avrei potuto seguire ciò che avveniva più in alto nel mio cervello.

A tutt'oggi non so perché ma io vidi tutti i movimenti dell'ago nel cervello e ogni volta che attaccava l'ictus si sprigionava un asterisco di luce. D'un tratto apparve l'immagine di tre donne sorridenti che mi dissero: "*Ti stiamo aiutando*". Capii che era l'astrale positivo e mi fece piacere ma non ero affatto spaventata. Di fronte agli eventi negativi divento fatalista perché la mente non rimugina.

Terminata l'operazione mi lasciarono a riposare, ero stata immobile per parecchio tempo senza muovere un muscolo, come dissero loro, avevo collaborato. Poi il chirurgo mi chiese: "*Come va signora?*"
io risposi: "*Va una meraviglia, dopo essere rimasta immobile per tutto il tempo!*"   Il
chirurgo si volse improvvisamente, io parlavo spedita. "*Potrebbe alzare il braccio destro?*"

Io lo alzai e a lui scesero due lacrime. "*Sono contento di fare il chirurgo*" fece commosso "*quando succedono cose del genere...*" poi aggiunse "*Però è la prima volta che mi succede!..*"
e io: "*Perché, tutti gli altri li ha ammazzati?*" e lui pianse e rise insieme.

Iniziò in ospedale il corteo di medici che venivano a vedere l'ottantenne miracolata che dopo che era stata operata di ictus camminava e parlava come nulla fosse accaduto. Diversi medici mi dissero che ero stata miracolata ma li delusi, non ero credente.

Tornata a casa caddi per la pressione troppo bassa che i medici si ostinavano a curare come alta, non mi ruppi nulla ma il dolore non mi fece dormire per due notti. Comparve d'un tratto una faccia diabolica che mi puntava contro una pistola.

Poi comparve una figura femminile o quasi che pose la mano sull'imboccatura della pistola: "*Ti stiamo proteggendo*" mi disse, ma anche qui mi domandai perché arrivavano sempre dopo e non prima.

Nei giorni appresso comparve di nuovo la figura femminile e mi disse: "*L'attacco dell'astrale nero è finito*". E così seppi che ero stata di nuovo attaccata dall'astrale, io in verità non ci avevo nemmeno pensato.

CAPITOLO XVI

LE DIVERSE DIMENSIONI

L'Opera al bianco mi ha fatto aprire gli occhi su diverse cose del mondo che mi circonda:

1) Il mondo è costituito non solo da altri pianeti abitabili, pochi o tanti che siano, ma da altre dimensioni, non so quante perché io conosco quelle in cui mi sono recata, di altre non so.

2) Queste diverse dimensioni s'intersecano con la nostra. Per cui molti esseri invisibili vengono a visitare la nostra, ad esempio i defunti, ma anche entità diverse che forse non sono defunti, o che almeno mi sembrano di altro carattere.

3) Queste entità sono in parte benevole e in parte distruttive, si ha l'impressione che quelle benevole siano più comuni di quelle distruttive, ma che quelle distruttive siano fortissime, forse più di quelle benevole, ma non ne ho la prova.

4) Ho l'impressione che le entità benevole che non appartengono ai defunti siano creature affini in parte al carattere delle persone che a volte aiutano.

5) Le entità benevole si mostrano molto raramente però si percepiscono in modo sottile, alcuni provano brividi di freddo quando le avvicinano. Altre quando le percepiscono si sentono avvolte da un'aura protettiva. Io sento come un'aria più densa e una vitalità, e spesso le percepisco di lato, ma non troppo vicine, sembrano un'aria più densa.

Naturalmente penso che ognuno abbia un suo modo di percepirle. Le entità malevole le ho sentite a lungo dietro di me, che mi colpivano sul collo, sicuramente anche per la tensione nervosa, e a volte mi colpivano sulla fronte che mi sembrava si dovesse spaccare per il forte dolore. Preciso che non ho mai sofferto di mal di testa né di cervicale, neppure a ottanta anni.

6) Sento molte entità legate alla natura, come gli spiriti degli alberi ma pure dei luoghi, e mentre delle sensazioni a volte penso siano immaginate perché molto esili, in altri luoghi o negli alberi sono molto decise e reali.

7) Non ho mai percepito la forma di queste entità se non in momenti molto particolari, quando erano loro stessi a volersi mostrare, credo per farmi capire meglio che loro c'erano. Spesso erano in tre, ma a volte era una sola entità.

8) Le entità le percepisco o in un luogo indefinito o in terra, mai in cielo. Le rare volte in cui si mostravano erano di aspetto quasi femminile, a volte del tutto femminile, ma penso che siano in parte loro a mostrarsi così e in parte io a dargli un'immagine. Danno una sensazione che definirei di "benevolenza", tutto l'amore sbandierato in ogni dove è molto mentale, mentre la benevolenza è molto reale e si avverte con sicurezza.

9) Nell'astrale nero non ho mai visto immagini ma solo un'ombra densa e nerissima, quasi solida, terrifica perché malvagia e crudele. La loro presenza toglie il respiro e fa tremare le gambe. Si percepiscono quando loro vogliono essere percepite.

OPERARE IN MAGIA

La magia è operabile per chi è portato per farlo. Le ragioni per cui si desidera operare in magia sono diverse:

- per diventare potenti,
- per migliorare la propria precaria situazione economica,
- per sopperire alle nostre difficoltà interiori di stabilire buoni rapporti con gli altri.
- per evadere dal quotidiano e vivere una dimensione migliore,
- per evolversi ulteriormente.

Se si vuole diventare potenti l'astrale negativo può anche accontentare il soggetto per poter distruggere la sua anima, ma solo se lo sente piuttosto positivo, se lo sente già distrutto non gli bada perché sa che alla sua morte se lo divorerà comunque.

Se si fa magia per migliorare la propria precaria situazione economica, è come sopra, l'astrale negativo si muove solo se spera di nutrirsi del soggetto, in vita o in morte, in quanto all'astrale positivo interviene più raramente e in genere mira a dare lo stretto necessario e non la ricchezza.

Se si vuole operare per sopperire alle nostre difficoltà interiori di stabilire buoni rapporti con gli altri sarà bene indagare sul nostro passato e capire cosa non è andato bene con i nostri genitori. Mai lasciare aperto un varco per l'astrale nero.

Se invece si fa per evadere dal quotidiano e vivere una dimensione migliore sarebbe meglio capire cosa non abbiamo compreso nella nostra vita, perché chi sta bene trova sempre il mezzo per cavarsela, una mente sana trova mille strade.

Se invece si vuole perseguire la magia evolutiva sappiate che dovrà avere una buona fetta della vostra vita, ma se il desiderio è sano non trascurerete i rapporti con i vostri cari (se vi sono cari), intendo con figli, amici e parenti graditi.

Se si vuole praticare la magia per evolversi, cioè la magia evolutiva, allora occorre chiamare a sé delle persone con cui condividerla. La magia ha bisogno di energie e non ci si illuda di poterne avere tante da soli. Inoltre occorre avere un capo-catena, cioè un responsabile che guidi e indirizzi le energie degli adepti e che faccia da scudo a tutti gli attacchi dell'astrale nero. Senza capo-catena non si va da nessuna parte.

Quando qualcuno si chiede se potrebbe essere capace di aprire un'accademia di Magia, si se è disposto a fare il capo catena o se trova un capo catena degno, ma bisogna fare attenzione perché se il capo catena fallisce, se cede cioè alle lusinghe o alla paura dell'astrale nero questo investe tutti ed è molto ma molto difficile da superare.

LA MAGIA CERIMONIALE

La magia cerimoniale è l'insieme delle operazioni magiche che si fanno per raggiungere il contatto con esseri di altre dimensioni, possibilmente positivi. Di solito si attrezza un locale all'uso con candele, magari un altarino con tovaglia di fibra naturale su cui si depone un simbolo dell'operazione che si va a compiere. In genere ci si cura di indossare vesti particolari, di un preciso colore e di una precisa foggia.

Generalmente si bruciano profumi adatti esclusivamente a quel rito che aiutino ad entrare nell'atmosfera richiesta. Onde evitare l'approccio con entità negative si usa in genere fare prima uno scongiuro che allontani gli enti indesiderati. E' un proforma per sentirsi più sicuri, l'astrale nero se ne frega degli scongiuri.

Spesso si esegue un cerchio protettivo che accolga chi sta facendo l'operazione, completata con glifi, disegni, oggetti significativi, simboli di richiamo o simboli difensivi. Naturalmente anche questo è un proforma. Poi si richiamano gli enti tracciandone in terra i glifi relativi e pronunciandone i nomi.

Alcuni Ordini magici usano dei riti particolari provenienti dall'Ordine stesso, oppure si ricorre a riti creati da altri in altre epoche e luoghi. Se questi riti creati da altri sono stati usati molto ma molto a lungo, tipo trenta anni o più possono essere un pochino più efficaci, ma se le intenzioni di chi li ha eseguiti non erano positive si rischia di inficiare o modificare le scopo del rito.

Ne consegue che o si si sa bene con che scopo sono stati fatti i vecchi riti, e per saperlo bisogna conoscere l'intento dei capi dell'Ordine e non quello dichiarato agli adepti che potrebbe essere diverso, o è meglio creare riti propri. Il sistema per creare nuovi riti consiste anzitutto nell'invocare dei propri Geni.

Vi sono frasi prefabbricate e segrete con cui si creano i nomi dei Geni, come, per fare un esempio: " *Chiamiamo i Geni dell'armonia* " e allora i Geni si chiameranno: " *Chia - Aiam – Igèn – Nisi – Delàr - Moni – Niam.*" insomma si spezzano e si deformano leggermente le parole della frase.

Altre scuole di magia usarono i quadrati magici, cioè un quadrato contenente diversi numeri, in cui la somma dei numeri presenti su ogni riga, su ogni colonna e e su ogni diagonale sia sempre pari allo stesso numero. I numeri venivano sostituiti con le lettere in vari modi creando il nome dei Geni.

Pertanto i Geni sono inventati anche perché non è il nome a chiamarli ma l'anima delle persone. Se si fanno operazioni mentali c'è sempre il rischio che vi si infili l'Astrale negativo. Comunque la stragrande maggioranza delle scuole di Magia si sono disciolte a causa di questioni di sesso o di innamoramenti vari.

La magia cerimoniale non è errata, è solo un mezzo per raggiungere determinati stati d'animo che portino a comunicare con le suddette entità. C'è chi ne ha bisogno e chi no. Se si usa deve essere creata con armonia e consapevolezza, cioè con intuito sano.

LA MAGIA EVOLUTIVA

L'Opera al Bianco è la Magia evolutiva, in cui si comincia a comprendere che siamo parte dell'umanità, la quale fa parte del mondo animale, il quale fa parte del pianeta Terra che a sua volta fa parte del Cosmo rappresentato dalla Natura, che non è né padre né madre, oppure è padre e madre. Ci fa capire che siamo nati prima dalla terra e poi dai nostri genitori e che il nostro ambiente è infinito.

Dobbiamo vivere nel piccolo e nel grande, negli affetti personali e nella Natura. Se non proviamo tenerezza verso gli esseri più bisognosi non abbiamo tenerezza neppure per la nostra parte bambina, hai voglia a parlare del bambino interiore oggi molto sbandierato, se non amiamo la nostra parte bambina non saremo mai sereni e a nulla ci servirà l'amore degli altri.

L'OPERA AL ROSSO

L'astro di riferimento è il Sole, ma perché rosso, il Sole non dovrebbe essere giallo? Veramente alcuni ci infilavano un'Opera Giallo Citrino, ma non si capisce cosa rappresentasse. Il sole è fonte di vita, è calore, poteva a giusto merito venire adorato come una divinità e in alcune civiltà lo fu, ma in definitiva le divinità maggiori furono umane, gli Dei simil-umani governavano il mondo, femminili nel matriarcato e maschili nel patriarcato.

Il sole come portatore di luce poteva essere un portatore di coscienza, ma doveva essere già stata instaurata nel passaggio dal nero al bianco. Forse è necessario capire cosa significhi essere coscienti: un conto è il sapere-sapiente un conto è il sapere-saputo. Un conto è ciò che conosciamo perché lo abbiamo riconosciuto, un conto è il sapere che ci hanno trasferito gli altri. Un conto è apprendere le cose dai libri o dai genitori, o comunque da altri, un conto è sperimentare le cose dentro di noi.

VEDERE DA PRIMITIVO

Un giorno andai in un bosco e cancellai dalla mente tutte le cose che sapevo cercando di guardare quel bosco come se lo vedessi la prima volta. Mi venne di costruire un altarino con i rami caduti a terra per esprimere la mia ammirazione per l'entità bosco. Capii che gli antichi dovevano aver provato un sentimento simile attribuendo un'intelligenza al bosco senza dover immaginare un'entità superiore che lo manovrasse.

Il percorso fatto e le cose comprese mi hanno tolto completamente la paura della morte, inclusa la paura di soffrire nella morte. Contemporaneamente mi piacerebbe vivere questa vita ancora per un certo tempo, per tutte le persone che seguo e aiuto, e per gli spunti positivi che questo mondo ha e soprattutto per la sua bellezza.

Talvolta ho intuizioni che non vengono da me, tempo fa rividi un amico e dissi ad altri che secondo me era vicino alla morte, di lì a poco scoprì di avere un cancro e morì. Predissi ad una ragazza che entro una settimana avrebbe trovato il modo di andarsene da casa anche se non poteva permettersi un affitto e così fu. Certe previsioni ho imparato però a tenerle per me.

Sul pianeta Terra c'è molto dolore basato soprattutto sul doversi cibare di animali e di piante elargendo sofferenza e morte, ma vi esiste e resiste anche una bellezza collaterale. Compresi che gli antichi sentivano questa bellezza e comunicavano con i defunti e gli spiriti. Chiedendo quando necessario un intervento magico per la comunità. Non pratico la Magia ma vivo nella Magia. Da sempre gli uomini si erano sentiti avvolti dalla Magia della Grande Madre, cioè della Natura.

- NELLA TANA DEL LUPO DIVENNI LUPA TRA I LUPI, finalmente figlia della Grande Madre.

IL MITO DELLA GRANDE MADRE

Gli antichi, che avevano già perduto la coscienza del loro istinto avevano però una possibilità che noi non abbiamo, avevano dei miti piuttosto allusivi, anche se alcuni vennero rimaneggiati e resi un po' oscuri. Soprattutto ebbero il mito della Grande Madre, che poneva al primo posto il figlio minore perché più bisognoso, i poveri e i malati rispetto ai sani e ai forti, le ore notturne alle diurne tanto che il giorno iniziava dalla mezzanotte, ed erano società lunari, che adoravano la luna considerata più del sole.

- Gli antichi Dei egizi Iside ed Osiride erano ambedue divinità lunari, - l'antica Diana italica era Lunare, - Cintia era la Dea spartana lunare, - E la greca Artemide, - Semele madre di Dioniso, - Selene, "la

Risplendente", sorella di Eliosa il Sole e di Eos l'Aurora, - Panda, Febe e Dia erano le Dee greche lunari, - Lat era la Dea araba lunare, - Dankina era la Dea sumera lunare, - Allat era la Dea lunare e preislamica degli inferi e della guerra, - che divenne Allatu presso i Babilonesi, - Allatum tra gli Accadi - ed Elat per i fenici e i cartaginesi. Per poi cambiare sesso e diventare il Dio Allah presso i musulmani.

La Grande Madre curava le piaghe del corpo e le sofferenze della mente, una grande guaritrice, madre di tutti, accogliente come Iside sotto al suo manto, o la Madonna di Subiaco che la riproduce, anche se nelle vicende tramandate fu solo una vittima. I malati scendono nelle acque di Lourdes a invocare la guarigione, ripetendo un antico gesto presso le acque già dedicate all'antica Dea.

Lei sorta dalle acque, abitatrice delle acque, guaritrice attraverso le acque, guida dei naviganti nelle acque più infide (poi sostituita con la Madonna), lei Dea, Maga, Guaritrice, Oracolante, ninfa delle acque naturali e di quelle cupe e profonde della nostra anima:

- La chiamarono Basilea, o Regina, e da lei i re si chiamarono basilei e le reggie divennero basiliche, copiato dai cattolici per le chiese più maestose, ma da lei prese nome anche il basilisco. L'animale che pietrifica al solo sguardo come la Medusa (o come la Dea della Morte).
- la chiamarono "Agrotera", o campestre, come Artemide nella sua veste vegetativa, signora di tutto ciò che spunta sulla terra.
- Ma la chiamarono anche "Aerea", come Era, non perché sedeva tra le nubi come il Dio unico, ma come signora dell'etere, o astrale, Signora dei mondi sommersi dell'anima e della terra.
- Come Iside la chiamarono "l'Ascoltatrice di preghiere",
- e "Colei che tutto cura",
- e "La Comprensiva",
- e "Colei che riceve innumerevoli preghiere",
- e la chiamarono "Epekoos" o "Colei che tutti guarisce",
- e "Menoukis" cioè "La grande guaritrice",
- e "Medicina del mondo",
- e "Dalle potenti capacità terapeutiche"
- e pure "La salvatrice dell'umanità",
- e "Iuno Sospita", ovvero "Giunone Salvatrice", che venne poi coniugato al maschile ed ecco il Salvatore. Il Cattolicesimo non s'è l'è inventato, ma gli ha cambiato genere, da femminile a maschile, da salvatrice a salvatore.

- La Grande Madre venne anche chiamata "Signora dei Sacri Misteri" perché dava agli uomini l'Ambrosia custodita nel giardino delle Esperidi o l'acqua del pozzo che bevve la Dea Gailleach scoprendo l'eterna giovinezza,
- o come Dea scandinava Idhunn custodiva le mele dell'eterna giovinezza ad Asgard,
- o come la Dea Saga donava la coppa di idromele,
- o come Dea araba Allatu donava l'Amrita, il nettare che come l'ambrosia, l'acqua del pozzo, le mele, i pomi e la coppa, donava agli uomini l'immortalità. Le Dee donavano l'immortalità ma il Dio maschio vi si opponeva fieramente.
- Ma fu anche la "Giusta", e come Iside fu chiamata "Giustizia",
- e la germanica Dea Sygn, protettrice degli innocenti nei tribunali e garante dell'inviolabilità delle porte chiuse,
- e Nemesi, "Dea della Giustizia e della Vendetta",
- e le Dee Eumenidi, Dee benevole che in Grecia soppiantarono le Erinni,
- e Maat l'egizia "Dea della giustizia e dell'ordine", ma pure della matematica,
- e la greca Temi, Dea della Giustizia,
- e Adrasteia, Dea dell'inevitabile fato,
- e Ate vendicativa,
- e la germanica Nerthus, viaggiatrice su un carro,
- e Astrea, vergine stellare e Dea della Giustizia,
- e la romana Justitia.
- la Dea fu Irene romana, Dea della pace e Dea Pax.
- e la Dike, che se ne volò in cielo disgustata dal patriarcato, come a dire che non c'è più giustizia e la pace se n'è andata con lei: fine della pace e inizio delle guerre, ma soprattutto, finita la pace dell'anima.

Che fosse lei la detentrice della Pietra Filosofale bramata dagli alchimisti che dona immortalità a chi la scopre? E fosse lei la Maria Maddalena che regge la coppa da cui esce il magico serpente? E magari fu ancora lei l'oscura detentrice del Graal tanto faticosamente e sofferentemente cercato dai cavalieri di Artù.

IL MITO DI RE ARTU'

Quando Artù si sente morire chiede a Parsifal di gettare la spada

Escalibur nel lago, perché altri possano usarla dopo di lui. Artù sente che ciò che lo ha spinto a cercare, a lottare, anche quando tutto era perduto, non era suo, e lo ridà all'universo. Questo fa di lui un immortale, per questo le Norne, Dea unica e Trina, le Grandi Madri, lo portano via nella barca lunare contro il cielo di fuoco in cui il sole si spegne.

Artù ha tentato l'impossibile, ha raccolto la gente, stabilito la pace e fondato un regno, adempiendo al suo compito sulla terra, ma soprattutto ha colto e accettato la sua ciclicità. Il mondo proseguirà oltre lui, e Artù lascia ciò che ha conquistato: Escalibur, la spada dei puri di cuore.

Anche Merlino è scomparso; sparito dal mondo dei vivi, parla solo attraverso i sogni, dice che il mondo della Magia è finito, ora è il tempo degli uomini. Brutto tempo, di soli uomini senza donne. La Magia è finita da un pezzo, i maschi hanno scoperto formule e arcani, affossandola totalmente.

Quadrati magici, glifi, segni misteriosi ricavati con complesse formule matematiche, calcoli estenuanti tra lettere e numeri, studio spossante sui libri, ricerca incessante di antichi testi. Ne sanno qualcosa arabi ed ebrei, i più ossessivi in materia. Tutto per far magia con la mente anziché l'Anima, non sanno che la Magia è donna.

Il Coro

- Artù, fosti Merlino, e Lancelot, e Parsifal insieme. -

Narra il mito che Merlino era figlio d'una vergine e d'un demone, fa tanta differenza con la Vergine che s'accoppia allo Spirito Santo? Per i Greci no, lo spirito era il demone, e il daimon non era negativo, ma se lo chiamassimo "istinto consapevole" i cattolici non capirebbero. Eppure ciò che nell'uomo comunica con l'universo è proprio l'istinto.

Chi dà il segnale di migrazione a migliaia di uccelli raccogliendoli nello stesso luogo alla stessa ora, e come fanno gli animali a presentire i terremoti, o riconoscere i funghi velenosi? La natura ha intelligenza e fantasia "soprannaturali" (per noi), ma noi ne siamo parte, e può trasmetterci la sua saggezza, se ci poniamo in contatto con lei, se la riconosciamo Grande Madre. Allora dentro di noi si apre l'anima e nasce la poesia:

- Artù fosti Lancelot, l'uomo che s'innamorò di Ginevra perché era proibita, l'unica che potesse sciogliergli l'Anima.
- Eri assetato d'amore e cercavi la tua Anima, e pensasti di sostituirla con una donna, errore che gli uomini fanno spesso.
- Avessi compreso che era la tua Anima a tormentarti non avresti combattuto te stesso, e avresti guarito la ferita che ti dissanguava. -
- Ma alla fine riconoscesti il vero re e moristi per lui. -

Perché mai devono morire tanti innocenti per salvare un unico re? Perché c'è una "Strage degli Innocenti" nel Vangelo dove solo Gesù si salva, ed una nell'Antico Testamento dove i piccoli maschi primogeniti debbono morire tranne i designati? Forse perché i falsi re, come dice l'alchimia, debbono morire per lasciar posto al vero re. Il falso sole, o falsa coscienza, deve morire per il vero sole, quello che si congiunge alla luna in legame indissolubile.

Muoiono i falsi io e resta la luce immutabile. E' il bambino fatale salvato dalle acque, è Mosè salvato dalle acque e Romolo e Remo salvati dalle acque. Dice l'alchimia che le "acque corrosive" devono pure essere attraversate, perché le emozioni che corrodono i nostri condizionamenti sono quelle che ci liberano da essi. Se attraversiamo le emozioni e i sentimenti della nostra infanzia i nostri schemi cadranno e faranno morire per sempre la mente condizionata.

Il vero sole è lo spirito, né maschio né femmina, ma sole e luna insieme, per cui, finché ci sarà separazione tra maschio e femmina, non c'è vero sole. Finché l'uomo prevarica la donna, finché la donna non riconosce il valore della sua luna, e si lascia prevaricare da lui, non c'è vera luna. Allora ciò che lega i due sessi non è amore ma bisogno. L'amore comincia là dove il bisogno finisce.

– Artù, fosti Parsifal, il giovane puro, per purità d'intenti, che partì alla ricerca del Graal quando s'accorse che il re non poteva vivere né morire, perché la vita, senza consapevolezza, è vegetare. -

"Nel fondo delle acque oscure ho trovato la morte e la vita".

Chi si sveglia prova gran dolore, comprende che la sua anima è vuota e va a cercarla, nelle pianure desolate, nel gelido inverno di Demetra, o tra i Cercatori del Santo Graal. Allora comincia l'appeso, (o l'Impiccato dei Tarocchi), che sta per aria, appeso all'Albero della Vita, ma non riesce a toccare terra. Non trova le sue radici.

Il suo cielo non lo sostiene più, anzi lo strangola, e ancora non tocca la terra. Far parte del mondo reale di vita e morte spaventosa, e può essere affrontato solo nudi, senza la corazza che trascina Parsifal in fondo al fiume. Ma le acque devono essere traversate, quelle che in alchimia si chiamano "acque corrosive", *"acque che non bagnano le mani"* che spogliano dell'armatura il giovane Parsifal, per farlo giungere, vivo e vero, di fronte all'istinto spiritualizzato (o spirito istintualizzato): il vero Artù, l'autentico re.

Solo allora svelerà il mistero del Graal, e dirà al re-spirito a cui reca il calice d'argento, il "Vas Eletionis", vaso d'elezione (appellativo della Grande Madre prima che della Madonna): *"Tu e la terra siete Uno"*. Parsifal ha conosciuto lo spirito e l'ha legato alla terra, ma è ancora separato dal re, non sa d'essere lui stesso quello spirito.

"Quando di due farete uno, " è scritto nel vangelo di Tommaso " *potrete dire alle montagne di gettarsi in mare e obbediranno.* " E' il giochino di un rebus? No, è un sacro mistero. La vita è una lotta cui non ci si può sottrarre, finché lo spirito non mette pace tra cielo e terra e allora, e solo allora "*Noi e la Terra siamo Uno.*"

Il Prologo

- *Artù, coi cavalieri partisti per l'ultima battaglia, contro Mordred il falso sole, generato da te. Egli era stato reso immortale, era il re che non voleva morire. Solo la morte può ricongiungerti a lui, trafiggendovi con la medesima lancia..* -
Muore l'immortale che non voleva morire, e diventa immortale il vero re, quello che ha accettato la morte. Riconoscendosi parte d'un tutto, può lasciare la parte più vera di sé, qualcosa che l'universo gli ha dato a prestito, che non era sua, che non apparteneva al suo ego, e aldilà dell'ego c'è l'universo.

- Avviso ai cattolici: non è facendo i buoni altruisti che si rinuncia all'ego artificiale.
- Avviso ai buddisti: non è rinunciando ai desideri che si rinuncia all'ego artificiale.

- Avviso ai naviganti: imparate a navigare, nel profondo, e a capire in quali mari navigate.

Solo la consapevolezza libera dal falso io, e non è questione di sincerità verso gli altri, perché a quell'io ci crediamo, ignoriamo di non essere veri. Solo la spada che separa può far luce nel buio, per cui il Cristo annuncia che separerà con la spada i genitori dai figli e il marito dalla moglie.
- *Se tre ne trovo, tre ne prendo, se due ne trovo, uno solo prendo, nol lascio.* - dice il demone nella Francesca da Rimini di D'Annunzio.
Tutto viene separato e poi ricongiunto fino a tornare all'uno, analisi e sintesi, ma dentro di noi. Non si può capire l'unicità divina se non si è compresa la nostra, se non siamo tornati "uno con la terra". Per questo l'Anima appare spesso demoniaca alla mente.

L'Epilogo

L'inverno è agli sgoccioli e nell'aria della sera c'è un tepore nuovo, sotto la morte che regna sul campo di battaglia s'affacciano teneri germogli, la nuova vita si fa spazio tra il dolore della fine. La neve sull'erba si scioglie in acqua e sangue. La terra è coperta di cadaveri. Il cielo di fuoco scolora, e, in un sospiro di caligine, scende dietro la montagna. Tutto tace, Parsifal guarda attonito la fine del mondo sognato: i suoi compagni sono morti, il re sta morendo.

Parsifal

"Perché questo orrore, quest'annientamento, questa morte! Cosa ho sbagliato, cosa abbiamo sbagliato! Credetti nel Graal, detti un senso alla mia vita dopo tanto dolore, ma non è servito a niente."
Nel campo si effonde l'odore dolciastro della morte, il cielo ha strie di sangue a occidente, la neve è fango, sale una strana nebbia come larve di fumo ondeggianti.

Artù

"Addio vita, addio amori, campi di battaglia,

addio compagni d'arme e Camelot, castello d'oro e d'argento,
addio Tavola Rotonda dei più valorosi di Britannia.
Porto con me la mia disfatta, la disfatta della mia guerra.
Ciò per cui ho combattuto, amato e sperato volge al termine.
Il tempo che la vita m'ha dato rovescia la clessidra.
Ho fatto di Ginevra una monaca, di Lancelot un folle,
di Parsifal un disilluso, di Merlino un sogno.
Edificai un castello per l'eternità,
ove governassero in amore un sole e una luna,
e non sentii che scricchiolava mentre s'edificava.
I segni del cielo e i suoi prodigi erano così fausti,
e magicamente lusinghieri, che vi posi la mia anima, e altri con me.
Ma il cielo è un giorno sereno e un giorno carico di pioggia,
non si può tenere il sereno, o il giorno, o gli anni, o la pace, o l'amore.
Il tempo spazza ciò che l'uomo edifica, anche nel cuore.
Il mio erede è stata la mia rovina,
i miei cavalieri sono morti nella cerca del Graal,
i miei sudditi furono decimati dalla guerra.
Sognai l'amore e seminai tradimento,
sognai la pace e seminai guerra,
sognai la prosperità del mio popolo
e lascio un trono senza eredi e una terra senza re.
Ora che il mio tempo è finito, non sono nulla, non sono mai stato nulla.
Rendi questa Spada, amico Parsifal, al lago che l'ha custodita,
per qualcuno, un giorno, più degno di me."

Parsifal

"Re di tutti i re, il migliore dei re, non ci sarà uomo più degno di te.
Sei stato giusto e generoso, è la vita che t'ha tradito, il fato è più forte
degli uomini.
Lascia che questa Spada sia sepolta con te, in cima a un mausoleo,
perché gli uomini sappiano che visse un grande re,
capace di brandire la Spada che nessun altro poteva impugnare."

Artù

"Fedele compagno d'arme, il più puro dei miei cavalieri,

conquistatore del Santo Graal, tu sei migliore di me.
Il Calice che mi portasti salvò la mia vita,
mentre io non ho salvato nulla, nemmeno l'anima mia.
Ora voglio un oblio che plachi ferite e sconfitta.
Seppelliscimi senza nome, che nessuno pensi di rinnovare le mie gesta,
che nessuno combatta inutilmente.
Rendi la Spada al lago che l'ha custodita."

Parsifal

"Re di tutti i re, il migliore dei re, non ci sarà uomo più degno di te.
Anche se il fato è stato una vecchia strega per te e noi,
lascia una traccia delle gesta che c'infiammarono l'animo,
perché fummo felici mentre soffrivamo combattendo,
e fui felice quando soffrii nella ricerca del Graal.
Avevamo in che credere, e non sospettavamo la fine.
Ti seppellirò come uno qualunque,
ma lascia che la Spada rientri nella roccia,
che tutti possano vederla, e sapere che un re,
in un tempo glorioso, la estrasse ancora fanciullo."

Artù

"Fedele compagno d'arme, il più puro dei miei cavalieri,
conquistatore del Santo Graal, tu sei migliore di me.
T'è dato raccontare storie sul mio nome, e la magia vivrà nelle favole,
visto che non è più nel cuore degli uomini.
Non lascerò una tomba e non lascerò la Spada come un trofeo,
perché gli uomini l'adorino senza brandirla.
Verrà forse qualcuno, migliore di me, a farla brillare sotto i raggi del
sole.
Rendi la Spada alla Dama del Lago."

Parsifal

" Re di tutti i re, il migliore dei re… " ma la voce gli muore in gola.
Non si può disobbedire a un re né a un morente, Parsifal raccoglie la

Spada insanguinata e s'avvia al lago, mentre il sole scende nel sepolcro con un manto che incendia il cielo. Le lacrime scorrono a rivoli perché non ha a chi nasconderle. Alza il braccio, raccoglie le forze e le labbra si stringono come in battaglia, poi scaglia Escalibur contro il cielo, sulle acque già violacee, sotto il sole che muore.

La spada volteggia nell'aria con estrema lentezza, verso il cielo incendiato e cupo e poi verso le acque livide, come se il tempo fosse rallentato, il lago s'increspa come in un brulichio di pesci e raccoglie l'ultimo bagliore del tramonto.

La Dama del Lago

Una candida figura, ornata di veli e argento come un angelo, appare sotto il pelo dell'acqua. Parsifal, col fiato sospeso, è colto da un ricordo: sorriso enigmatico, quiete infinita, dolcezza lieve, un passo senz'orma, un sussurro, e chiome bionde che s'allargano sull'acqua come grano maturo, all'infinito.

La Dama dal volto come l'avorio tagliato alza il braccio guarnito di reti d'argento e tutto il mondo si volge a guardare. Ora non esiste che lei, e la Spada volteggia lenta nel cielo calando docile nella candida mano. Ora il cielo è sospeso, Parsifal sa che quel momento magico non tornerà più. Un secondo e la mano scompare tra le onde e la Spada con essa, vibrando al sole un ultimo raggio bianco come la luna.

Parsifal sente mille anni sulle spalle, e va a raccogliere il corpo del re per dargli oscura sepoltura, ma non lo trova. Si guarda attorno, sgomento, il sole è per oltre metà dietro l'orizzonte, il lago è immobile e la neve ha riflessi bluastri. I cadaveri giacciono con lo sguardo fisso in muta domanda cui nessuno risponderà. Da lontano ode il verso della civetta, di cui sua madre diceva... non ricorda più cosa diceva.

Ora l'aria trema, il lago si confonde col cielo, e una barca, viola come le primule di primavera e l'ultimo cielo al tramonto, si stacca dalla riva. Tre figure femminili sono ritte con le braccia alzate, e Parsifal ha un colpo al cuore, una commozione antica. Ora ricorda le parole della madre: " *Il lamento della civetta non devi temerlo, perché canta la fine e il principio.*"

Le donne, in vesti bianche e disco lunare sul capo, hanno il sorriso della Dama del Lago, e steso nella barca c'è il corpo di re Artù. Le Dee dalle candide vesti sono come statue e il loro sorriso è eterno.

Le Tre Norne

- Artù, amato figlio, hai combattuto tutta la vita con coraggio, sperando di cambiare il mondo, e hai scoperto che il mondo non si può cambiare. - Hai amato e sofferto, scoprendo che tutti i sogni del cuore passano. - Artù, ti senti sconfitto perché la vita è più forte di te, e l'odio degli uomini più forte di te. - Artù, nella sconfitta hai dato agli uomini il dono più grande, hai donato la Spada con cui battersi, anche quando battersi, tu lo sai, non cambia il mondo. Ma il tuo dono, che non ha un perché, traccia un solco che non sarà cancellato. - Altri giovani saranno partoriti nell'entusiasmo e nella speranza, e un giorno troveranno per caso una Spada infilata nella roccia, e la snuderanno, senza sapere perché. - Quel giorno tu tornerai, Artù, perché tu e la Spada siete uno, e uno sarai con tutti quelli che la cercheranno dal cuore. E tutto ciò non verrà mai cancellato perché il solco che tu hai tracciato segnerà la via verso mondi migliori. Perché tu e la terra siete Uno sotto le stelle, perché la Terra siamo Noi. -

Parsifal

Parsifal non comprende il mormorio, ma sente una pace profonda scendergli nel cuore, torna al castello ed annuncia la morte del re, scomparso in battaglia. L'immagine delle tre Dee sulla barca lunare sembra un sogno, e i sogni non si raccontano. Forse per questo si disse che Artù non era morto, che viveva in paesi lontani e che un giorno sarebbe tornato.

Ma talvolta lo colpisce un'immagine che emerge rapida da un angolo della mente: tre donne in piedi, in candide vesti, su una barca che sorvola le acque, stagliata contro un sole che muore. Il leggero sorriso delle donne è aldilà della vita e della morte e in quell'attimo e per un attimo la sua anima è piena di pace.

In quanto a Merlino, da molto tempo non era più sulla terra, ma qualche vecchia pazza racconta che ogni tanto una donna o, come Merlino, un uomo con anima femminile, entri di notte nel suo magico regno. Le donne, si sa, amano contar favole. Chissà perché tutte dicono che accade in un notte di luna piena. Qualcuno ha sospettato ci fosse un nesso tra la magia, la donna, l'anima e la luna, ma questo si scopre nella tana del lupo.

IL MIO EPILOGO

Entrai nella tana del lupo per tornare quella che avrei dovuto essere se nell'infanzia i miei genitori non mi avessero traumatizzata facendo chiudere la mia anima. Ora che non sono lontana dalla mia morte fisica, mi accorgo che, per quanto mi sia adoperata per aiutare gli altri a capire, ho fatto pochissimo, perché pochissimo si può fare.

Così anch'io morirò dimenticata come tutti, ma spero e conto di aver lasciato una flebilissima ma riconoscibile traccia nell'astrale bianco che magari qualcuno seguirà per liberare la propria anima e lasciare a sua volta una traccia per qualcun altro che voglia intraprendere il percorso. Io sono un pezzettino infinitesimale di umanità che ricalca un solco lasciato da tanti altri.

Con la speranza che questo solco diventi una via che possa condurre con coraggio alla Tana del Lupo, dove ritornare animali e riunificarci agli uomini, agli animali e alla Terra. Non stancatevi di cercare, non abbiate paura di cercare, siamo sempre gli stessi che si confrontano da secoli. La mia umanità l'ho ritrovata nella Tana del Lupo, dove sono morta e risorta. E così sia di voi.